人権判例の新展開

安藤高行 著

法律文化社

はじめに

　本書は私が現在勤務する九州国際大学法学部の紀要（九州国際大学法学会『法学論集』）に2008年3月から2010年3月まで2年間，6回に亘り，「近年の人権判例」というタイトルの下に連載した論文（掲載巻号は，14巻3号，15巻1号，15巻2号，15巻3号，16巻1号，16巻3号）を一書にまとめたものである。むろん一書として公刊するに当たっては必要な調整は行ったし，また気がついた不正確な叙述を改めたり，発表後の新たな関連判例に追記等の形で言及したり，紙幅の関係で一部を消去したり等の修正を施したりもしているが，基本的には発表当時の原型がほぼそのまま維持されている。

　私がこうした論文を書き，それをまとめた本書の公刊を構想する元になったのは，2002年4月に初版を出し，2005年にその改訂増補版を出した『基本的人権』の執筆である。

　本書でときおり「拙著」とのべているのはこのうちの改訂増補版のことであるが，それまで私はもっぱらモノグラフィーを書き，体系的な憲法学の研究書ないし教科書を著したことはなかった。『基本的人権』によって私としては初めてそうした試みをすることになったわけであるが，そこでの私のスタンスは，判例を手掛かりにしつつ理論にふれ，それを解説し，また，自説をのべるというものであった。その結果当然のこととして，そこでは類書よりは多くの判例が取り上げられているが，そうなるとこれまた当然のこととして，その後も新たな関連判例（改訂増補版では2005年6月頃までの判例が取り上げられている）に絶えず注意を払うことになった。そうしてメモし続けた新しい判例を2007年の秋に整理してみたところ，2年余の間に思った以上の新しい，かつ，重要な判決が言い渡されていることに気がついた。

　そこで私としてはいわば上にのべてきた改訂増補版のさらなる増補をまとめる必要を感じるにいたった。こうして改訂増補版の「幸福追求権」，「平等権」，「思想・良心の自由」，「信教の自由」，「表現の自由」という章立ての順に従って，整理した判例を順次分析検討し，その結果を連載として発表したのである

が，その分量が当初想定していたよりもはるかに膨らみ，到底新たな改訂増補版の発刊は不可能になったため，独立の一書として刊行することにしたのである。ただ改訂増補版ではその他に「学問の自由」や，「職業選択の自由」等の経済的自由権に関する章もあるが，私の知る限りではとくに増補の対象とすべき新しい判例はこの分野では見当たらず，また「幸福追求権」と「平等」に関する近年の判例の考察を発表した後の連載継続中に，そこで下級審の判例を扱った住基ネット訴訟と国籍法違憲訴訟について最高裁の重要な判断が示されたため，急遽この最高裁の2つの判決について連載の一環としてとくに1章を設けて論じ，それを本書では第3章に置いた結果，5つのテーマを扱っているにもかかわらず本書は全6章になっている。また第3章の表題がその他の章のそれといささか異なるのは，そうした理由によるものである。

　以上が本書の公刊にいたる経緯であるが，それは同時に本書のスタイルやねらいの説明でもある。すなわち上にのべたように私の判例研究は通常の判例研究とはいささか異なり，判例を自分が関心をもつ憲法学説や自説について考え，のべる際の素材にしたり，さらには裁判官の思考様式を探る手掛かりにしたりするという傾向が強く，したがって多くの判例研究のように関連判例や著書，論文，判例批評等をもれなく渉猟し，参照してまとめたものではない。いうなればそれぞれの判例をそこから色々なことが読み取れるデータとして，あるいは主尋問や反対尋問を受ける証人として位置づけ，そこから引き出した事柄や証言を自分なりに憲法解釈論的に整理，咀嚼してのべるというのが私の流儀であり，本書の趣旨なのである。むろん通常の判例研究にもそうした側面は当然あるし，また私の意図がどれほど本書で実現しているかも定かではないが，私としてはそういうスタンスで，本書の元になった論文を書き，本書をまとめたのである。

　とはいうものの，かなり多くの幸福追求権，平等権，ならびに精神的自由権に関する最新の判例を順序立ててみたわけであるから，この分野の全体的な判例の流れや傾向，とくに最高裁判例のそれについてもいささかの感想を抱いたことは確かである。

　そのことを簡単にいえば，最高裁は近年かなり社会通念（もちろん私の理解す

る意味でのそれであるが)に沿った妥当な判決を言い渡すことが多く，しばしば下級審の判決の方がその妥当性を疑われることがあるということと，にもかかわらず，政治，政治家の行動，政治運動等，より一般化していえば，直接，間接に国政やそれに対する政治運動が関わる事例になると，一転して問題の本質をそらしたきわめて形式的な判断で済ませがちになるということである。

やや具体的にいえば，「国立『大学通り』高層マンション訴訟」，「住基ネット訴訟」，「被疑者・被告人の容ぼう，姿態の撮影・掲載公表とイラスト画の掲載公表に対する肖像権訴訟」，「治療法に関する患者の自己決定権訴訟」，「沖縄入会権者資格差別訴訟」，「国籍法違憲訴訟」，「君が代訴訟」，「公立学校施設の使用不許可」，「記者の取材源証言拒絶事件」等における最高裁の判断は私にはそれなりに理解でき，むしろ下級審の判決の方に一面的な偏った判断が多いとの印象を受けるのである。ただ最高裁のこうした結論において首肯できる判断も他面では法理論的な厳密性がいささか欠けるように感じられることもあり，手放しで評価しているわけではないが，それはあるいはことさらに理論的厳密性を求めたがる私や従来の法学界の傾向そのものの方に問題があるのかもしれないという気もする。はたしてそうなのか，あるいはやはり最高裁判決に理論的な曖昧さが残っていると考えるべきなのか，ということについては私の結論はまとまっておらず，今後の課題としたいが，このように問題は残るものの，上記の最高裁判決はおおむね私の評価するところである。

ともあれ，こうした私の評価の詳細については本文を読んでいただければと思うが，ひきかえ，「参議院議員定数配分規定違憲訴訟」，「小泉首相靖国神社参拝違憲訴訟」，「集合住宅へのビラ投函のための立入りと表現の自由」等の直接，間接に国政やそれに対する政治運動が関わる事例になると，かなり以前の先例や，事件が直接的には損害賠償や住居侵入事件であることに依拠し，あるいはそのことを利用して，争われている問題の本質は何かということは当然十分に知りながら，その本質的問題点と対峙することを避け，その手前で終るというきわめて技術的な処理をしているのである。

しかし最大較差ほぼ1対5という投票価値の不平等を合憲とすることは，到底社会通念には合致しないであろうし，首相の靖国神社参拝と政教分離原則の

関係を問う訴えを，原告に具体的損害がないことを理由に退け，同様に政治的ビラの配布という重要な表現の自由に関わる事件で，被害の存在が疑わしいにもかかわらず，住居侵入罪の構成要件に該当し，違法性も備えていることのみを理由に有罪とすることも，社会通念と容易にはマッチしないであろう。にもかかわらずこうした判決が言い渡されるのは，1つは問題を必要最小限の範囲で処理し，拡大させないのが，あるいはそうした処理法を案出するのが優れた裁判官であるとの，一部にみられる判決技術論によるものであろうが，しかしそれに勝る原因となっているのはやはり，原告の請求を容れ，あるいは被告人を無罪とした場合の政治的影響やリアクション，政治運動の増大等への懸念であろう。

　確かに本文でも書いているように，政治と司法の距離の問題は簡単に割り切れる問題ではないし，ここでの司法の範囲に一定の限界が置かれることはあり得であろうが，しかしこの場合の政治とはあくまでも国の政治方針の決定というレベルのものであるし，またそうあるべきであって，政治に関わるものすべてが広くそこに包含されるべきではないであろう。ところが，上記の3判決に関わる政治とは国の政治方針の決定というレベルのものではなく，精々，政界，政党，政治家，政治運動グループといった程度のものであって，司法が本質的問題点に踏み込んで判断することをためらうべき要素があるケースとは到底思えない。

　にもかかわらず最高裁が踏み込まないのは，直接，間接に国政に関わったり，政治運動の活発化につながるようなケースでは，無難を期し，反響や批判をできるだけ招来しないような判断にとどめたいという思いが根底にあるためであろう。このことは従来より指摘されてきたことであるが，その結果最高裁の判例には，いわばそれほど政治と関わりのない事例では比較的自由かつ柔軟に，場合によっては加えて創造的にすら判断する一方，政治が絡むと判断されたケースでは抑制的に，形式的な判断で済ませるという二重基準らしきものが窺われるように思われるのである。

　前者の側面が比較的顕著になってきたのは，私が研究者の道を歩み始めた40年前に比べて随分好ましい変化と感じられるが，しかし後者の側面は40年

間ほとんど同じである。こうしたギャップを認識し，その解消に努めることが最高裁をはじめとする裁判所に期待されるが，同時にそうした方向に寄与することが我が国の憲法学の1つの課題ではないかと考えている。本書の元になった論文を書き，また本書にまとめながら，改めてそう思うにいたった。

目　次

はじめに

第1章　幸福追求権関係判例 …………………………………… 1

第1節　国立「大学通り」高層マンション訴訟 …………… 1
第2節　住基ネット訴訟 ……………………………………… 13
　　　　はじめに（13）　1　違憲判決（15）　2　合憲判決（26）
第3節　被疑者・被告人の容ぼう，姿態の撮影・掲載公表と
　　　　イラスト画の掲載公表に対する肖像権訴訟 ………… 33
第4節　治療法に関する患者の自己決定権訴訟 …………… 49
第5節　その他の幸福追求権判例（プライバシー侵害訴訟）……… 61

第2章　平等権関係判例 …………………………………… 68

第1節　参議院議員定数配分規定違憲訴訟 ………………… 68
　　　　1　従来の判決（68）　2　平成18年の大法廷判決（77）
第2節　沖縄入会権者資格差別訴訟 ………………………… 86
第3節　国籍法違憲訴訟 ……………………………………… 100
　　　　1　従来の判決（100）　2　近年の3判決（109）

第3章　最高裁の住基ネット訴訟判決と国籍法違憲
　　　　訴訟判決 ……………………………………………… 122

はじめに ……………………………………………………… 122
第1節　住基ネット訴訟最高裁判決 ………………………… 123

第2節　国籍法違憲訴訟最高裁判決 …………………………… 139
　　　　1 下級審判決（139）　*2* 最高裁判決（150）

第**4**章　思想・良心の自由関係判例――君が代訴訟―― …… 166
　はじめに ………………………………………………………… 166
　第1節　従来の19条に関する判決 …………………………… 168
　第2節　君が代訴訟判決 ……………………………………… 176
　おわりに ………………………………………………………… 196

第**5**章　信教の自由関係判例 ……………………………………… 204
　第1節　小泉首相靖国神社参拝違憲訴訟 …………………… 204
　　　　1 職務行為該当性（206）　*2* 被侵害利益の存否（219）
　第2節　その他の信教の自由関係判例 ……………………… 229

第**6**章　表現の自由関係判例 ……………………………………… 248
　第1節　公立学校施設の使用不許可 ………………………… 248
　第2節　集合住宅へのビラ投函のための立入りと表現の自由 …… 267
　第3節　記者の取材源証言拒絶事件 ………………………… 283

　あとがき ………………………………………………………… 303

第1章 幸福追求権関係判例

第1節 国立「大学通り」高層マンション訴訟

　この事件は東京都国立市のJR国立駅から南に延びている通称「大学通り」の南端に，住宅地・工業用地の開発・造成・販売等を業とする会社（以下単に「会社」という）が高層の分譲・賃貸マンション（以下単に「マンション」という）を建設しようとしたことに端を発するものである。

　すなわち，当初このマンション建設予定地には建築物の高さに関する特段の規制は存在しなかったため，こうした高層マンション建設計画が可能だったのであるが，それが全国的にも知られた大学通りの美しい景観を損なうとの市民の声を受けて，国立市は会社が建築確認を得て根切り工事（基礎を造成するために行う掘削）を始めた平成12年1月5日の直後に，建設予定地一帯の建築物の高さを20メートル以下とすることなどを内容とする地区計画を告示し，さらにこうした都市計画法による地区計画が定められている区域について，そのなかの建築物の敷地，構造，建築設備または用途に関する事項で当該地区計画等の内容として定められたものを，条例で，これらに関する制限として定めることができるとの建築基準法68条の2第1項により，「国立市地区計画の区域内における建築物の制限に関する条例」を改正して（この改正条例を以下単に「建築条例」という）その規制対象区域にマンション建設予定地一帯も加え，マンション建設予定地一帯に建築できる建築物の高さを20メートル以下に制限することをはかったのである（当初の計画ではマンションの高さは18階建て55メートルであったが，最終的には14階建て43.65メートルになった）。

　そしてこのような高層マンション建築をめぐる会社と国立市・市民との対立は訴訟に発展し，市民によるマンションの建築禁止を求めた仮処分申請，所轄の建築指導事務所長と建築主事に対し，法律・命令・条例等に違反した建築物

に対する措置を定めた建築基準法9条1項に基づく建築禁止命令および除却命令を発しない不作為が違法であることの確認を求めるとともに，各命令を発することを求め，また検査済証を交付してはならないという不作為を求めるなどした訴訟，会社による国立市や国立市長に対し，建築条例の無効確認や国家賠償を求める訴訟など，双方の応酬があった[1]。

　本件もこうした訴訟の1つであり，マンションの近隣に学校を設置する法人，当該学校に通学している児童・生徒とその教職員，近隣に居住する市民，および大学通りの景観に関心をもつ者などが原告となって提起したものである。

　訴えは最初は会社および請負契約により設計・工事を担当した建設会社（以下単に「建設会社」という）に対し，①マンションが20メートルの高さの制限を定めた建築条例に違反することの確認，②マンションの高さ20メートルを超える部分の建築禁止，③マンションの高さ20メートルを超える建築中の部分の撤去，④日照や景観などの権利・利益を侵害する不法行為に基づく慰謝料と弁護士費用相当額の支払い，を求めたものであったが，その後マンションが完成し，分譲が開始されるに伴って，①②の訴え，および③のうち建設会社に対する訴えが取り下げられるとともに，会社に対する③④の請求につき分譲マンションの買受人らに対する訴訟引受けの申立てがなされ，その旨が決定された。したがって本件訴訟は結局原告が会社と買受人（マンションの区分所有者）に対し完成したマンションのうち高さが20メートルを超える部分の撤去を，さらにこの両者と建設会社に対し慰謝料および弁護士費用相当額の支払いを求める事案ということになったのである。

　このような本件訴訟の争点を1審判決に従って整理すると，①マンションが建築基準法に違反するか，②原告らの権利侵害があったか，③受忍限度，の3つにまとめられるが，先ず1審判決と2審判決のこの3点についての判旨をまとめて紹介し[2][3]，その後最高裁判決についてのべることにする[4][5]。

　第1点は要するに建築条例が適法であり，また当該マンションにそれが適用されるとすれば，その高さ制限に反するため当然マンションは建築基準法上違法な建築物に当たることになるわけであるが，はたしてそのように解すべきか

ということである。

　この点につき被告らは地区計画や建築条例はマンションの建築を阻止する目的で制定されたものであって違法無効であり，またマンションは建築基準法3条2項の経過規定により救済されるとして，マンションが違法建築物には当たらないと主張するのであるが，1審判決は前者の主張は退け，後者の主張は認めている。

　すなわち1審判決は先ず地区計画や建築条例に被告らがいうような目的があったことは否定できないとしつつ，大学通り沿道の建築物が並木の高さである20メートルを超えないものであることはいわば暗黙の合意，制約とされてきたものであって，それにもかかわらず会社が公法上の高さ規制が存在しないことのみを拠りどころとして，並木の2倍以上の高さのマンションの建築を強行しようとしたことから，急遽，それまでの暗黙の合意，制約を公法上の強制力を伴う高さ制限に高める必要が生じたことが，地区計画および建築条例制定の動機であって，結局地区計画は国立市の従来の景観政策の延長上にあり，したがって建築条例の制定も建築基準法の定める目的を逸脱するものではないとするのである。

　しかしながら1審判決は，「この法律又はこれに基く命令若しくは条例の規定の施行又は適用の際…現に建築…の工事中の建築物…がこれらの規定に適合せず，又はこれらの規定に適合しない部分を有する場合においては，当該建築物…に対しては，当該規定は，適用しない」との建築基準法3条2項の規定によって，マンションは建築基準法に違反する建物ではないとの被告らの主張については，それを認める。

　この点に関し原告らは，「現に建築…の工事中の建築物」に該当するというためには，配筋工事がなされていることなど，「建築物」の一部が存在することが必要であり，単なる根切り工事の段階は未だこのレベルに達していないから，本件においては建築条例制定時，「現に建築…の工事中の建築物」なるものは存在しないと主張するのであるが，1審判決は，「『現に建築…の工事中の建築物』とは建築物の完成に至っていない建築工事途中の状態を指し，これに該当するというためには，建築物の完成を直接の目的とする工事が開始され，

建築主の建築意思が外部から客観的に認識できる状態に達しており，かつ，その工事が継続して実施されていることを要するが，建築物の一部が構築される程度に達していることを不可欠の要件とするものではないと解するのが相当である」として，それを退ける。

そして本件マンション建築工事に係る根切り工事は，その完成を直接の目的とする工事に当たり，かつ，外部から客観的に建築主の建築意思を把握できる工事が継続中であると評価できる状態にあったというべきであるとし，したがってマンションは建築条例施行の時点で建築基準法3条2項の「現に建築…の工事中の建築物」に該当する状態にあり，建築条例が規定する高さ20メートルの制限に適合しない建物ではあるが，建築基準法に違反する建物ではないと結論する。なお2審判決もこの点については1審判決を支持している。

このように1審判決は第1の争点については，マンションに建築条例は適用されないとして原告らの主張を退けるのであるが，このことはしかし第2，第3の争点についても同様の結論になることを意味するものではない。1審判決は，「しかしながら，建築基準法は，国民の生命，健康及び財産を保護するための建築物の構造等に関する『最低の基準』…にすぎないから，本件建物が同法上の違法建築物に当たらないからといって，その適法性から直ちに私法上の適法性が導かれるものではなく，本件建物の建築により他人に与える被害と権利侵害の程度が大きく，これが受忍限度を超えるものであれば，建築基準法上適法とされる財産権の行使であっても，私法上違法とされることがある」というのである。こうして判決は，別名「国立景観訴訟」ともいわれる本件のいわば本論＝景観利益などの権利・利益の侵害という第2の争点と，その受忍限度という第3の争点に進むことになる。

この第2の争点については原告らは，日照被害，プライバシー侵害，圧迫感その他，景観被害の4つを主張するが，1審判決は前三者については重大な被害や受忍限度を超える被害が発生しているとは認められないなどとして，比較的簡単に退け，景観被害についてのみ詳細に検討する。2審判決も同断であるが，しかし景観に関する権利・利益の侵害があったか否かの具体的判断においては1審判決は積極，2審判決は消極，と決定的に異なっている。このことが

両判決の最大の相違点であることはいうまでもないであろう。

　もっとも1審判決の積極的判断は，憲法13条，25条に基づいて景観利益ないし景観享受権を有するところ，マンションの建設によってそれが侵害されたとする原告らの主張に応じるものではない。判決は，「このような景観利益ないし景観享受権については，これを定める実定法上の根拠がなく，対象となる景観の内容，権利の成立要件，権利主体の範囲等のいずれもが不明確であり，また憲法13条，25条は個々の国民に対し直接具体的な権利を付与するものではないから，法的保護の対象となる利益として認めることはできない」との，環境権論などを否認する際の常套句を並べて，このような主張を明確に否定するのである。

　代りに判決が指摘するのは，特定の地域内の地権者らが当該地域内に建築する建築物の高さや色調，デザインなどに一定の基準を設け，互いにこれを遵守することを積み重ねた結果として，その地域に独特の都市景観が形成され，かつ，広く一般社会においても良好な景観であると認められることにより，地権者らの所有する土地に付加価値を生み出している場合の地権者らの利益である。少々長くなるが，判決の言をそのまま引用すれば，「特定の地域内において，当該地域内の地権者らによる土地利用の自己規制の継続により，相当の期間，ある特定の人工的な景観が保持され，社会通念上もその特定の景観が良好なものと認められ，地権者らの所有する土地に付加価値を生み出した場合には，地権者らは，その土地所有権から派生するものとして，形成された良好な景観を自ら維持する義務を負うとともにその維持を相互に求める利益（以下『景観利益』という。）を有するに至ったと解すべきであり，この景観利益は法的保護に値し，これを侵害する行為は，一定の場合には不法行為に該当すると解するべきである」とされるのである。

　確かにこうすれば，「対象となる景観の内容」，「権利の成立要件」，「権利主体の範囲」のいずれもが明確になり，また「土地所有権から派生するもの」とすることによって，「実定法上の根拠」という要件もクリアできることになる。人権＝幸福追求権の1つとして主張される通常の景観権（利益）論とは異なるが，巧みな理論構成といえよう。

しかし反面ではその技巧性にかなりの危うさが感じられるのは否めない。例えば，地権者らによる土地利用の自己規制の継続によって人工的な景観が形成・維持されたと，判決のように断言できるのか，あるいは良好な景観が地権者らの土地に生み出したとされる付加価値とは具体的には何かなど，直ちにいくつかの疑問が浮ぶのである。
　2審判決は後にみるようにこうした疑問から1審判決のこのような判旨を否定し，結論としてそれを取り消すのであるが，ともあれ，こうした1審判決の立論からすれば当然続いて，地権者らが現実にこうした景観利益を有するにいたっているか，有するにいたっている場合それが侵害されたか，さらにはその侵害は受忍限度を超えるものか，などの検討に進むことになる。そして判決は一部の原告についてはそれらをすべて認めるのである。
　詳細は省略してこの点についての1審判決の結論部分のみを紹介すると，大学通り誕生以来の歴史からすれば，大学通りのうち少なくともそのほぼ中央にある一橋大学から南側の地域においては通りの両側少なくとも20メートルの範囲内の土地の地権者らが，自ら高さ20メートルを超える建築物を建設しないという土地利用上の犠牲を払いつつ，広幅かつ直線の道路，直線道路の沿道に沿う高さ20メートルの並木，直線道路の両側少なくとも20メートルの範囲に存在する建築物がその並木の高さを超えないものであること，という3つを要素とする特定の人工的な景観を70年以上も保持し，かつ，社会通念上もその特定の景観が良好なものとして承認され，その所有する土地に付加価値を生み出した場合であると認められるから，当該地権者らは景観利益を有するにいたったと認められるとされ，したがって原告らのうちでこのような地権者に該当する3名は，4棟のマンションのうち，その大部分が大学通りとの境界線から西側20メートルの範囲内に位置する東側の1棟（以下「本件棟」という）の建築によって，こうした景観利益を侵害されたといえるとされる。
　また会社が住民や行政の反対に耳を貸さずに建築を開始し，周囲の環境を無視し，景観と全く調和しない本件棟を完成させ，しかも周辺地権者らが築いてきた景観利益を売り物としてマンションの販売に踏み切ったことなどからすれば，その侵害は受忍限度を超えるものとされ，結論としてマンションの建築は，

不法行為に当たると判示されるのである。

　かくして会社と買受人らに対し本件棟のうち，地盤面から高さ 20 メートルを超える部分についての撤去が，会社に対し前記地権者 3 名に対する慰謝料と弁護士費用の支払いが命じられるのである（買受人らと建設会社の慰謝料と弁護士費用の支払い責任に関しては，一連の経緯，事情を踏まえれば，当該責任を負わせるのは相当ではないとされている）。

　しかし 2 審判決はこうした判断を真っ向うから否定する。その理由については，景観被害について論じた部分の冒頭で，「良好な景観は，我が国の国土や地域の豊かな生活環境等を形成し，国民及び地域住民全体に対して多大の恩恵を与える共通の資産であり，それが現在及び将来にわたって整備，保全されるべきことはいうまでもないところであって，この良好な景観は適切な行政施策によって充分に保護されなければならない。しかし，翻って個々の国民又は個々の地域住民が，独自に私法上の個別具体的な権利・利益としてこのような良好な景観を享受するものと解することはできない」と要約されているが，その後に改めて展開されている具体的な説明はきわめて詳細である。

　例えば，現行法上個人について良好な景観を享受する権利等を認めた法令は見当たらないこと，景観は対象としては客観的な存在であっても，これを観望する主体は限定されておらず，その視点も固定的なものではなく，広がりのあるものであること，景観の対象の捉え方にも広狭があり得，また大学通りの景観の外延も明確なものではないこと，景観には時間的，歴史的に変化する要素もあること，原告らの大学通りの景観との関わりも様々であること，大学通りの景観について大学通りの沿道の地権者らがその形成，維持に協力したことはあったとしても，もっぱら地権者らによって自主的に形成，維持されてきたものとは認められないことなどが縷々のべられ，最後に，「一定の価値・利益の要求が，不法行為制度における法律上の保護に値するものとして承認され，あるいは新しい権利（私権）として承認されるためには，その要求が，主体，内容及び範囲において明確性，具体性があり，第三者にも予測，判定することが可能なものでなければならないと解されるが，当裁判所としては，一審原告らが依拠する意見書・学説を参酌しても，景観に関し，個々人について，このよ

うな法律上の保護に値する権利・利益の生成の契機を見出すことができないのである」とされて，マンションの建築により，原告らについて社会生活上受忍すべき限度を超える権利・利益の被害が生じているとは認められないとの結論が導かれるのである（さらに会社の土地の取得およびマンションの建築がその目的や形状において相当性を欠く違法なものかどうかが，これもくわしく論じられているが，この部分については省略する）。

このように1審判決が一般的な景観利益や景観享受権については，内容，権利の成立要件，権利主体の範囲などが不明確であるとして否定しつつ，それとは区別して，特定の地域内の地権者については，法的保護に値する景観利益を認めるのに対し，2審判決はこうした区別をせずに，各人について，それが国民一般であれ，地域住民であれ，一律に，良好な景観に対する要求はその主体，内容，および範囲において明確性，具体性をもたず，したがって法律上の保護に値するものとはいえないとするのである。ここでは一定の地域内の地権者も特段の意義をもつ存在ではない。

こうして両判決の展開はかなり対照的であるが，しかし最高裁判決は両者のいずれにも与せず，さらに新しい展開をみせている。

この最高裁判決の基礎になっているのは，「都市の景観は，良好な風景として，人々の歴史的又は文化的環境を形作り，豊かな生活環境を構成する場合には，客観的な価値を有するものというべきである」という認識と，こうした良好な景観を形成し，保全することを目的とする景観条例の制定が全国的にかなりポピュラーになり，また平成16年には同様の目的をもつ景観法が公布・施行されたという景観立法の進展である。すなわち最高裁判決は両者を結びつけ，近年の良好な景観が有する価値を保護することを目的とする国および地方公共団体の景観立法の進展からすると，「良好な景観に近接する地域内に居住し，その恵沢を享受している者は，良好な景観が有する客観的な価値の侵害に対して密接な利害関係を有するものというべきであり，これらの者が有する良好な景観の恵沢を享受する利益（以下「景観利益」という。）は，法律上保護に値するものと解するのが相当である」とするのである。

この部分が最高裁判決の最大のポイントであることはいうまでもないが，良

好な景観が「客観的（な）価値」を有するとしつつ、それでとどまらず、さらに一定の者はそれを享受する私法上の利益を有するとするこの判旨の理解は必ずしも容易ではない。

一見すると、公益と私益が分けられず、両者が接合されているようにみえるため、公益と私益を峻別する従来の一般的な立場からすれば、説明の不十分さや論理の飛躍が感じられ、本件に関する批評が結論には好意的であっても、判旨の不明確さを指摘したり、その意味するところを忖度するのは当然といえよう。

筆者のみるところ、こうした判旨の分かり難さを解く鍵は、「客観的（な）価値」という言葉の意義の理解にあるように思われる。これを通常そうされるように、公益や公共的利益の意に解すると、確かに判決の流れは、景観のもつ公益性の承認からそのまま無媒介的に個人の私法上保護される景観享受の利益を導き出すかのようにみえて、上述のような疑問や批判を生むのであるが、しかし最高裁判決のいう「客観的（な）価値」というのは、単なる公益や公共的利益ということではないと理解すべきであろう。

すなわちそれは判決全体の文脈において読むと、むしろ良好な景観は人間生活の充実に寄与するものであり、すべてのひとにその維持が求められる（したがって消極的評価に基づきそれを損なう行為は許されない）ことについて、社会的コンセンサスが形成されているとの謂であるように思われる。2審判決は、「良好な景観とされるものは存在するが、景観についての個々人の評価は、上述したとおり極めて多様であり、かつ、主観的であることを免れない性質のものである」といっているが、最高裁判決のいう良好な景観の「客観的（な）価値」とは、こうした把握を退ける趣旨と思われるのである。そしてこれもまた判決全体の文脈で読めば、良好な景観の人間生活の充実への寄与（良好な景観の恵沢）とは、歴史的・文化的環境や豊かな生活環境によってもたらされる精神的な慰藉や活力であり、こうした利益はとくに良好な景観に近接した地域に住み、日常的にその恵沢を享受している者にとっては貴重な生活利益ともいうべきものになっているから、少なくともこのような人々にとってはその侵害は民法上の不法行為になるということであろう。再び2審判決との対比でいえば、2審判

決は,「個々の国民又は個々の地域住民が, 独自に私法上の個別具体的な権利・利益としてこのような良好な景観を享受するものと解することはできない。もっとも, 特定の場所からの眺望が格別に重要な価値を有し, その眺望利益の享受が社会通念上客観的に生活利益として承認されるべきものと認められる場合には, 法的保護の対象になり得るものというべきである」として景観利益と眺望利益を区別し, 後者にのみ法的保護の対象になり得る生活利益を認めているが, 最高裁判決は前者にも同様の性格を認めているといってよいであろう。

良好な景観を享受する利益の権利性や法的保護利益性を認める説には周知のように様々なものがあるが, この最高裁判決の判旨はそれらのいずれとも完全には重ならない独自のものであるようにみえる。むろんこうした景観利益と眺望利益を重ね合せているという筆者のような理解には異論もあろうし, また仮に最高裁判決が重ね合せているとすれば, 両者を区別しないことについて批判もあるのであろうが, 筆者には最高裁判決の趣旨はこのように読めるし, また1審判決のような土地所有権に根拠づける説など, 多かれ少なかれ技巧的な印象を与える従来の説に対し, こうした最高裁判決の論旨の方が簡明ではあるが, 自然で, 却って説得力があるようにみえる。

ただ良好な景観に近接する区域内に居住する者がもつ, 良好な景観の恵沢を享受する利益なるものは, やはりいささか抽象的であることは否めない。そこで最高裁判決も, それは「現時点においては, 私法上の権利といい得るような明確な実体を有するものとは認められず, 景観利益(先にのべたように, この言葉は最高裁判決では法律上保護に値する, 良好な景観の恵沢を享受する利益のことである—筆者)を超えて『景観権』という権利性を有するものを認めることはできない」とするのである。

さらに最高裁判決はこうした判旨を受けて, 景観利益はそれが侵された場合も被侵害者の生活妨害や健康被害を招来するものではないことや, 景観利益の保護は反面では当該地域における土地・建物の財産権に制限を加えることになり, 周辺の住民相互間や財産権者との間で意見の対立が生じることも予想されるのであるから, 景観利益の保護とこれに伴う財産権等の規制は, 第一次的には, 民主的手続により定められた行政法規や当該地域の条例等によってなされ

ることが予定されているものということができることなどからすれば,「ある行為が景観利益に対する違法な侵害に当たるといえるためには,少なくとも,その侵害行為が刑罰法規や行政法規の規制に違反するものであったり,公序良俗や権利の濫用に該当するものであるなど,侵害行為の態様や程度の面において社会的に容認された行為としての相当性を欠くことが求められると解するのが相当である」という。

こうして最高裁判決においては,良好な景観の恵沢を享受する利益は法的保護利益とされるものの,実際にある行為がこうした景観利益を侵害する不法行為とされるケースはかなり限定されることになる。事実本件でも大学通り周辺の景観に近接する地域内の居住者は法律上保護に値する景観利益を有するとされるものの,会社によるマンションの建築が当時の刑罰法規や行政法規の規制に違反するものであったり,公序良俗違反や権利の濫用に該当するものであるなどの事情は窺われず,上告人らの景観利益を違法に侵害する行為に当たるということはできないとして,結局原審東京高裁の判断が是認されているのである。

したがって最高裁判決の射程距離についてはそれほど大きな期待はもてないが,ただ最高裁判決のいうように,景観利益の保護は必然的に土地や建物といった財産権の規制につながることなどからすれば,このような最高裁判決の判旨が景観利益と財産権のバランスをはかった妥当な判断といえるのではないだろうか。[7]

註
1) なお第1事件については1審東京地八王子支決平成12・6・6判例集未登載が却下決定をし,抗告審東京高決平成12・12・22判時1767号43頁もこの原決定を是認し,第2事件については1審東京地判平成13・12・4判時1791号3頁は請求の一部を認容したが,控訴審東京高判平成14・6・7判時1815号75頁はすべての請求を不適法として退け,最決平成17・6・23判例集未登載も上告を棄却した。第3事件については1審東京地判平成14・2・14判時1808号31頁は無効確認請求は却下したが,国家賠償請求は認容し,控訴審東京高判平成17・12・19判時1927号27頁もそれを維持した(ただし賠償額を4億円から2500万円に減額した)。

また大学通り付近の高層ビルに関する東京都と国立市を被告とする国家賠償請求訴訟として,東京地八王子支判平成13・12・10判時1791号86頁(請求棄却),その控訴審

東京高判平成15・2・27判例集未登載（原判決維持―ただし国立市については和解成立）もある（なおこの事件の提訴は平成8年であり，本件マンション建設を直接の発端とするものではない）。
2) 東京地判平成14・12・18判時1829号36頁。
3) 東京高判平成16・10・27判時1877号40頁。
4) この1・2審判決についてはすでに拙著で簡単に言及しているが（121～122頁），ここで改めてくわしく紹介する。なお拙著122頁ではこの事件の最高裁の判断がすでに平成17年6月23日に言い渡されているように記しているが，これは註1）にも記しているように，本件マンションに関する第2事件，すなわち建物除却命令等請求事件に関する判断なので誤りを訂正しておく―すぐ次にのべているように，本節で扱っている事件の最高裁判決は平成18年3月30日に言い渡されている。
5) 最判平成18・3・30民集60巻3号948頁。
6) 大塚教授の整理によれば，景観の恵沢を享受する利益の権利性や法的利益性を認める立場としては，①環境権を根拠とするもの，②自由権ないし「拡張された人格権」を根拠とするもの，③本件1審判決のように，土地所有権から派生した利益であるとするもの，④人格権にも土地所有権にも還元され得ない生活環境利益の一種であるとするもの，⑤地域的ルールを根拠とするもの，⑥慣習上の法的利益を根拠とするもの，などがある（大塚直「国立景観訴訟最高裁判決の意義と課題」ジュリスト1323号70頁―上の整理は74頁でなされている）。また，同教授には「国立景観訴訟最高裁判決」（NBL834号4頁）もある。

なお大塚教授のこの論文の他に筆者が参照した関係の文献を順不同で挙げておくと，吉田克己「『景観利益』の法的保護」（判タ1120号67頁），同「景観利益の侵害による不法行為の成否」（平成18年度重判解83頁），吉村良一「国立景観訴訟最高裁判決」（法律時報79巻1号141頁），前田陽一「景観利益の侵害と不法行為の成否」（法の支配143号88頁），富井利安「国立高層マンション景観侵害事件」（環境法判例百選162頁），松尾弘「景観利益の侵害を理由とするマンションの一部撤去請求等を認めた原判決を取り消した事例（国立景観訴訟控訴審判決）」（判タ1180号119頁），などである。
7) 景観利益にふれた最近の判例としては，東京地判平成17・11・28判時1926号73頁もあるが，そこでは，「景観法は，景観計画の策定とこれに基づく行為規制等の手法を通じて，良好な景観の形成を目指しているものと考えられる。加えて，景観は，その周辺地域の土地の利用権者の土地利用及びその地上の構築物の利用権者のその利用の集積の結果もたらされたものであるから，それ自体固定的に存在するものではなく，流動的なものであり，しかも，その景観の形成には多数の者が関係しているのである。そして，そのようにして形成された景観に対する評価は，人により様々である。したがって，良好な景観を維持していくためには，このように流動的で，必ずしも評価が一致しない事項について，多数の関係者の権利関係を調整することが必要になる。こうしたことをも総合的に考慮すると，良き景観の形成，維持については，基本的には，上記景観法が定める手法を通じて，その目的を達することが期待されているというべきである」として，景観法による景観利益の形成と維持が説かれている。

【追記】

　最高裁判決で法律上保護に値するとされた景観利益については，広く報道された鞆の浦埋立免許差止め事件1審判決（広島地判平成 21・10・1 判時 2060 号 3 頁）でもかなりくわしく言及されている。

　すなわち同判決は最高裁判決に拠って，「客観的価値を有する良好な景観に近接する地域内に居住し，その恵沢を日常的に享受している者は，良好な景観が有する客観的な価値の侵害に対して密接な利害関係を有するものというべきであり，これらの者が有する良好な景観の恵沢を享受する利益（景観利益）は，私法上の法律関係において，法律上保護に値するものと解せられる」としたうえで，こうした利益を有する者が，行政事件訴訟法 37 条の 4 第 3 項にいう，差止めの訴えを提起することができる「法律上の利益を有する者」といえるか否かについて検討している。そして公有水面埋立法 3 条は埋立の告示があったときは，その埋立に関し利害関係を有する者は都道府県知事に意見書を提出することができる旨規定し，この利害関係人は，当該埋立に関し法律上の利害関係を有する者をいうと解せられるところ，埋立に係る区域の範囲，位置および面積，建設される橋梁の位置および高さ等を総合考慮すれば，本件鞆地区道路港湾整備事業の施行によって良好な鞆の景観に近接する地域内に居住している者の景観利益が大きく侵害されることは明らかであるから，同景観利益を有する者は，上記の利害関係人に当たるといえることなどをのべて，公有水面埋立法およびその関連法規は，法的保護に値する鞆の景観を享受する利益をも個別的利益として保障する趣旨を含むものと解するのが相当であり，したがって，原告らのうち上記景観利益を有すると認められる者は，本件埋立免許の差止めを求めるについて，行政事件訴訟法所定の「法律上の利益を有する者」であるといえるとしている。

第 2 節　住基ネット訴訟

はじめに

　周知のように，住民基本台帳ネットワークシステムの設置と運用に関する訴訟（住基ネット訴訟）の数は多数に上り，したがってそこに含まれている請求の内容も一様ではないが，大別すると，損害賠償請求と差止請求の 2 つに分けられる。

　そのうち前者は平成 11 年の「住民基本台帳法の一部を改正する法律」（以下この法律を「改正法」といい，改正後の住民基本台帳法を「住基法」という）により設置された住民基本台帳ネットワークシステム（以下「住基ネット」という）は違憲であるとし，こうした国会の立法行為や，この改正法の附則 1 条 2 項で，「この法律の施行に当たっては，政府は，個人情報の保護に万全を期するため，速やかに，所要の措置を講ずるものとする」と定めるにもかかわらず，その「所

要の措置」を講じない国会の立法不作為，および「所要の措置」を講じることなく改正法を施行した内閣総理大臣や総務大臣の行為等について国に対し，さらに市町村長が本人確認情報を都道府県知事に通知し，知事が国の機関や法人等に対しこの通知を受けた本人確認情報を提供するが，知事はこれらの提供事務を総務大臣が指定した指定情報処理機関に委任することができ（委任の前提として当然知事から指定情報処理機関への本人確認情報の通知がある），現に全都道府県知事が指定情報処理機関である財団法人地方自治情報センター（以下「センター」という）に委任しているという住基ネットの基本態様と運用の現状を受けて，こうした自治体の長やセンターの本人確認情報の通知，提供等について，市，府県，およびセンターに対し（町村および東京都と北海道に対する訴訟を筆者はみていないので，このように記しておく―以下同じ），国家賠償法や民法に基づきなされたものである。

　他方差止請求は，前者の場合と同様住基ネットを違憲とし，市に対して本人確認情報を知事に通知しないこと，府県に対して本人確認情報の提供を行わないこと，センターに本人確認情報処理事務を委任しないこと，同じくセンターに本人確認情報を通知しないこと，およびセンターに対して受任した本人確認情報処理事務（国の機関や法人等への本人確認情報の提供等）を行わないこと等を請求するものであり，併せて市に対して住民基本台帳から住民票コードを削除すること，および府県とセンターに対して住基ネットの磁気ディスクから本人確認情報を削除することも請求されるのが例である。

　なお住基ネットについての違憲の主張は，それが憲法13条に違反するとするものであるが，具体的には住基ネットがプライバシー権の一内容としての自己情報コントロール権，プライバシー権ないし人格権の一環である公権力による包括的な管理からの自由と平穏生活権，および人格権に含まれる氏名権を侵害するとするものである。

　判決はいずれも損害賠償請求については比較的簡単に退け，また差止請求についても，多くは公権力による包括的な管理からの自由と平穏生活権，および氏名権に基づく請求に先行して，プライバシー権＝自己情報コントロール権に基づく請求について論じ，またそれが判決の結論を決しているのが常例なの

で，本稿ではプライバシー権＝自己情報コントロール権に基づく差止請求に関する判断を中心に判決をみることにする。

考察の順序としては，最初にこれまでの住基ネット訴訟のうちで，住基ネットを控訴人（原告）らに運用（改正法を適用）することは，そのプライバシー権（自己情報コントロール権）を侵害するものであり，憲法13条に違反するものといわざるを得ないとし，あるいは自己のプライバシーの権利を放棄せず，住基ネットからの離脱を求めている原告らに対して適用する限りにおいて，改正法の住基ネットに関する各条文は憲法13条に違反すると結論づけるのが相当であるとして，請求（の一部）を認容した大阪高裁判決[8]と金沢地裁判決[9]を検討し，その後この2つの判決と対比しながら，違憲の主張を退けて差止請求を棄却した残りの判決の代表例として名古屋高裁金沢支部判決[10]（上の金沢地裁判決の控訴審判決）をみることにしよう。

1　違憲判決

初の高裁としての違憲判決である大阪高裁判決は，先ず，「他人からみだりに自己の私的な事柄についての情報を取得されたり，他人に自己の私的な事柄をみだりに第三者に公表されたり利用されたりしない私生活上の自由としてのプライバシーの権利」は，いわゆる人格権の一内容として，憲法13条によって保障されていると解するのが相当であるとする。しかし判決はそれにとどまらず，こうしたプライバシーの権利の保障を実効的なものにするには，自己のプライバシーに属する情報の取扱い方を自分自身で決定することがきわめて重要になってきており，今日の社会にあっては，この「自己のプライバシー情報の取扱いについて自己決定する利益（自己情報コントロール権）は，憲法上保障されているプライバシーの権利の重要な一内容となっているものと解するのが相当である」とする。

このようにいわゆる「自己情報コントロール権」にポジティブなことがこの判決の最大の特色であって，それが判決全体の姿勢を決定している。むろん現在にあっては，「自己情報コントロール権」説はプライバシー権論に関する有力な理論となっており，後に指摘するように差止請求を退けた判決の多くも，

それを一概には否定せず，その説くところに一定の理解を示している。そのため住基ネット訴訟の判決の結論の分岐は，自己情報コントロール権を認めるかどうかによるものではないとの指摘もなされるのであるが[11]，しかしこれも後にみるように，差止請求を退けた判決の「自己情報コントロール権」への言及には，明らかにそのコミットの度合いにおいて大阪高裁判決や金沢地裁判決とは差があり，「自己情報コントロール権」説にポジティブであるか否かは，やはり判決の結論を左右するポイントになっているとみるべきであろう。

次いで大阪高裁判決は，「氏名」「生年月日」「男女の別」「住所」「住民票コード」「変更情報」という本人確認情報がプライバシー権性（自己情報コントロール権の対象性）をもつか否かを検討し，結論としてはそれらはいずれもプライバシー権に係る情報として，法的保護の対象となり，自己情報コントロール権の対象となるというべきであるとする。ただ判決は語を継いで，本人確認情報は地方公共団体や行政機関において，行政目的実現のために必要な範囲で個人識別情報として収集，保有，利用等する必要がある場合があることはいうまでもなく，このような個人識別情報としての本人確認情報の性質を考慮すれば，「その収集，保有，利用等については，①それを行う正当な行政目的があり，それらが当該行政目的実現のため必要であり，かつ，②その実現手段として合理的なものである場合には，本人確認情報の性質に基づく自己情報コントロール権の内在的制約により（もしくは，公共の福祉による制約により），原則として自己情報コントロール権を侵害するものではないと解するのが相当である」というが，しかしまた直ちに，本人確認情報の漏えいや目的外利用などによるプライバシーないし私生活上の平穏の侵害の具体的危険がある場合は，②の実現手段としての合理性がないものとして，自己情報コントロール権を侵害することになるとのべ，住基ネットによる本人確認情報の利用が違憲になる場合もあること，およびそのような場合には利用の差止めをすべきケースも生じることを指摘する。

こうして判決はとくに②の住基ネットの行政目的実現手段としての合理性に判断の重点を置くことを示唆するわけであるが，その前に①について検討し，「住基ネットの導入による住民サービスの向上や行政事務の効率化（経費削減）

がどの程度実現できるかについては不透明なところがあり，特に市町村に求められる効率化以上の負担を課すというところもなきにしもあらずという実態が窺えるが，…住民サービスの向上及び行政事務の効率化に役立つところがあることも否定できないところであり，住基ネットの行政目的の正当性及び必要性は，これを是認することができるというべきである」と，いくらか及び腰ながら，一応①については肯定する。

　しかし②については，さらにその一（住基ネットによる本人確認情報漏えいの危険性の有無）とその二（住基ネットによるデータマッチング等の危険性の有無）に分けて検討し，前者については，本人確認情報が漏えいする具体的危険があるとまでは認めることができないとして，危険性を否定するが，後者についてはその危険が相当あるものと認められるとし，したがって住基ネットは，その行政目的実現手段として合理性を有しないものといわざるを得ないと結論する。

　このデータマッチング（複数の個人情報ファイルに含まれる電子データを比較，検索，および結合すること）[12]等の危険性を認めた判断部分は相当に多くの理由が挙げられていて，入り組んだものとなっている。判決は先ず改正法や「行政機関の保有する個人情報の保護に関する法律」（以下「行政機関個人情報保護法」という）で，本人確認情報の受領者は，その受領の目的である事務の処理の遂行に必要な範囲内でそれを利用または提供（以下では原則として両者を合せて「利用」という）すること，本人確認情報や個人情報の目的外の利用の禁止，その違反行為に対する罰則，および違反行為に対する監視機関等について規定されており，また現行法上指定情報処理機関が国の機関等が保有する個人情報を結合することは不可能であり，国の機関等が保有する個人情報を統一的に収集し得る主体もシステムも制度化されていないこと等を考慮すれば，「住基ネットの運用によって…データマッチングや名寄せが行われることは考え難いといえなくもない」とする。

　判決はこのように幾分微妙な表現で，一応データマッチング等の危険は考え難いとするのであるが，こうした表現は，それでも子細にみれば，やはりその危険性を否定できないという次の展開の伏線をなしている。判決はデータマッチングの防止等の観点からすれば，現在の住基ネット制度には上記のような改

正法や行政機関個人情報保護法の規定にもかかわらず，なお無視できない欠陥がいくつか存在するというのである。

　例えば行政機関個人情報保護法8条は1項で保有個人情報の目的外利用を原則禁止しつつ，2項でそれが例外的に許容されるケースを挙げているが，続く3項で，「前項の規定は，保有個人情報の利用又は提供を制限する他の法令の規定の適用を妨げるものではない」と規定しているところ，住基法は上にもふれたように30条の34で，「受領者は，その者が処理する事務であってこの法律の定めるところにより当該事務の処理に関し本人確認情報の提供を求めることができることとされているものの遂行に必要な範囲内で，受領した本人確認情報を利用し，又は提供するものとし，当該事務の処理以外の目的のために受領した本人確認情報の全部又は一部を利用し，又は提供してはならない」と規定しているため，この規定は上述の行政機関個人情報保護法8条3項に定める「他の法令の規定」に該当すると解され，本人確認情報の目的外利用は禁止されることになるのに対し，一定の場合に保有する個人情報の利用目的を変更することを許容する行政機関個人情報保護法3条3項には上記の8条3項のような規定は置かれていないから，目的を変更した個人情報の利用には住基法30条の34の制限は及ばず，またこうした目的変更による利用については監視機関も置かれていない等，利用目的変更の適切な運用が厳格になされる制度的担保が存在しないと指摘する。

　さらに本人確認情報を利用できる事務は今後益々拡大していくことが予想されるが，このように拡大すれば，住民が本人確認情報の利用対象事務を把握することは実際上困難となり，開示・訂正請求や利用停止請求等の改正法や行政機関個人情報保護法が定める救済手段をとることが，事実上不可能になるとも指摘する。

　また第三者が他人の住民票コードのついた住民票の写しの交付を求めることや業として行う行為に関し住民票コードの告知を求めることができないことが定められ（住基法12条2項や同30条の43第2項），住民票コードの民間における利用も禁止される（30条の43第3項）等，住民票コードの秘匿がはかられているが，本人や家族が住民票の写しを請求して第三者に交付したり，住民票コー

ドを告げたりすれば，第三者は他人の住民票コードを知ることができるし，あるいはまた個人情報が商品価値をもち，個人情報の収集や流出が少なからずみられる社会の現状からすれば，住民票コードの民間利用禁止の実効性も疑わしいなどとして，住民票コードの秘匿が万全かにも疑問を呈し，さらに行政機関個人情報保護法8条2項は例外的に保有個人情報の目的外利用が可能とし，その要件として，「相当の理由があるとき」とか「必要な限度で」とかいった条件を掲げているが，それでは行政機関が目的外利用の要件の有無を自ら判断することになり，実際には実効性のある利用制限の歯止めにならず，行政機関が住基ネット上における本人確認情報の利用を事実上自由に行い得ることになってしまう危険性が高い等，目的外利用禁止のための制度的担保は十分とはいい難いと批判を続ける。

　しかし判決の住基ネットによるデータマッチング等の危険性の指摘はそれで終らず，目的外利用が可能な場合も外延は明らかとはいえず，したがってその外延目的情報については複数の行政機関の間で関連性が競合することがあることも十分予想され，そうなれば行政機関の間でデータマッチングが進められる等，行政機関が個別に保有する個人情報の範囲が拡大して，少数の行政機関によって，行政機関全体が保有する多くの部分の重要な個人情報が結合・集積され，利用されていく可能性は決して小さくないが，住基ネットの運用についてこうしたデータマッチングや名寄せを含む目的外利用を中立的立場から監視する第三者機関は置かれていないことや，これまでの市町村の防衛庁（当時）に対する自衛官募集に関する適齢者情報の無原則的な提供の事実からすれば，住基ネットの本人確認情報を利用して当該本人に関する個人情報が際限なく集積・結合されて，それが利用されていく危険性が具体的に存在することを窺わせること，市町村長は住基カードを検診・健康診断の申し込み等の様々なサービスのために使用することができるが，住民が住基カードを使ってそうしたサービスを受けた場合には，その記録が行政機関のコンピュータに残り，それらの記録を住民票コードで名寄せすることも可能であること等を詳述する。

　その結果判決は結論として，「これらの諸点を考慮すれば，住基ネット制度には個人情報保護対策の点で無視できない欠陥があるといわざるを得ず，行政

機関において，住民個々人の個人情報が住民票コードを付されて集積され，それがデータマッチングや名寄せされ，住民個々人の多くのプライバシー情報が，本人の予期しないときに予期しない範囲で行政機関に保有され，利用される危険が相当あるものと認められる。そして，その危険を生じさせている原因は，主として住基ネット制度自体の欠陥にあるものということができ，そうである以上，上記の危険は，抽象的な域を超えて具体的な域に達しているものと評価することができ，住民がそのような事態が生ずる具体的な危険があると懸念を抱くことも無理もない状況が生じているというべきである。したがって，住基ネットは，その行政目的実現手段として合理性を有しないものといわざるを得ず，その運用に同意しない控訴人らに対して住基ネットの運用をすることは，その控訴人らの人格的自律を著しく脅かすものであり，住基ネットの行政目的の正当性やその必要性が認められることを考慮しても，控訴人らのプライバシー権（自己情報コントロール権）を著しく侵害するものというべきである」といい，住民票コードによって本人確認情報を管理，利用するという住基ネットの性格からすれば，こうした控訴人4名についての個人情報のデータマッチングや名寄せの危険による権利侵害状態の排除は，住民票コードの削除によって最も実効性があるといえるとして，箕面市等被控訴人3市に住民基本台帳から4人の住民票コードを削除することを命じている。

　しかしこうした大阪高裁判決は必ずしも説得的ではないし，また判旨も判然としないきらいがある。例えば上記のように住基ネットの運用においては住民票コードがきわめて重要な役割を果たし，それ故その秘匿の必要性は高いとしたうえで，本人や家族が住民票の写しを請求して第三者に交付したり，自らの住民票コードを告げたりすれば，第三者が他人の住民票コードを知ることができるとして，住民票コードの秘匿が実際には損なわれる危険があるとするが，はたしてこのような立論が妥当であろうか。自らの住民票コードを第三者に明らかにする者は住民票コードに関するプライバシー権を自ら放棄しているわけで，そういう事態が出現する可能性があることを制度の欠陥というのは論理の飛躍というべきではなかろうか。[13]

　また住民票コードの民間利用禁止も現今の個人情報が大量に収集され，また

流出している状況に照らせば，その実効性は疑わしいというが，当然のようにこうした予測をするのもいささか安易な推論ではなかろうか。これらのことを欠陥というのなら，当事者が自らの住民票コードを明らかにするのを防ぐ術はないし，それらの集積の完全な防止も困難であるから，住基ネットそのものを廃止する以外に選択肢はなく，住基ネットの行政目的の正当性や必要性を論じることも無意味になるであろう。

　さらに行政機関個人情報保護法の問題点（と判決がする点）が，そのまま住基ネットの問題点，すなわち欠陥と考えられている節があるが，住基ネットに係る本人確認情報はいうまでもなく個人情報のごく一部であって，行政機関個人情報保護法でいう個人情報とそのまま重なるわけではない。この点の区別が必ずしも明確に意識されず，行政機関の保有する個人情報保護一般の問題と，住基ネットに係る本人確認情報の取扱いの問題が単純に同一視されているようにみえ，そのため判旨が理解しにくくなっていることも，この判決について指摘すべき点であろう。

　さらにまたこの行政機関個人情報保護法の問題点，すなわち住基ネットの問題点として，上述のように，例えば行政機関が個人情報の目的外利用や目的変更の権限を悪用・濫用する場合，それを防止する制度的担保がないことが指摘されているが，いかなる制度であれ，どのような監視機関や罰則を設けても，それに携わる者がそのシステムを悪用・濫用する危険性を全面的に排除することはできないから，それでもなお危険性を除去しようとすれば，制度の構築を断念するしかないように，この場合も住基ネット自体を廃止するしかなく，上にものべたように判決のその他の検討や判断は全く意味をもたないことになろう。

　それにそもそも大量の個人情報を保有すれば行政機関は必然的にそれらの統合をはかるであろうという推論（それを支える例としては個人情報保護法や行政機関個人情報保護法成立前の自衛官募集に関する市町村の対応のデータが挙げられているのみである）を判決の結論の決定的な証拠として用いることが，はたして妥当であろうか。

　なお付言すると大阪高裁判決は行政機関個人情報保護法の条文の意義の理解

においてかなり強引でもあって，その文言のみの形式的な解釈操作によって結論を導き出すというやり方をしている。例えば前述のように，例外的に行政機関が保有する個人情報の目的外利用を認めている行政機関個人情報保護法8条2項には，この規定は保有個人情報の利用を制限する他の法令の規定の適用を妨げるものではないとの3項が付いており，受領本人確認情報の目的外利用を禁止した住基法30条の34がここでいう他の法令の規定として適用されて，結局本人確認情報の目的外利用は禁止される仕組みになっているのに対し，一定の場合に行政機関が保有する個人情報の利用目的の変更を認めた行政機関個人情報保護法3条3項には8条3項に相当する規定が置かれていないため，行政機関による目的を変更した個人情報の利用には歯止めがかからないとしていること等がそれである。

　しかし住基ネットの運用の中心である都道府県知事とセンターは，市町村長と都道府県知事から通知された本人確認情報を住基法の定める場合以外は利用してはならないとされ，また繰り返しのべているところであるが，国の機関等の本人確認情報の受領者もその目的外利用が禁止されていることが示すように（住基法30条の30第1項，第2項，上述の同30条の34），本人確認情報は住基法が認める場合，およびこの認められた事務の処理のためにのみ利用され得るというのが，住基ネットのいわば基本原則であって，判決のいう行政機関個人情報保護法における制限規定の欠如にもかかわらず，本人確認情報に関する限り，その利用目的の変更が認められないのは自明のことというべきではなかろうか。

　このように大阪高裁判決には多くの疑問が残るが，この高裁判決の約1年前に言い渡された最初の違憲判決である金沢地裁判決も行論では異なるところがあるものの，基本的な着眼点と判断はほぼ同様である。

　すなわち，プライバシーの権利は憲法13条によって保障され，そこには自己情報コントロール権が重要な一内容として含まれると解すべきであること，本人確認情報はこの自己情報コントロール権の対象となること，ただし本人確認情報に対する自己情報コントロール権も無制限に保護されるわけではなく，公共の福祉のため必要ある場合には相当の制限を受けることはやむを得ないこ

とを先ずのべたうえで，住基ネットがこの許容される制限に当たるか否かを検討するのである。

　この検討は具体的には，①本人確認情報の秘匿を要する程度，②システムのセキュリティ，③本人確認情報の通知，保存，提供の態様が個人の人格的自律を脅かす危険の有無，程度の検討としてなされるが，①と②に関しては比較的簡単に済ませ，①については，「氏名」「生年月日」「男女の別」「住所」の４情報は社会通念上一般的には秘匿を要する程度が高いということはできないものの，「住民票コード」と「変更情報」の秘匿を要する程度は相当高いというべきであるとし，②については，「疑問はあるものの，本訴において，住基ネットのセキュリティが不備で，本人確認情報に不当にアクセスされたり，同情報が漏洩する具体的危険性があることが立証されたとまでいうのは困難である」と結論したうえで，③の検討に進むのである。

　この部分が大阪高裁判決の，住基ネットの行政目的の正当性および必要性の検討，ならびに行政目的実現手段としての合理性の検討のうちのその二，すなわち住基ネットによるデータマッチング等の危険性の有無の検討に相当するわけであるが，金沢地裁判決は先ず住基ネットの稼動や今後の法律・条例による本人確認情報提供事務の拡大によって，行政機関がもっている膨大な個人情報がデータマッチングされ，住民票コードをいわばマスターキーのように使って名寄せされる危険性が飛躍的に高まったというべきであるとする。もちろんこれまでに繰り返しのべたように，住基法30条の34は受領者が本人確認情報をその提供を求めることができる事務の処理以外の目的のために利用してはならない旨を定めているが，これがデータマッチングや名寄せを禁じるものかは文言上判然とせず，仮にそうだとしても，その違反行為に対する罰則は定められていないし，第三者機関の監視システムもないから，その実効性は疑わしいとし，また行政機関個人情報保護法も個人情報の利用目的の変更や目的外利用を認めているから，データマッチングや名寄せを防止できるとする根拠にはなり得ないとするのである。

　ここでも行政機関は多くの個人情報を保有すれば，必然的にその統合をはかると当然のように推論されているが，さらに住基カードについても，住民が住

基カードを使って各種サービスを受ければ，その記録が行政機関のコンピュータに残るのであって，これに住民票コードが付されている以上，これも名寄せされる危険があるとする。この点も大阪高裁判決と同様である。

　さらにまた金沢地裁判決はそれで終らず，なお同旨を繰り返して，行政機関は住民が届出，申請等をするに当たって開示した膨大な個人情報をもっているが，これらの情報に住民票コードが付され，データマッチングがなされ，住民票コードをマスターキーとして名寄せがなされると，住民個々人が行政機関の前で丸裸にされるが如き状態になるのであり，実際にこうした事態が生ずれば，あるいは生じなくても，住民においてそのような事態が生ずる具体的危険があると認識すれば，住民一人一人に萎縮効果が働き，個人の人格的自律が脅かされる結果となることは容易に推測できるという。

　要するに住基ネットの運用に携わり，また本人確認情報を受領する行政機関が住民票コードを使い，保有する様々な個人情報を名寄せして，住民の全生活状態を把握する具体的危険が存在するというのであるが，そうした推論についてとくに根拠が示されているわけではない。こうした立論からすれば，いかに罰則を設け，あるいは監視機関を置こうと，行政機関の行動を外部から完全に縛るのは不可能であるから，大阪高裁判決についてのべたように，具体的危険を回避するには，住基ネットそのものを廃止するほかはないであろう。

　しかし金沢地裁判決はそのようには論を進めず，住基ネットの運用によって達成しようとしている行政目的が正当であり，住基ネットを運用することについて，住民のプライバシーの権利を犠牲にしてでもなお達成すべき高度の必要性がある場合には，住基ネットのシステムを運用することが許されるとして，住基ネットの目的とその必要性の検討に移るのである。

　前述のように大阪高裁判決は最初にこの住基ネットの目的の正当性と必要性の判断を行い，ともにそれを肯定した後，住基ネットの行政目的実現手段としての合理性の検討を行うのであるが，金沢地裁判決は検討の順序を異にするわけである。そして金沢地裁判決は，この住基ネットの目的の正当性と必要性の判断において，それをともに肯定した大阪高裁判決とは異なる見解をのべている。

すなわち住基ネットの目的については，様々な疑問もないではないが，一応の理由はあり，正当なものと評価できないではないとしながら，さらに語を継いで，その目的はつまるところ，「住民の便益」と「行政事務の効率化」であるところ，「住民の便益」は，これを享受することを拒否し，それよりもプライバシーの権利を優先させて住基ネットからの離脱を求めている原告らとの関係では，正当な行政目的たり得ず，本件においては「行政事務の効率化」のみが正当な行政目的として是認できるとして，この「行政事務の効率化」という目的達成のための住基ネットの必要性を検討し，結論としてそれを否定するのである。その理由は端的にいえば，住基ネットによって行政と住民が受ける経費削減の利益がその構築の費用およびその後の運用経費を上回るか，あるいはそれがどの程度かという費用対効果が未知数であるということである。

費用対効果という問題は前述のように大阪高裁判決でもふれられているが，強調はされてないから，この点は金沢地裁判決のユニークな点であるが，こうして，「住民基本台帳に記録されている者全員を強制的に参加させる住基ネットを運用することについて原告らのプライバシーの権利を犠牲にしてもなお達成すべき高度の必要性があると認めることはできないから，自己のプライバシーの権利を放棄せず，住基ネットからの離脱を求めている原告らに対して適用する限りにおいて，改正法の住基ネットに関する条文は憲法13条に違反すると結論づけるのが相当である」とされ，被告石川県に対し，住基法所定の国の機関および法人に本人確認情報を提供してはならないこと，センターに本人確認情報処理事務を委任し，本人確認情報を通知してはならないこと，および原告らの本人確認情報を保存する住基ネットの磁気ディスクから削除することが，センターに対し，本人確認情報処理事務を行ってはならないこと，原告らに関する本人確認情報を保存する住基ネットの磁気ディスクから削除することが命じられるのである。

このように一応形のうえでは，「行政事務の効率化」という行政目的実現のための住基ネットの必要性が認められないことが違憲の理由とされているのであるが，判決が求める必要性は上述のように単なる必要性ではなく，原告らのプライバシーの権利を犠牲にしてまで維持されるべき高度の必要性，判決のコ

ンテクストでいえば，明確かつ大幅な経費削減効果である。しかし不確定な諸要素が絡んでいるためその効果の費用上の計算は元々きわめて困難であり，判決もそうしたように，結局経費削減効果は未知数＝確定困難といわざるを得ないであろう。したがって実は判決が費用対効果についての高度の必要性を合憲性判断の基準にしたときに，違憲の結論はすでに決ったも同然であったといってよいであろう。換言すれば，住基ネットがプライバシーの権利を侵害するとの判断によって実際には結論はすでに決せられているのであり，必要性の言及は蛇足の観を免れないということである。

したがってまた行論をやや異にしていても，結局金沢地裁判決は住基ネットが住民のプライバシー権を侵害する具体的危険性があるとの判断によって結論を導いた大阪高裁判決と実質的には同様であり，途中でもふれたように，大阪高裁判決についてのべた疑問や批判がそのまま当てはまるのである。

2　合憲判決

冒頭にのべたように，以上にみた大阪高裁判決と金沢地裁判決以外の判決はいずれも原告の違憲の主張を退け，損害賠償や差止めの請求を棄却しているが，それらの判決のうちでは名古屋高裁金沢支部判決（以下単に「金沢支部判決」という）が2つの違憲判決のほぼすべての根拠にふれつつ，それを否定していて，最も対照的なので，最初に予告したように以下住基ネットの設置や運用を容認した判決の代表例として，この金沢支部判決をみることにしよう。

金沢支部判決は冒頭，「住基ネットの目的等」と，制度面と技術面に即した「個人情報保護のための対策等」についてくわしく事実認定をしたうえで，先ずプライバシー権の意義についてふれ，憲法13条は「幸福追求権の一内容をなす憲法上の権利として，個人の人格的自律ないし人格的生存の基盤をなす個人の私生活上の自由及び平穏を国家機関等の公権力の行使から包括的に保障する」とし，したがって，「国家機関等の公権力」といえども，正当な理由がなく，社会生活上当然に受忍すべき限度を超えて，上記のような私生活上の平穏を害し，あるいは，その自由・自律に干渉するような態様において，個人の私生活上の情報を収集し，管理し，利用（他者への開示を含む。）することは，憲法13

条が保障するプライバシー権を侵害するものとして許されない」という。そしてこのことを受けて，住基ネット規定が国家機関等の公権力にこうした憲法13条が保障するプライバシー権の侵害を許す内容のものである場合はもちろん，住基ネット規定そのものは当然にプライバシー権の侵害を許す内容のものではないが，システムの安全に関する規定やプライバシーの保護を担保する規定を欠くなどのために，住基ネット上の本人確認情報が簡単に漏えいし，あるいは流出する具体的な危険のある場合も，住基ネット規定は憲法13条に違反して無効となることがあるとし，このような違憲状態が生じた場合においては，その権利を自己情報コントロール権と称するか否かは別として，本人確認情報に係る住民は，人格権としてのプライバシー権に基づく妨害排除請求権または妨害予防請求権により，これを差し止める権利をもつという（ただしそれに先立って，本人確認情報のプライバシー権の対象性について検討し，「本人確認情報は，憲法13条が，国民に対して保障するプライバシー権の中核をなすところの，個人の人格的自律ないし人格的生存に必要不可欠な，個人の私生活上の自由及び平穏に関する利益…には直接に関わるものとはいえないが，その高度な個人識別性の故に，これに密接に関連する利益として，なお憲法13条が国民に保障するプライバシー権の内容となり，それによる保護の対象となるものと解するのが相当である」と結論している）。

　金沢支部判決はこうして自己情報コントロール権説に対する明確な評価は回避しつつ，これまでにのべたような趣旨と範囲で被控訴人（原告）ら主張のプライバシー権（自己情報コントロール権）は肯定できるとするが，こうしたいわば総論ともいうべき判示に続いて，金沢支部判決は自らが指摘したいくつかのチェックポイントや被控訴人らの主張について具体的な検討を行う。

　この検討の最初は住基ネットの基本態様についてであるが，金沢支部判決は，「住基ネットは，住民サービスの向上と行政事務の効率化を目的とするものであり，また，都道府県知事及びその委託を受けた控訴人センターによる本人確認情報の保存及び国の機関等に対する提供，国の機関等によるその利用は，いずれも住基法所定の事務の処理に関して必要なものである上，その利用は，上記事務に係る住民の居住関係の確認等の住基法所定の目的に限定され，住基法が定める以外の利用は許されないものとされているのであって，住民の

本人確認情報がみだりに公開されたり，上記事務の処理以外の用途で利用されるものではないのであるから，控訴人らが住基法に従って住基ネットにおいて本人確認情報を取り扱うことについては，正当な理由があり，その方法も正当である」といい，「したがって，住基ネット規定がその内容自体において憲法13条に違反するものということはできない」とする。

すなわち大阪高裁判決や金沢地裁判決とは異なり，住基ネットの基本態様に関する諸規定を適切なものと評価するのであり，また問題をもっぱら住基法上の問題として取り扱っていて，大阪高裁判決が繰り返し指摘した行政機関個人情報保護法の規定の「欠陥」についての言及は全くない（このようにもっぱら住基法について判断してその規定を妥当とし，行政機関個人情報保護法の「欠陥」や「不備」を云々しないのは他の請求を棄却した判決にも共通する態度である）。

金沢支部判決はさらに住基法の本人確認情報を含む個人情報保護を目的とする多数の規定等からすれば，住基ネットについて，そのセキュリティの不備や管理および運用面での不備があるため，本人確認情報が漏えいし，流出する具体的な危険があるとは認められないとして，ここでも住基法の諸規定を適切妥当としている。

また大阪高裁判決や金沢地裁判決が強調した住民票コードを使用してのデータマッチングの危険についても，住基法や行政機関個人情報保護法はそれを防止する規定を置いており，したがって，「被控訴人ら主張の本人確認情報を使用したデータマッチングは，住基ネットに関係する都道府県知事，国の機関等あるいはその職員がこれら法律の定めを遵守する限りは実現しないのであり，これらの者がこれら法律の定めに違反することを当然の前提として，上記データマッチングの具体的危険があるとすることは，当を得たものということはできない」とする。こうして行政機関は多くの個人情報を保有すれば，必然的に法の規定に反してでもその統合をはかるという大阪高裁判決や金沢地裁判決の推論を当を得ていないと，真っ向うから否定するわけである（判決のなかには直截に，住民票コードが個人情報を結合させる起点として利用される証拠もなく，住民票コードが割り振られたことにより公権力による国民個人の情報の一元的管理が可能となるものではないとしたり，都道府県知事が提供するのは本人確認情報のみに限定されて

おり，受領者も本人確認情報の目的外利用が禁止されていることからすれば，住民票コードは効率的かつ正確に本人確認をするための役割を果たすものにとどまり，それを超えて本人確認情報以外の個人情報を結合し，一元的に管理することは予定されていないというべきであり，したがって住基ネットの稼動が現時点において行政機関等の保有する個人情報の統合につながる具体的危険はないとするものもある)[15]。

　関連して，データマッチングを防止するための第三者機関として，都道府県にあっては「本人確認情報の保護に関する審議会」，指定情報処理機関にあっては「本人確認情報保護委員会」が置かれているから，住基法が行政機関による個人情報の目的外利用禁止の制度的担保を設けていないということはできないともいう。ここでも大阪高裁判決や金沢地裁判決の，監視機関の不存在との判断を退けるのである。

　さらにまた住基ネットの必要性についても，住民サービスの向上と行政事務の効率化を目的とするものであって，その導入の必要性を否定することはできないとしたうえで，費用対効果の問題にふれ，「被控訴人らは，住基ネット導入に伴う行政事務の効率化が導入に伴うコストに遠く及ばないとも主張するが，この点は，国又は地方公共団体における行政事務の処理に関する立法政策又は行政上の施策の当否の問題として，立法府又は行政府が広範な裁量権を有する事項であるから，被控訴人ら指摘のような事情があるとしても，そのことから直ちに住基ネットについてその導入の必要性がないと断定することはできないというべきである」として，金沢地裁判決のような，費用対効果が未知数であるから，住基ネットの強い必要性は認められないという判断を退ける。

　こうして金沢支部判決は結論として，「以上によれば，住基ネット規定が，その内容自体において憲法13条に違反するものということはできないのみならず，住基ネットに使用されるシステムの安全に関する規定や住基ネットの管理運営に関してプライバシーを保護する規定を欠くなどのために，使用されているシステムについて安全上無視し得ない欠陥があって，容易に外部からの侵入を許すものであったり，住基ネットの管理及び運営が著しく杜撰になされ，住基ネットの管理運営に従事する者が不正に本人確認情報にアクセスするなどして，本人確認情報が簡単に漏えいし，あるいは流出する具体的な危険がある

という場合にも当たらないため，控訴人らが住基ネットにおいて本人確認情報を取り扱うことが憲法13条に違反するものということもできない」とするのである。

　格別目新しい理論や指摘が展開されているわけではないが，繰り返しのべたように，大阪高裁判決や金沢地裁判決がかなり強引で粗いという印象を与えるのに対し，金沢支部判決はごく通常の無理のない判断をしていて，この判決の方が，少なくとも住基ネットに関し特段の問題が生じていない現時点では，妥当といえよう。

　なお最後に筆者がみた損害賠償請求や差止請求を棄却した金沢支部判決以外の判決のプライバシー権（自己情報コントロール権）論をごく簡単にまとめておくことにするが，そのためには先ず従来の判例のプライバシー権論と自己情報コントロール権説との関係を整理しておくのが便利であろう。

　従来判例はプライバシー権の一般的な定義としては，「個人の私生活上の自由」という概念を用いてきたが（大阪高裁判決と金沢地裁判決でもそれは維持されている），そのように定義されるプライバシー権の概念の下で具体的な保障対象事項は相当に拡大しており，その保障は指紋，前科，所属団体・政党，自宅や実家の所在地等に及び，遂には周知のように，氏名，住所，電話番号，生年月日等の本件と重なる事項にまで及ぶとされるにいたっている。むろんそれらの事項の公表等が直ちにプライバシー権の侵害として違法になるわけではなく，一定の要件に該当する場合にのみ違法となるわけであるが，ともあれこのようにプライバシー権の保障が及ぶとされる事項は判例においても次第に拡大されてきているのである。そしてこれまでの判例はプライバシー権の保障を具体的には，「個人の私生活上の自由」というその定義が示唆するように，主として上記のような事項についての他人の介入や干渉を排除する自由権として位置づけてきた。

　他方自己情報コントロール権説はごく概括的にいえば，こうした判例理論をより進めて，保障の対象事項の範囲をさらに広げるとともに，保障の態様として請求権をも加えようとするのである。すなわち自己情報コントロール権説は従来の判例理論と対立したり，それを否定したりするものではなく，一部それ

と重なり合いつつ，さらにプライバシー権の保障が及ぶ事項の範囲を拡大し，またその保障手段を多様化しようとするものと位置づけられよう。

　これらのことを受けて住基ネット訴訟で問題になっている都道府県知事やセンターによる本人確認情報の収集，管理，利用，提供等の行為，およびこうした行為の差止めの請求等をみてみると，自己情報コントロール権説からすれば，当然それらの行為はプライバシー権の対象となる事項に関わる行為であり，また差止めの請求等はその主張する保障手段の1つということになる。要するに住基ネット訴訟の原告らの主張は自己情報コントロール権説からすれば容易に根拠づけられるのであるが，しかし実は従来の判例理論からしても，上述のようにその保障対象範囲を拡大しつつある今日においては，本人確認情報やその収集，利用等をプライバシー権に関わるものとすることはさほど無理なことではなく，また収集や利用等の行為が違法な場合，そうした行為の差止め等を認めることも，その枠を超えるものではないのである。

　換言すれば，住基ネットの本人確認情報の取扱いをめぐる問題は，プライバシー権についての従来の判例理論と近年主張されている自己情報コントロール権説の双方がほぼ重なり合う部分に属するのであり[16]，したがっていずれの立場に立つにせよ，原告らの主張は根拠づけられ得るのである。判例の多くが請求を最終的には棄却しながら，原告らの自己情報コントロール権の主張をとくに否定することなく[17]，あるいはそれを受けて判断をスタートさせるのはそうした理由によるとみるべきであろう。

　ただそれらの判例は自らのそうした態度が自己情報コントロール権説の全面的な受容と受け取られることを避けるために，金沢支部判決同様，「原告らが主張するような自己情報をコントロールする権利がプライバシー権として認められるか否かは別としても，本人確認情報…についても，これをみだりに収集，開示されたくないと考えるのは自然なことであり，そのことへの期待は保護されるべきであるから，これをみだりに収集，開示されないという限度での法的利益は認められる」といったり[18]，同様に本人確認情報をみだりに収集，開示されないという限度での人格的利益は認めつつ，「原告らが自己情報コントロール権と称する権利が憲法13条によって保障されるプライバシー権の一内容で

あるか否かは別としても」とかいったりしている[19]。さらには判例のなかにはこうした態度をさらに進めて，現代の情報化社会において個人の私生活上の自由や人格的自律を保障するためには，個人に関する情報について，行政機関等から不当に収集されたり，利用されたり，他に提供されたりしないように保護するにとどまらず，そうした違法状態がみられる場合は，それを差し止めたり，その情報の抹消を求めたりする権利も保障される必要があるとし，自己情報コントロール権はこのような内容の権利として憲法上保障されているというべきであるとしつつ，これらの権利を原告らの主張する権利内容と区別するためとして，態々「自己情報管理権」と表現するものもある[20]。

このように多くの判例は自らの立場が自己情報コントロール権説と一部重なり合うことを認めつつ，しかしそれをすべて受容するわけではないことを表現するのに苦心しているのであり，したがってこうした苦心を無視して単純に，多くの判例は自己情報コントロール権説を認めているとすることは妥当ではないであろう。やはり自己情報コントロール権説に全面的にコミットしているのは大阪高裁判決と金沢地裁判決のみであり，その他の判決のコミットの度合いは，従来の判例理論と重なり合う限度でその主張に理解を示すという程度のものと理解すべきである。そしてこの差が結局は原告らの主張全体の評価の差，すなわち請求認容と棄却という結論の違いとなって表れているとみるべきであるから，やはり自己情報コントロール権説をそれとして認めるか否かは，判決の結論の重要な岐れ目となっているといえよう。

註
8）　大阪高判平成 18・11・30 判時 1962 号 11 頁。
9）　金沢地判平成 17・5・30 判時 1934 号 3 頁。
10）　名古屋高金沢支判平成 18・12・11 判時 1962 号 40 頁。
11）　右崎正博「住基ネット関連判例の総合的研究」（法律時報 79 巻 12 号）89 頁。
12）　さいたま地判平成 19・2・16 判例集未登載の採用している定義。
13）　住基法 12 条 4 項は，住民基本台帳に記録されている者から自己または自己と同一の世帯に属する者に係る住民票の写しの請求があったときは，市町村長は特別の請求がない限り，住民票コードの記載を省略した写しを交付することができるとしており，筆者が住民登録をしている佐賀市は実際には住民票コードが記入された住民票の写しは交付しないこととしている（特別の請求があったときは，本人確認のうえ，別途住民票コード

通知票を無料で交付する）。同様の措置をとっている市町村は多いと思われるが，だとすれば，ひとが自分や家族の住民票の写しを請求し，それを第三者に渡すことによって住民票コードの秘匿が守られなくなるという推論はそもそもその前提を欠くことになる。

14) 名古屋地判平成 17・5・31 判時 1934 号 34 頁。
15) 大阪地判平成 18・2・9 判時 1952 号 127 頁。
16) 岡村久道「住基ネット関連判例の研究（下）」（NBL816 号 32 〜 33 頁）が，表現が異なるが同旨かと思われる指摘をしている。
17) もっとも註 12) 掲記のさいたま地裁判決は，「原告のいう自己情報コントロール権なるものは，未だこれが認められる範囲，権利の内容等について不確定な要素が多く，これを直ちに憲法 13 条に基づく権利として認めることは困難である」との否定的見解をのべている。
18) 註 14) 掲記の名古屋地裁判決。
19) 福岡地判平成 17・10・14 判時 1916 号 91 頁。
20) 註 15) 掲記の大阪地裁判決。

第3節　被疑者・被告人の容ぼう，姿態の撮影・掲載公表とイラスト画の掲載公表に対する肖像権訴訟

　周知のように刑事事件である京都府学連事件で最高裁は，「警察官が，正当な理由もないのに，個人の容ぼう等を撮影することは，憲法 13 条の趣旨に反し，許されないものといわなければならない」と判示して，ひとは正当な理由なく自己の容ぼう等を撮影されない憲法的保障を受けることを認めた。この保障は当然正当な理由なく撮影された写真を公表されない保障も含み，一般に肖像権と称されているが，最近民事事件でこの肖像権の侵害が争われたのが，いわゆる和歌山カレーライス毒物混入事件等の被告人（以下「X」という）に関する写真週刊誌（以下「週刊誌」といい，この週刊誌を発行している株式会社新潮社を「会社」という）の記事をめぐる紛争である。

　事案は X の被疑者段階における勾留理由開示手続が行われた際，週刊誌のカメラマンが小型カメラを隠して持ち込み，裁判所の許可なく，また X に無断で閉廷直後と推定される法廷内における X の容ぼう，姿態（手錠および腰縄を付けられていた）を撮影し，会社が週刊誌にこの写真を主体にした，「法廷を嘲笑う『X』の毒カレー初公判　この『怪物』を裁けるのか」というタイトルの記事（以下「第 1 記事」という）を掲載・発行したことについて，X が会社およ

び週刊誌の編集長・発行人に対し肖像権の侵害を主張して慰謝料の支払いと謝罪広告の掲載を請求した事件（以下「第1事件」という）と，その後会社がさらに週刊誌に，「『肖像権』で本誌を訴えた『X』殿へ――絵ならどうなる?」というタイトルの下に，Xの法廷内の容ぼうや挙動を描いたイラスト画3点（1点はXが手錠，腰縄により身体の拘束を受けている状態を描き，2点はXが訴訟関係人から資料を見せられている状態，およびXが手振りを交えて話しているような状態を描いている）と文章よりなる記事（以下「第2記事」という）を掲載・発行したことについて，Xが会社，週刊誌の編集長・発行人，および会社の代表取締役に対し，肖像権の侵害，名誉の毀損，侮辱等を主張して慰謝料の支払い等を求めた事件（以下「第2事件」という）よりなっている。

1審判決[22]は第1事件につき，先ず，「個人の私生活上の自由として，みだりに自己の容貌ないし姿態を撮影され，これを公表されない人格的利益は，被撮影者が刑事事件の被疑者や被告人であるか否かに関わりなく法的に保護されるものと解される」とし，証拠および弁論の全趣旨からすれば，本件写真の撮影，この写真を主体にした第1記事の掲載および頒布は，法的に保護された利益である肖像権を侵害するものというべきであるとする。ここではこのように従来の一般的な理解に従って，みだりに自己の容ぼうないし姿態を撮影され，これを公表されない利益は人格的利益であり，法的保障を受けること，およびこうした利益は肖像権と観念されることがのべられている。

ただし1審判決はこうした肖像権の侵害の認定から直ちに不法行為の成立を認めるわけではなく，報道の自由が表現の自由の保障の下にあることはいうまでもなく，また報道のための取材の自由も憲法の精神に照らして充分に尊重されなければならないことからすれば，「ある取材行為ないし報道行為が他者の肖像権を侵害する結果となる場合，権利者である被撮影者自身が肖像権の侵害を承諾するか，諸般の事情から黙示の承諾が認められる場合はもちろん，そうでなくとも当該取材報道がただちに違法となるということはできず，双方の権利を比較衡量した上で，一定の場合にはその違法性が阻却されると解するのが相当である」という。

そして1審判決はこの違法性阻却事由として，①当該取材報道行為が公共の

利害に関する事項に関わること（事実の公共性），②もっぱら公益をはかる目的でなされたこと（目的の公益性），③当該取材ないし報道の手段方法が，その目的に照らして相当であること（手段の相当性），の3つを挙げ，本件写真の撮影，記事の掲載，ならびにその頒布についてこれらの要件を充足するか否かを検討し，①と②の要件は充たしているが，③の要件を充たさず，したがって本件写真の撮影，記事の掲載，ならびにその頒布の違法性は阻却されないと結論する[23]。

　この手段方法が相当性を欠くとの判断の理由を写真の撮影にしぼって紹介すると，その中心になっているのは，前記した週刊誌のカメラマンが法廷に小型カメラを隠して持ち込み，刑事訴訟規則に反して裁判所の許可なくXを撮影したという事情である。

　ややくわしくいうと，この事情は3つに分けて説明されている。すなわち，その1は撮影場所であって，1審判決は，「法廷内においては，その秩序を保持して審理への悪影響を排除する必要があり，また，被告人や証人等訴訟関係人の名誉権ないし肖像権に配慮する必要があることから，裁判所の許可なく写真を撮影することは許されないものとされている（刑事訴訟規則215条参照）ところ，本件写真が裁判所の許可なくして撮影されたものであることは，前提事実のとおりである。したがって，本件写真は，その撮影場所の点について，相当性を欠くといわなければならない」という。さらにこのことに関し付言して，公判廷における秩序を乱し，訴訟関係人の正当な利益を不当に害するようなものは，たとえ取材活動であれ，もとより許されないところであるから，刑事訴訟規則215条は合理的であって憲法に反するということはできず，また裁判長が開廷を宣言する前や閉廷を宣言した後についても，写真撮影を規制なく放置することができない場合があるから，「公判廷における写真の撮影，…は，裁判所の許可を得なければ，これをすることができない」と定めている刑事訴訟規則215条の「公判廷」とは，裁判長の開廷宣言から閉廷宣言までに限らず，法廷の開廷中およびこれに接着する前後の時間帯をも包含するものと解するのが相当であって，本件写真撮影は同条に違反するとのべて，その趣旨を敷衍し，また被告の刑事訴訟規則215条が憲法違反であるとの主張や，撮影が閉廷後で

あるとの主張を退けるのである。

　1審判決は次いで写真撮影の手段方法が相当性を欠くとの判断の第2の根拠として，写真の撮影時期を挙げる。これは上の第1の根拠とも関連するが，被告が本件写真は閉廷後に撮影されたものであるから，その撮影が刑事手続に影響することは考えられないと主張するのに対し，「裁判長が閉廷を宣言し，法廷から退出した後であっても，その直後の時間帯においては未だ法廷に訴訟関係者が残っていること等もありうるのであって，そうした状況下で無制限に写真撮影がなされるとすれば，訴訟関係者の肖像権等が害され，ひいては，刑事手続全体の秩序が保たれなくなることは明らかである」とのべ，原告本人の姿が写真に捉えられていることからすれば，仮にその撮影が被告らの主張どおり閉廷宣言および裁判長の退廷後であったとしても，それはまさに閉廷宣言の直後であったと考えられるのであって，本件写真の撮影行為は刑事手続全体の秩序に影響を及ぼすような相当性を欠くものというべきであると結論する。

　さらに第3に会社のカメラマンが特殊なフィルムを収めた小型カメラを隠して持ち込み，原告の容ぼうを隠し撮りした撮影方法も，同様に写真撮影の手段方法が相当性を欠くとの判断の根拠とされている。

　こうして1審判決は第1事件について，本件写真の撮影および第1記事への掲載ならびにその頒布行為は原告の肖像権を侵害するものであり，不法行為を構成すると認められるとするのであるが，学説は必ずしもこのような判旨に好意的ではない。

　批判は2点あって，1つは法廷のような公開が義務づけられた場では，訴訟関係人のプライバシーや肖像権は制限されるとし，1審判決が第1記事について不法行為の成立を認めたことを問題にするものである。「公開の法廷は，誰でも傍聴することができる。被告人の姿は誰でも見ることができる。これは裁判が公共の関心事であるからである。実際に法廷にいかなくても，すべての国民は裁判に関心を持っている。それゆえ，すべての国民は本来法廷の中で行われることを見る権利がある。このような場においては，被告人はプライバシーの権利を期待しえないと考えられる。したがって，被告人の写真撮影は，刑事訴訟規則に違反するとしても，何ら被告人のプライバシーの権利としての肖像

権を侵害するものではないと考えるべきだったように思われる」とか,「公共の利害に関する事実については,明らかに表現の自由の方がプライバシーの権利に優越するというべきなのではなかろうか」とする松井教授の説などがそれである。

　もう1つの批判は,刑事訴訟規則215条は法廷の秩序維持を目指す規定であるとし,1審判決が同条違反をストレートに不法行為法上の違法性に結び付けたことを疑問とするものである。同じく松井教授の,「刑事訴訟規則が法廷の秩序維持等のため写真撮影に許可を求めているとすれば,それはあくまで法廷の秩序維持等のためのものであり,それに違反したからといって,私法上も違法だということになるわけではない。…しかも本判決は,手段が違法であれば相当性を欠くとしているが,違法性の程度にも違いがあるはずである。手段の違法性の程度を無視し,ただ単に刑事訴訟規則違反だから違法であり,手段が相当性を欠き違法性阻却は認められないと結論するのは,あまりに短絡した考え方といわざるをえまい」という批判などがその例である。

　しかしこうした批判には賛成できない。第1の批判についていうと,それは憲法82条が謳う裁判の公開の趣旨を,ストレートに国民の関心に応えるためのもの,そのための裁判報道の自由を保障したものとするところから出発しているが,いうまでもなく82条のねらいは何よりも裁判の公正の確保である。公正な裁判の実現のためには密室裁判を排して公開で裁判を行うことが必須であるとするのが82条の趣旨なのであって,それは人権保障を確実にするためのものである（周知のように憲法には公開裁判に関しもう1つ条文があるが,それは被告人の諸権利を定めた37条のなかに置かれている）。

　むろん公開とは具体的には傍聴の自由の保障であり,この自由は報道の自由を含むが,上述したところからこの報道の自由もあくまでも裁判の実態を公にすることによって,公正な裁判の実現に資するものであることが,その本旨である。国民の裁判に対する関心は多様であり,とくに話題を呼んだ事件であればなおさらそうであるが,報道機関がその性格上そうした受け手の関心に最大限応えようとすることは自然であるとしても,裁判の実態と直接関係ない「裁判」報道までが,裁判報道の自由の名の下に当然の保護を受けるわけではない。

報道内容の必要性や相当性も，報道の自由の保障を受けるか否かの重要な判断要素である。

　こうした観点からすれば，手錠および腰縄を付けられている状態のXの写真は確かに生々しい画像的インパクトはあるにせよ，それは裁判の実態の報道という類のものではなく，一部のひとびとの好奇心に応えるという類のものであり，Xにとっては屈辱感のみがもたらされるのである。すでにXのそうした姿は傍聴人にさらされているという反論もあろうが，そのことと，写真という形で広く永くそうした姿が伝えられることは別問題であって，報道の自由を強調することによって第1記事について不法行為の成立を否定することは妥当ではないであろう。ただこうした内容の相当性や必要性という視点が1審判決にはみられないのも事実であって，単なる手段方法の相当性の検討を超えて，写真の内容にもふれた判断をした方がより適切だったと思われる[27]。

　また第2の批判についていうと，1審判決は上述のように刑事訴訟規則215条を単なる法廷の秩序維持のための規定とはみなしていない。法廷の秩序維持とともに訴訟関係人の名誉権ないし肖像権を保護する趣旨の規定でもあるとしているのである。そうしたうえで，したがって同条に反して裁判所の許可なく法廷におけるXの容ぼう・姿態を撮影した本件写真はXの肖像権を侵害するとしているのであるから，法廷の秩序維持のための規定違反から単純に私法上の違法を導いているとする批判も妥当とはいえないであろう。

　次いで第2事件に移ると，1審判決はイラスト画3点についても，肖像権の侵害を認める。すなわち判決は先ず一般論として，「何人たりとも肖像権を有することは先に述べたとおりであるが，この権利を保障すべき実質的な根拠は，個人が，自己の意思に反して自己の容貌や姿態という情報を取得され，或いは利用されるとすれば，その個人の自律性が害され，無視し得ない人権侵害を招来するという点にある。然らば，個人の容貌や姿態等の情報を獲得する手段が写真であるかイラスト画であるかは肖像権侵害の有無を決定する本質的な問題とはいえず，イラスト画による容貌の描写であっても，その描写の正確性・写実性故に，そこに描かれた容貌がある特定の人物のものであると容易に判断することができる場合，すなわち，イラスト画が人物の特定機能を果たす場合

には，当該イラスト画は，その個人との関係で，肖像権を侵害するといわなければならない」として，写真とイラスト画には本質的な差はないとする。そのうえで本件イラスト画はXの容ぼうを捉えたものと容易に判断できるから，本件イラスト画はXの肖像権を侵害するという。ここでは人物の特定機能をもてば，写真はもちろん，イラスト画も基本的に肖像権を侵害するものとされており，やや肖像権の定義が広範過ぎるのではないかと思われるが，判決はそれは違法性阻却事由の有無の判断によって調整されるべきものとしているようである。

その違法性阻却事由について判決は，第2記事全体のそれとイラスト画のそれとの2つについて言及しているが，いずれも挙げられているのは第1事件の場合と同様，事実の公共性，目的の公益性，手段の相当性の3つである。イラスト画については写真の場合の撮影場所・時期等のような手段の相当性が問題になる要素は存在しないと思われるから，ここでは写真の場合よりもさらに内容の相当性や必要性を考慮要素とし，そのことについて判断すべきではなかったかと思われるが，1審判決はそうはせず，先ず第2記事全体について，こうした第1事件と同様の3つの違法性阻却事由の有無を上述の順序で判断し，一応事実の公共性を有するとはいえるが，記事を全体としてみれば，Xが第1事件を会社らに提訴したことを揶揄する意図に出たものであることが明白であるから，到底そこに目的の公益性を認めることはできないといい，違法性は阻却されないとする。すなわち第2要件の検討までで違法性阻却事由の有無の検討は終るのである。そして続いてイラスト画についても，「本件イラスト画が，本件第2記事全体とは別箇に独自の公益目的を有すると認めるに足りる証拠もないから，本件イラスト画による肖像権侵害の違法性は阻却されない」と結論する。

1審判決はこのように，第1記事はXを「怪物」と呼ぶなど不適切な表現もあるものの，内容は裁判報道であって公益目的が認められ，写真の撮影や掲載もこうした記事の一環として同様に公益目的が認められるのに対し，第2記事は裁判報道を目的とするものではなく，単にXを揶揄するためのものであるから，記事全体も，それと不可分一体のものとしてイラスト画も，公益目的を

有するとはいえないとするのである。しかし第1記事と第2記事は連動しているのであるから、前者に目的の公益性が認められるなら、後者にも同様に認められる余地はあるであろうし、またＸの名誉毀損あるいは侮辱が問われた第2記事全体についての判断と、肖像権の侵害が問われたその一部であるイラスト画についての判断を判決のように単純に重ね合せることもさらに問題であろう。

　この判決の論理からすれば、仮にイラスト画が法廷におけるＸの容ぼう・姿態ではなく、法廷とは無関係な一般的な風貌を描いたものであっても肖像権の侵害ということになりかねないが、本件イラスト画は裁判報道のあり方に関し写真報道に対比して提示されているのであるから、その違法性阻却事由の有無の判断はやはり目的の公益性レベルではなく、先にのべたように内容の相当性を考慮要素に加えたうえで、そのことを中心になされるべきであったろう。

　しかし2審判決も、「被撮影者が刑事訴訟法により逮捕あるいは勾留されて公開の法廷に出頭した場合においても、被撮影者は刑事裁判手続における必要から、刑事訴訟法規に定められた範囲で法的に身柄の拘束を受け、人権の制約を受けるのであるから、刑事手続において勾留されていることをもって、直ちに刑事裁判手続そのものと直接の関連がない民事上の私的かつ個人的法益である肖像権を喪失しあるいは剥奪されたと解することはできない。したがって、本件写真の撮影時に勾留中の被控訴人が公開の法廷に出頭したとしても、そのために被控訴人の肖像権を否定することはできない」とか、「刑事訴訟規則215条は、公判廷における写真の撮影は、裁判所の許可を得なければならないと定めているところ、その趣旨は適正な刑事裁判を実現することであるけれども、同規定は、公開の刑事法廷における被疑者及び被告人についても肖像権を保護する必要のあることを前提とし、これを考慮すべき要素の1つとして、法廷における写真撮影の許否を裁判官の裁量に委ねたものと解される」とかのべて、第1事件についての1審判決の趣旨を敷衍はしているが、第2事件についての1審判決のこのような問題性については何ら言及せず、それを維持している。

　最高裁は第1事件については1・2審判決と結論を同じくしているが、その

理由は異にし，第2事件については結論そのものを異にしている[29]。

　第1事件については前述のように下級審判決は，本件写真の撮影・掲載が肖像権を侵害するものとしたうえで，3つの違法性阻却事由を挙げてその充足性を検討し，結論としてそれを否定するのであるが，最高裁はこうした特定のいくつかの要件の充足性をそれぞれに判断するというやり方をしていない。代りに最高裁は，「ある者の容ぼう等をその承諾なく撮影することが不法行為上違法となるかどうかは，被撮影者の社会的地位，撮影された被撮影者の活動内容，撮影の場所，撮影の目的，撮影の態様，撮影の必要性等を総合考慮して，被撮影者の上記人格的利益の侵害が社会生活上受忍の限度を超えるものといえるかどうかを判断して決すべきである」とする。写真の撮影が不法行為法上の違法性を帯びるか否かは，それが被撮影者の社会生活上の受忍限度を超えるか否かで決せられるとし，この受忍限度を超えるか否かの判断は写真の撮影に係る諸事情の総合考慮によるとするわけであるが，さらに最高裁はこうした基準に照らし，写真の撮影行為が違法と評価される場合には，その公表行為も違法性を有するものというべきであるとする。そして，「本件写真週刊誌のカメラマンは，刑訴規則215条所定の裁判所の許可を受けることなく，小型カメラを法廷に持ち込み，被上告人の動静を隠し撮りしたというのであり，その撮影の態様は相当なものとはいえない。また，被上告人は，手錠をされ，腰縄を付けられた状態の容ぼう等を撮影されたものであり，このような被上告人の様子をあえて撮影することの必要性も認め難い。本件写真が撮影された法廷は傍聴人に公開された場所であったとはいえ，被上告人は，被疑者として出頭し在廷していたのであり，写真撮影が予想される状況の下に任意に公衆の前に姿を現したものではない。以上の事情を総合考慮すると，本件写真の撮影行為は，社会生活上受忍すべき限度を超えて，被上告人の人格的利益を侵害するものであり，不法行為法上違法であるとの評価を免れない」と結論し，また掲載行為も違法とするのである。

　ここでは撮影の態様，撮影の必要性，撮影の場所が総合考慮の重要なファクターをなしている。これを下級審判決が挙げた3つの違法性阻却事由に照らしてみると，事実の公共性や目的の公益性にはことさら言及せず，第3の手段方

法の相当性を中心に判断しているといえるが，ただ単なる手段方法にとどまらず，内容の相当性や必要性も考慮に入れている。筆者は先にものべたように，この内容が視野に入っていない点が下級審判決の問題点と思っているので，最高裁のこうした把握の方が下級審のそれよりも適切妥当な結論を導くように思われる。また下級審のように事実の公共性や目的の公益性を掲げないことは一見明確性を欠くようにみえるが，これらはいささか抽象的であり，したがってその点から判断を始めるよりも，先述のような内容も含めた意味での手段方法の相当性の検討から入り，それを中心にする方が，事態に即した現実的な判断を可能にするのではなかろうか。

　イラスト画については最高裁判決は，とくにそのための判断基準を示すことなく，端的にそれが社会生活上受忍すべき限度を超えてXの人格的利益を侵害するものといえるかどうかを検討し，「本件イラスト画のうち下段のイラスト画二点は，法廷において，被上告人が訴訟関係人から資料を見せられている状態及び手振りを交えて話しているような状態が描かれたものである。現在のわが国において，一般に，法廷内における被上告人の動静を報道するためにその容ぼう等をイラスト画により描写し，これを新聞，雑誌等に掲載することは社会的に是認された行為であると解するのが相当であり，上記のような表現内容のイラスト画を公表する行為は，社会生活上受忍すべき限度を超えて被上告人の人格的利益を侵害するものとはいえないというべきである。したがって，上記イラスト画二点を…，本件写真週刊誌に掲載して公表した行為については，不法行為法上違法であると評価することはできない。しかしながら，本件イラスト画のうち上段のものは，前記のとおり，被上告人が手錠，腰縄により身体の拘束を受けている状態が描かれたものであり，そのような表現内容のイラスト画を公表する行為は，被上告人を侮辱し，被上告人の名誉感情を侵害するものというべきであり，同イラスト画を，…本件写真週刊誌に掲載して公表した行為は，社会生活上受忍すべき限度を超えて，被上告人の人格的利益を侵害するものであり，不法行為法上違法と評価すべきである」とし，会社等敗訴の部分につき原判決を破棄して原審に差し戻した。

　この判断も前述のようにイラスト画についても写真の場合と同様，事実の公

共性，目的の公益性，手段の相当性を違法性阻却事由として挙げ，しかも記事全体の目的の公益性の欠如からそのままイラスト画の目的の公益性の欠如を導いて，3点のイラスト画すべてにつき肖像権侵害の違法性は阻却されないとした下級審判決がやや硬直的で，現実にそぐわない印象を与えるのに比べて，イラスト画の内容に即し，かつ，積み重ねられてきた裁判報道の状態も考慮に入れた妥当な判断と思われる。

　ただこの最高裁判決には，前述のように，第1事件に関しては，写真の撮影・公表という人格的利益の侵害が社会生活上受忍の限度を超えるものといえるかどうかを判断する基準として，「撮影に係る諸事情の総合考慮」を説いているのに対し，第2事件については上にふれたようにとくに判断基準を提示することなく，結論を導いているという違いがある。[30]

　こういう差が生じたのは，おそらく写真は生々しい迫真性をもち，したがって報道上の価値も一般に大きいが故に，その撮影・公表の制約については慎重な検討を必要とすると考えられたのに対し，イラスト画は迫真性も報道上の価値も写真に劣り，したがってとくに描写されるひとの人格的利益を害するような内容でない限り，制約の必要性も低いから，違法となるかどうかの判断基準について特段予め立入って論じる必要はない＝端的に受忍限度の問題として処理すればよい，と考えられたためであろう。

　最高裁判決が，「人の容ぼう等を撮影した写真は，カメラのレンズがとらえた被撮影者の容ぼう等を化学的方法等により再現したものであり，それが公表された場合は，被撮影者の容ぼう等をありのままに示したものであることを前提とした受け取り方をされるものである。これに対し，人の容ぼう等を描写したイラスト画は，その描写に作者の主観や技術が反映するものであり，それが公表された場合も，作者の主観や技術を反映したものであることを前提とした受け取り方をされるものである。したがって，人の容ぼう等を描写したイラスト画を公表する行為が社会生活上受忍の限度を超えて不法行為法上違法と評価されるか否かの判断に当たっては，写真とは異なるイラスト画の上記特質が参酌されなければならない」と，下級審判決よりもくわしく，また強く，写真とイラスト画の相違をのべているのは，このことを示唆するものではなかろうか。

なお肖像権に関しては，以上にみた和歌山カレーライス毒物混入事件等の被告人の訴えに係るもののほかにも，いくつかの事例が最近の判例集に登載されているので，そのうちの主なものについて付随して簡単にふれておくことにしよう。

　1つは国が日本全国の道路上に設置，管理している自動車ナンバー自動読み取りシステム（いわゆるNシステム）の端末によって，車両の運転席および登場者の容ぼう等を含む前面を撮影されたうえ，ナンバープレートを判読されて，これらに関する情報を保存，管理されたことにより，肖像権，自由に移動する権利，情報コントロール権等を侵害され，精神的苦痛を被ったとして，損害賠償が求められた事件である。肖像権に関する部分のみを紹介しておくと，判決は冒頭にふれた京都府学連事件最高裁判決がひとの容ぼう等の撮影について説いたところをのべた後，「Nシステムの端末のテレビカメラによって一時的に走行車両の搭乗者の容ぼう等が撮影されるとしても，撮影された画像は瞬時にコンピュータ処理によって走行車両のナンバープレートの文字データとして抽出され，容ぼう等が映っている画像そのものが記録，保存されることはない。右のようなNシステムの仕組みを前提とすれば，走行車両の搭乗者の容ぼう等が写っている画像そのものを人間が視覚的に認識することは一切できないから，Nシステム端末によって，承諾なしに，みだりにその容ぼう等を撮影されない自由が侵害されるものとは認められない」と結論している。すなわち実質的にはそもそも容ぼう等が撮影されたとはいえないから，肖像権侵害の主張は認められないとするわけである[32]。

　同様に肖像権侵害の主張が退けられた例として，コンビニ内に設置されたビデオカメラによって容ぼう，姿態を撮影され，保管されていたそのビデオテープが求めに応じて警察官に提出されたため，違法に肖像権等を侵害されたとして損害賠償が請求された事件がある。

　判決はここでも京都府学連事件最高裁判決の趣旨をのべ[33]，また本件のような私人相互間の関係については憲法13条が直接適用されるわけではないが，個人の有する肖像権は私人相互の間においても重要な権利として尊重されねばならないとのべたうえで，しかしながら個人の有する肖像権等も一定の場合に制

限されることを否定できないとし、ある商店が防犯カメラによって店内を撮影し、その映像をビデオテープに録画して一定期間保管することとした場合、それが許されるかどうかは、その目的の相当性、必要性、方法の相当性等を考慮したうえで、客の有する権利を侵害する違法なものであるかどうかを検討する必要があるとの判断基準を示している。

そしてコンビニにおける犯罪が全国的に増加していることや、当該コンビニでも万引きの被害にあい、また被告（コンビニの経営者）が酔客から殴られた経験があることなどを認定して、「上記認定の事実によると、被告が防犯ビデオカメラを設置し、その映像を録画している目的は、本件コンビニ内で発生する可能性のある万引き及び強盗等の犯罪並びに事故に対処することにあると認められる。そして、犯罪の中でも万引きについては、犯行後に判明することが少なくないことによれば、ビデオテープに録画し、これを一定期間保管しておくことの必要性のあることを否定することはできない。前記のコンビニエンスストアの置かれている状況を直視し、被告が経験している本件コンビニの実情を考慮すると、被告が本件コンビニに防犯ビデオカメラを設置して店内を撮影し、ビデオテープに録画していることは、目的において相当であり、必要性を有するものであると認めることができる」としている。またビデオカメラの撮影方法およびビデオテープの管理も相当であり、被告が警察官からの依頼に応じて本件ビデオテープを提出したことも、その本来の目的を逸脱した違法なものであるということはできないとして、原告の賠償請求を退けているのである。

なお被告がビデオテープをその求めに応じて警察官へ提出したのは、警察官が当該コンビニに関係のある犯罪を捜査しているものと考えてのことであったが、事実はそうではなく、コンビニとは関係のない事件の被疑者の足取り捜査のために求められたのであった。その意味で被告はいわば一種の誤解に基づいてビデオテープを提出したわけであるが、判決は被告にはビデオテープの提出の趣旨を正確に確認すべき義務があったとまではいうことができないことなどをのべて、こうした、その求めの趣旨を必ずしも正確に理解しないままなされたビデオテープの提出も、その本来の目的を逸脱した違法なものであるということはできないとしている（本件についてはすでに控訴審判決も言い渡され、原判[34]

決が維持されているが，このビデオテープの提出については，「捜査機関の適法な任意捜査に対する私人の協力行為として公益目的を有するもの」と1審とは異なる判断をしている)。

　いわゆる防犯カメラの設置は現在益々拡大していく傾向にあり，また店内や商店街に民間機関により設置される場合に限らず，公的機関によって公的施設や街頭に設置されるケースもみられるが，上にみた判旨からすれば，そうした設置は基本的には適法ということになろう。ただ目的の相当性や必要性，撮影方法の相当性，設置場所やビデオテープの提供や警察によるその利用に際しては，肖像権やプライバシーに対する充分な留意が必要なことはいうまでもない。

　上の2例とは逆に肖像権侵害の主張が認められた例としては，原告の写真をウェブサイトに掲載したことが肖像権の侵害に当たるとして，損害賠償が請求されたケースがある。

　事件は被告財団法人日本ファッション協会と株式会社コロモ・ドット・コムが東京の最先端のストリートファッションを広く紹介することを目的として共同で開設しているウェブサイトのページに，銀座界隈を歩いている原告の姿をその承諾なく撮影した写真を無断で掲載したことによるものであった。すなわち写真は，胸部に大きく赤い大文字で「SEX」というデザインが施された衣服を着用した原告が横断歩道上を歩いているところを，被告株式会社の社員によりほぼ右前方の位置から撮影されたものであり，原告の容ぼうを含む全身像が大写しにされていたが，それがそのままウェブサイトのページに掲載され，2ちゃんねるの掲示板サイトに原告を誹謗中傷する書き込みがなされるなどしたため，原告が写真の撮影およびサイトへの掲載の肖像権侵害を主張して損害賠償を請求するにいたったのである。

　判決[35]はこれまでにみた同種事例の場合と同様，先ず，何人も私生活上の自由として，みだりに自己の容ぼうや姿態を撮影されたり，撮影された肖像写真を公表されないという人格的利益をもち，それは肖像権として法的に保護されるものと解されるとしたうえで，本件写真は原告の全身像に焦点を絞り，その容ぼうもはっきり分かる形で大写しに撮影されたものであり，しかも原告の着用していた服の胸部には「SEX」の文字がデザインされていたのであるから，自

己がこのような写真を撮影されることを知れば心理的な負担を覚え，このような写真を撮影されたり，これをウェブサイトに掲載されることを望まないものと認められ，したがって原告の承認を得ずに本件写真を撮影し，これを本件サイトに掲載した被告らの行為は，原告の肖像権を侵害するものと認められるとする。

　ただ和歌山カレーライス毒物混入事件等の被告人の肖像権訴訟における1・2審判決と同様に，表現の自由は民主主義の根幹をなすもので，最大限尊重すべきことが要請されるから，肖像権が侵害された場合であっても，①当該写真の撮影とウェブサイトへの掲載が公共の利害に関する事項と密接な関係があり，②これらがもっぱら公益をはかる目的で行われ，③写真の撮影とウェブサイトへの掲載の方法がその目的に照らして相当なものであれば，違法性は阻却されるとする。しかし本件撮影と掲載行為は①と②の要件は充足するものの，③の撮影および撮影方法の相当性という要件を充たさないため，結局違法性は阻却されないと結論される。

　写真撮影や本件サイトへの掲載が原告の承諾を得ることなくなされたこと，本件写真のようにその容ぼうを含めて特定の個人を大写しにすることは，東京の最先端のストリートファッションを広く紹介するという目的からすると必ずしも必要なものとはいえないこと，同様にそこに写っているのが原告であると特定されないような形で本件サイトに掲載しても目的は十分に達し得ると認められるにもかかわらず，あえて原告の容ぼうおよび姿態を捉えたものであることが容易に判明するような形で撮影したことは，その目的に照らして相当性を欠くことなどがその理由とされている。

　このように表現上は撮影「方法」とか，掲載「方法」とか，外面的なことがらを問題にしているようにみえるものの，実際には撮影・掲載された写真の内容がサイトの目的に照らし必要性や相当性を欠くとの判断が肖像権侵害の違法性が阻却されないとの結論の主たる根拠になっている。重ねていえば，3要件を肖像権侵害の違法性阻却事由として掲げる場合は，第3要件の手段方法の相当性については，このように内容を含めて理解することが，事件の適切妥当な判断に資するであろう。

註

21) 最大判昭和44・12・24刑集23巻12号1625頁。
22) 大阪地判平成14・2・19判タ1109号170頁。
23) これまでの判例では肖像権の侵害の違法性阻却要件については，公共の利害に関する事項に係ること等の要件を挙げ，それぞれの要件を充足しているか否かを個別に検討する立場と，諸事情を併せ考慮し，肖像権保護の必要性と表現の自由保護の必要性を「比較衡量」する立場があったが（最高裁は名誉毀損については前者を，プライバシーの侵害については後者をとっていたが〔最判平成15・3・14民集57巻3号229頁〕，肖像権について判断したことはなかった―なお最高裁の肖像権についての初めての判断である本件では，後にみるように後者的立場をとっている），1審判決はこのように前者の立場をとったうえで，その要件の1つとして掲げた取材・報道の手段方法の相当性を欠くとするのである。

　なお前者の立場をとる判例も掲げる違法性阻却の要件の表現は必ずしも本件1審判決と完全に同じではない。例えば東京高判平成5・11・24判時1491号99頁は，「その表現行為が公共の利害に関する事項に係り，かつ専ら公益を図る目的でなされ，しかもその公表された内容が右の表現目的に照らして相当なものであることを要するものというべきである」とし，東京地判平成6・1・31判タ875号186頁は，公共の利害に関する事実であることの他に，掲載の「必要性ないし相当性」，あるいは「その内容」や「撮影の方法」に言及し，東京高判平成17・5・18判時1907号50頁は，「その表現行為が，公共の利害に関する事項に係り，かつ，専ら公益を図る目的でなされ，しかもその公表内容が上記の目的に照らして相当である場合」としている。ただ表現に差はあるものの，これら3判決は事実の公共性や目的の公益性の他に内容の相当性を指摘しているが，本件1審判決では手段方法の相当性のみが言及されていて，内容の相当性についてはふれられていない。筆者は本文でものべているように，本件ではこの内容の相当性や必要性という視点ももつべきではなかったかと考えている。

24) 松井茂記「肖像権侵害と表現の自由（二・完）」（民商法雑誌127巻3号328頁）。
25) 同上343頁。
26) 同上337頁。
27) 渡辺教授も，「下級審で従来とられてきた3要件アプローチでは，第3要件が『撮影の方法と写真内容の相当性』と理解されることが多かった（上記註23）参照―筆者）。上記のような事情（本件写真が手錠・腰縄で拘束を受けている状態のXを写したものであることなど―筆者）はこの判断枠組みであれば，『写真内容の相当性』という要件を満たさず原則的には違法性が阻却されないことになる」とする―渡辺康行「取材・報道と肖像権」（平成17年度重判解10頁）。
28) 大阪高判平成14・11・21民集59巻9号2488頁。
29) 最判平成17・11・10民集59巻9号2428頁。
30) 渡辺・前掲論文10頁。
31) 東京地判平成13・2・6判時1748号144頁。
32) 控訴審東京高判平成13・9・19判例集未登載もこの1審判決を支持している。なおとくにNシステムと肖像権の関係については論じていないが，Nシステムが個人の私生活

上の自由を保障する憲法13条の趣旨に反するかどうかについて論じ、そのことを否定した判例として、東京高判平成17・1・19判時1898号157頁がある。
33) 名古屋地判平成16・7・16判時1874号107頁。
34) 名古屋高判平成17・3・30判例集未登載。この判決については工藤達朗「防犯カメラとプライバシー権」(平成17年度重判解11頁)で紹介されており、本文での判決文の引用も同論文によっている。
35) 東京地判平成17・9・27判時1917号101頁。

【追記】
　本節で簡単にふれているNシステムについては、その後東京地判平成19・12・26判例集未登載、その控訴審判決である東京高判平成21・1・29判タ1295号193頁も肖像権等の侵害の主張を、註31)、32)の判決とほぼ同様の理由で退けている。

第4節　治療法に関する患者の自己決定権訴訟

　治療法に関する患者の自己決定権訴訟としてよく知られているのは、「エホバの証人」の輸血拒否をめぐる事案であるが、近年はそれ以外にも、この問題に関し重要な判例がいくつかみられる。ここではそのうち患者を比較臨床試験の対象とすることについての説明と同意をめぐる紛争と、分娩の方法について医師の方針と患者の希望が衝突して紛争にいたった2つの事案を取り上げ、順次考察することにする。
　先ず前者の比較臨床試験をめぐる紛争の事案であるが、その1審判決についてはすでに拙著115頁で簡単にふれているものの、事案の内容についてはほとんど説明していないので、第1節の「国立『大学通り』高層マンション訴訟」と同様、その概要から説明することにしよう。
　本件の患者は卵巣癌を患って金沢大学医学部附属病院(以下単に「大学病院」という)婦人科で入院治療を受けていた女性であるが(以下この患者のことを単に「本件患者」という)、大学病院は手術後の追加治療として化学療法を施すこととし、主治医がその必要性や抗腫瘍剤の投与回数、化学療法の副作用等について本件患者とその夫に説明して同意を得た。卵巣癌の化学療法として当時欧米ではCAP療法といわれる療法と、CP療法といわれる療法が一般的とされており、我が国でも両療法が優劣差のない標準的療法として使用されていた

が，本件患者に施されたのはCP療法であった。

それはかねてこの2つの療法について無作為比較試験（クリニカルトライアル）をすることにより，患者の長期予後の改善における有用性等を検討することを目的として，大学病院およびその関連病院の婦人科学医師を会員とする北陸GOG研究会といわれる研究会が設けられていたところ，本件患者の主治医と大学病院産婦人科教授がその同意を得ることなく，本件患者をこのクリニカルトライアルの被験者として症例登録をし，それを受けて登録事務局により本件患者はCP療法のグループに割り付けられたためであった。

こうしたCP療法選択の経緯については本件患者は知らされていなかったが，その後間もなくしてこのことを知るにいたり，本件患者は自らが知らないうちにクリニカルトライアルの被験者とされていたと受け取って，希望によって一時退院した後は大学病院には戻らず，他の病院に入院して治療を受け，大学病院でCP療法を受けてからほぼ11か月後に死亡した。

このような経緯を受けて，本件患者は大学病院に入院中，その承認がないのに比較臨床試験の被験者とされ，治療方法に関する自己決定権を侵害されて精神的苦痛を被り損害賠償請求権を取得したとして，本件患者の相続人である夫と子がその賠償を求めたのである。

以上は原告側の主張に沿った事実の要約であるが，大学病院側は本件患者がクリニカルトライアルに症例登録された事実はないこと，比較臨床試験とは有効性の確立していない医薬品もしくは再評価が必要な医薬品について行われるものであり，したがって仮に本件患者がクリニカルトライアルに症例登録されていたとしても，クリニカルトライアルはいわゆる比較臨床試験ではなく，医師の説明義務も通常の一般的な診療におけるのと同様に考えるべきであり，こうした義務は主治医の本件患者とその夫に対する化学療法についての説明で尽くされていることなどを主張している。

こうして本件の主たる争点は，本件患者がクリニカルトライアルに症例登録され，そのプロトコール（実施要綱）に従った化学療法を受けたか，およびそうだとした場合，大学病院はクリニカルトライアルに症例登録することにつき，本件患者に説明して同意を得る義務があったか，の2つであるが，前者は

事実認定の問題であるので（1・2審判決とも事実を認めている），ここではもっぱら後者の争点にしぼって1審判決と2審判決をみてみることにしよう。

1審判決は先ず一般論として，癌患者に対して化学療法を実施する場合，使用する抗がん剤が相当程度の副作用を生じさせるものであるから，医師には患者の自己決定権を保障するため，現在の症状，治療の概括的内容，予想される効果と副作用，他の治療法の有無とその内容，治療しない場合および他の治療を選択した場合の予後の予想等を患者に説明し，その同意を得る診療契約上の，もしくは信義則上の義務があるというべきであるが，その薬剤を用いて一般的に承認されている方法の治療をする限りにおいては医師がそれ以上，投与する薬剤の種類，用量，投与の具体的スケジュール，投与量の減量基準等の治療方法の具体的内容まで説明しなくても違法とはいえないとする。それはまさに医師がその専門的知見に基づいて決定するべきこととして，医師の裁量に委ねられていると解せられるからである。

このことは患者の立場からすれば，患者は，医師が，患者の現在の具体的症状を前提に，患者が自己決定をし，医師と患者の間で確認された治療の目標を達成することだけを目的として，許された条件下で最善と考える方法を採用するものと信じており，その信頼を前提に，治療方法の具体的内容を専門家である医師の合理的裁量に委ねるのが通常の意思であると考えられるということである。

そうだとすれば，逆にいえば，医師が，医師と患者の間で確認された治療の目標の達成という目的以外に他の目的（他事目的）を有していて，この他事目的が治療方法の具体的内容の決定に影響を与え得る場合は，上にのべた治療の具体的内容の決定の裁量が医師に与えられる基礎を欠くことになるから，医師が医療行為をなすうえで必須であるこうした裁量を得るためには，患者に対し，他事目的を有していること，その内容およびそのことが治療内容に与える影響について説明し，その同意を得る診療契約上もしくは信義則上の義務があるということになる。

すなわち医師には一般的に治療に際し患者に対して，現在の症状や治療の概括的内容，薬剤の効果と副作用等について説明し，同意を得る義務があるが，

さらに医師が治療の目標の達成という目的以外に他の目的をもち，それが治療方法の具体的内容の決定に影響を与え得る場合は，こうした一般的な義務に加えて，他の目的の内容やそれが治療内容に与える影響等についても改めて患者に説明し，同意を得る義務があるとされるのである。

　このことを本件に当てはめてみると，第1の一般的な説明・同意取得義務は前述の主治医の本件患者とその夫への化学療法についての説明および両者の合意によって果たされていると認められるので，結局先にものべたように，大学病院はクリニカルトライアルに症例登録するにつき，本件患者に説明して同意を得る義務があったか，換言すれば，クリニカルトライアルに症例登録し，そのプロトコールに従って治療することが，他事目的を有し，それが治療方法の具体的内容の決定に影響を与え得る場合に該当するかが本件の残された争点ということになるのである。

　この点につき1審判決は，CAP療法とCP療法のいずれも卵巣癌に対する優劣のない標準的治療法として承認されているとはいえ，両者は使用する薬剤が異なるため効果や副作用の点で違いがあるのであるから，医師としては，患者の身体状態，癌の特徴，および進行状況等を具体的に検討して，CAP療法とCP療法のいずれが適しているかを選択するとともに，薬剤の投与量，投与スケジュール等を決定すべきであるところ，そうではなく，治療法の選択を無作為割り付けに委ね，薬剤の投与方法をプロトコールに従うのは，患者のために最善を尽くすという本来の目的以外に，クリニカルトライアルを成功させ，卵巣癌の治療法の確立に寄与するという他事目的が考慮されていることになり，したがって主治医が本件患者をクリニカルトライアルの対象症例にはしたものの，プロトコールにこだわらず，本件患者にとって最善の治療方法を選択したと認められる特段の事情のない限り，改めてクリニカルトライアルの対象症例とすることについて説明し，同意を得ることが必要なケースであるとする。

　そして取り調べた証拠によってはこうした説明・同意取得義務が免除される特段の事情を認めることはできないとして，説明と同意を得ることなく，本件患者をクリニカルトライアルの対象症例として登録し，プロトコールに従った治療をした主治医の行為は，本件患者の自己決定権を侵害する不法行為である

とともに，診療契約に違反する債務不履行にも当たるというべきであると結論するのである。

2審判決もこのような1審判決と基本的には同旨であるが，1審判決と比べてさらに詳細に治療法に関する患者の自己決定権や医師の説明・同意取得義務について論じているので，重複するところはあるものの，この判決についても1審判決と同様に紹介することにしよう。

先ず患者の治療法についての自己決定権と医師の一般的な治療法についての説明・同意取得義務について，「医師は…複雑で高度に専門的な領域に属する医療行為の特殊性に照らして，疾患に関する医学的研究の進展状況などに関する専門的知見に基づく相当に広範な裁量権を有するものというべきである」としたうえで，2審判決は次のようにいう。「他方，医師が行う医療行為には患者自身の生命身体に対する軽微とは言い難い侵襲を伴うものがあるため，そのような医療行為を行うに当たっては，患者がその必要性を理解し，これに納得して，真意に基づく自由な同意を得ることを要するのであり，また，ある医療行為を受けることが，その成功不成功のいかんを問わず，その患者の心身に与える影響のために当該患者のその後の生き方（ライフスタイル）を変える場合があるから，そのような場合において，当該医療行為を受けるか否かはその患者が自己の生き方をどのように決定するかに関わることとして自己決定権に属することでもあるため，医師は，患者の生命身体に軽微でない侵襲を発生させる可能性のある治療法を実施するに当たっては，診療契約に基づき，緊急事態等の特別の事情のない限り，患者に対し，自らの意思で当該治療法を受けるか否かを決定することができるよう，当該疾患の診断（病名と症状），実施予定の治療法の内容，その治療に伴う危険性，他に選択可能な治療法があれば，その内容と利害得失，予後などについて説明すべき義務があるというべきである[39]」。そして判決は1審判決同様，この義務の履行については，大学病院の対応にとくに違法な点は認められないとする。

次いでクリニカルトライアルへの症例登録に当たっての説明義務については，多岐に亘る判断をごく要約していうと，先ず，「本件クリニカルトライアルには，上記の主たる目的（＝症例登録された卵巣癌の患者に対するCAP療法また

はCP療法による化学療法を行うこと—筆者）のほかに，そこに症例登録された進行期Ⅱ以上の卵巣癌の患者に対するCAP療法又はCP療法による化学療法において，シスプラチン（抗がん剤の一種—筆者）の1回の投与量を90mg/平方メートルとし，これを4週間サイクルで行うことを通じて，シスプラチンの高用量投与法（判決は，シスプラチンの標準的な投与量として確立したものがあったということはできないが，従来北陸地方で実施されていた投与量と比較して，90mg/平方メートルが高用量であったことは明らかであり，また我が国の医療機関中でも多い方に属するものといえるなどとしている—筆者）の効用を検討するという実験的ないしは試験的な側面があり，そのことが副次的な目的となっていたことも，…明らかである。したがって，本件クリニカルトライアルに症例登録された進行期Ⅱ以上の卵巣癌の患者に対して本件クリニカルトライアルに従ってなされるCAP療法又はCP療法による化学療法は，当該患者に対する治療を主たる目的としているものではあるが，そのことのみが目的ではなく，上記のような副次的な目的を有するものであったということができる」という。

　もっとも他事目的があり，この目的を随伴する治療行為（他事目的随伴治療行為）を行う場合であっても，患者に対して治療行為として行われる医療行為は主たる目的である治療目的に従って行われる医療行為があるのみで，他事目的があるが故に何か特別の医療行為が行われるということは通常考え難いから，他事目的随伴治療行為の場合にあっては，他事目的が随伴することについての説明がないからといって，当然に患者の自己決定権の侵害としての説明義務違反を示すものということはできない。しかし，「他事目的随伴治療行為を受ける患者について，他事目的が随伴することにより，他事目的が随伴しない治療行為にはない権利利益に対する侵害の危険性があるときには，診療契約上の付随義務又は信義則に基づき，医師には，他事目的が随伴しない治療行為について患者の自己決定権のために要求される説明義務に加えて，これに随伴する他事目的があること及びこれにより生ずることのある危険性についても，患者に説明すべき義務（「他事目的説明義務」と略称される—筆者）を負うと解するのが相当である…」。

　判決はこうしておいて次に，これを本件クリニカルトライアルについてみる

に，CAP療法とCP療法のいずれとするかは無作為の割り付けによるとされていること，化学療法剤投与スケジュール上，開始時期は，個々の患者の状況にかかわらず，2週間以内とされていること，投与される用量およびサイクルも，個々の患者の状況にかかわらず，一律に規定され，また，その後の患者の状況の変化に伴う減量基準および中止基準が一律に定められているにとどまることに照らすと，高用量のCAP療法とCP療法との無作為比較試験を通じての検討という他事目的があるが故に，当該患者の個別具体的な症状を捨象した画一的治療が行われる危険性を内包する危険があることは否定できないという。

　さらにこのことを受けて判決は，本件プロトコールはCAP療法またはCP療法により化学療法の一応の基準を定めたもので，当該医師において，当該患者の時々の具体的症状に応じて何時でもクリニカルトライアルから自由に離脱することができる旨明記されて，実際上そのような運用がされている場合には上記のような危険は存在しない，あるいは，法的に考慮に値する程度には存在しないものと解するのが相当であるが，クリニカルトライアルには上記自由な離脱に関する定めはないし，本件に顕われた全証拠を検討しても，クリニカルトライアルについて上記のような運用がされていたことを認めるに足りる証拠はないという。

　そして結論として，以上によれば，本件患者の診療に当たった大学病院の医師には，他事目的説明義務に基づき，本件患者に対し，クリニカルトライアルの目的，プロトコールの概要，クリニカルトライアルに登録されることが本件患者に対する治療に与える影響等について説明し，その同意を得る義務があったところ，それがなされなかったことは明らかであるから，大学病院の医師には他事目的説明義務違反があったとするのである（1審判決同様，この説明義務違反は債務不履行と不法行為に当たるとされている）。

　総じていうと，先にものべたように2審判決は相当詳細であるが，それは1審判決が比較的簡潔にのべていることを敷衍したものであり（例えば1審判決は特段の説明なしに「患者の自己決定権」という語を使っているのに対し，2審判決は上述のように，「ある医療行為を受けることが，その成功不成功のいかんを問わず，その

患者の心身に与える影響のために当該患者のその後の生き方（ライフスタイル）を変える場合があるから，そのような場合において，当該治療を受けるか否かはその患者が自己の生き方をどのように決定するかに関わることとして自己決定権に属することでもあるため」とのべて，自己決定権の内容や根拠について踏み込んだ説明をしている），両判決の基本的な構造はほぼ同じである。

　すなわち本件は医療現場における，「療養指導としての説明」，「患者の承諾を得るための説明」，および「治療後の説明」という3つの類型のうちの2番目の説明に関するものであるが，これも上述したように両判決とも，医師は患者に対し，自らの意思で当該治療法を受けるか否かを決定することができるよう，「患者の現在の症状，治療の概括的内容，予想される効果と副作用，他の治療方法の有無とその内容，治療をしない場合及び他の治療を選択した場合の予後の予想等」（2審判決では，「当該治療の診断（病名と症状），実施予定の治療法の内容，その治療に伴う危険性，他に選択可能な治療法があれば，その内容と利害得失，予後など」）について説明し，同意を得る義務があるとし，さらにこうした一般的説明義務に加えて，治療行為に治療以外の他の目的が随伴し，「この他事目的が治療方法の具体的内容の決定に影響を与え得る場合」（2審判決では，「他事目的が随伴することにより，他事目的が随伴しない治療行為にはない権利利益に対する侵害の危険性があるとき」）には，そのことについても説明し，同意を得る義務があるとするのである。

　この一般的な説明・同意取得義務に加えて第2の説明・同意取得義務が存在することの指摘と，それが本件では履行されていないとの判断が，両判決の最も注目される点といえよう。

　なお治療法に関わる患者の自己決定権が主張されるコンテクストは，厳密にみると必ずしも一様ではない。通常は患者の自己決定権は患者がもつ当該治療法による治療を受けるか否かの決定権の意で語られるが，この場合は患者の自己決定権の主張は現実には，患者が当該治療法の利害得失を理解したうえで，当該治療法による治療を受けるか否かについて熟慮し，決断することを援助する十分な説明が医師からなされたかを争うなかで展開されるのであり，本件はこのケースである。要するに治療に際して説明義務が尽くされていないとし

て，自己決定権の侵害が主張される場合である。

　ところが患者の自己決定権が語られるケースとしてはもう１つ，輸血許否のように，患者が当該治療法を拒否しているにもかかわらず，医師がそれを実施したり，複数ある治療法のうちで患者が希望した治療法を医師が行わず，別の治療法を選択したことが，患者の自己決定権の侵害と主張される場合がある。換言すると患者の自己決定権と医師の治療方針の衝突がある場合，いずれが優先されるべきかという形で患者の自己決定権が論じられるケースである。

　以下にみる分娩の方法をめぐる紛争の事案は，この第２のケースの争いを含む近年の例である。事件は原告が国立病院において出産するに当たり，胎位が骨盤位（いわゆる逆子）であることが判明したため帝王切開による出産を再三希望したにもかかわらず，担当医は事前の慎重かつ正確な検査を怠って危険な経膣（自然）分娩を選択したため，男児が重度の仮死状態で出生し，その約４時間後に死亡したとして，夫とともに，医師と病院設置者の国（その後組織改革により独立行政法人国立病院機構）に対し不法行為，および債務不履行または不法行為（使用者責任）を理由に損害賠償を求めたものである。

　争点としては，医師が経膣分娩の方法を選択したことやその手技に過失があったかなども含まれるが，ここでは上にのべた患者の希望する治療法と医師の治療方針の間に不一致がある場合の患者の自己決定権の問題に関する判断を中心に判決をみることにしよう。

　この点につき１審判決[41]は，医師は原告側の希望に拘束される義務まであると解するのは相当ではないとしつつ，原告らは帝王切開による分娩を希望し，機会あるごとに医師にその旨を伝えていたと認められるところ，医師はこうした原告らの強い意思に反して経膣分娩を選択し，原告らをしてその意向に従わざるを得ない状況にいたらせたことは，患者対医師の関係で優越的立場からの結果として，原告らの自己決定権を侵害したものと解さざるを得ないとした。

　やや分かり難いが，医師は患者の希望する治療法に従う義務はないものの，反面自分の治療方針をその意思に反してまで患者に強制することも許されないところ，本件では，医師は，いったん患者対担当医師という関係になると患者は現実的には担当医師に抗い難いというその優越的立場に基づき，患者の意に

反する治療法を実行したのであり、そのことは患者の自己決定権の侵害と認められるということであろう。

一方２審判決[42]は、患者の自己決定権は医師の裁量権に優先するものであり、また医師の診療義務、応招義務に照らして、医師は患者の選択した治療法の施行に応じるべき義務があり、これを拒むことはできないとの原告らの主張に関し、患者の自己決定権と医師の治療方針の決定について次のようにいう。「医療はその性質上、高度の専門性を有するものであって、医師はその専門的知識と経験等に基づいて、医療水準に適合する範囲内で医療行為を行うべき責任を負うものである。そして、患者との関係においては、その専門性と責任に基づいて、自己の正当と信ずる医療行為を説明し、患者に同意を求めることができ、患者がこれと相違する医療行為を求める場合には、患者を説得することが許されるだけでなく、医師が患者に対し適切な医療行為を行うべき責務を負っていることからすれば、積極的に患者を説得することが求められるものと解される。また、そのような説得をしたこと自体が、違法又は不当と評価されてはならない。そして、それにもかかわらず患者がなお医師が正当と考える医療行為を拒否して、これと相違する医療行為を求める場合には、原則として、医師は患者の意思を尊重して、患者の意思に反する医療行為を行ってはならない。しかしそれと同時に、医師は、自己が不適当と考える患者の選択した医療行為を行うべき義務も、原則として負うものではないと解すべきである。…医師は自己の信念と専門的知見に基づき、合理的で正当と判断する医療行為を行うべきものであって、それに反する患者の選択に拘束されるものではない。診療義務、応招義務も、原則として、医師に対して、その意思に反してまで、自ら不合理で不適切と考える医療行為を行うべき義務を課するものとは解されない」。

この判旨は一見すると、医師は患者の選択した治療法に拘束されるものではないが、他方患者が医師の選択した治療法を拒否し、他の治療法を希望する場合は、医師は自らの方針を強制してはならないとする点で、１審判決と同様であるようにみえる。しかし上記の引用文の冒頭の、「医師は…、その専門性と責任に基づいて、自己の正当と信ずる医療行為を説明し、患者に同意を求めることができ、患者がこれと相違する医療行為を求める場合には、患者を説得す

ることが許されるだけでなく，医師が患者に対し適切な医療行為を行うべき責務を負っていることからすれば，積極的に患者を説得することが求められるものと解される」との判断に示唆されるように，その実全体的にはむしろ医師の治療法の選択・決定の方にウェイトを置いているといえよう。[43]

すなわち医師の立場をこう解すれば，医師には自らが選択した治療法の相当程度強力な説得，さらには実施が許され，反面患者はこうした説得や治療を拒否すること自体は認められるにしても，そのような意思を伝えるには，文書や第三者立会いの下でのその旨の意思表示（具体的には受診拒否，転医）等の明確な方法が求められることになると考えられるのである。この場合転医はもちろんのこと，その他の意思表示も実際には患者にとって担当医師（当該医療機関）との関係の消滅という結果になるのが常であろう。したがって結局担当医師（当該医療機関）とのつながりを断たずに治療を受け続ければ，それは医師の方針を受け入れたもの＝説得に応じたものとみなされる可能性が強いのである。

2審判決はまさにそのような立場に立って，患者が，入院前に担当医師から検査の結果，経膣分娩が可能であるとしてその方針を説明され，帝王切開の危険性などについても聞かされていたこと，入院の際にも同様の説明を受けたこと，入院後も経膣分娩を拒否してあくまでも帝王切開を希望するとの意思を明らかにせず，また格別の申し入れもしていないことなどからすれば，患者は，経膣分娩に対する不安などから，帝王切開の希望を有してはいたものの，結局は経膣分娩が適当であるとする担当医師の説得に応じたものと認められるとするのである。要するに「帝王切開の施行を求める旨の明確な意思表示」や「経膣分娩を拒否して帝王切開によることを求める確定的な意思表示」が認められないとされ，したがって医師の治療法の選択・実施と対抗するレベルの患者の治療法についての自己決定はなかったと判断されているのである。

こうして原告らの提起した患者の自己決定権と医師の治療法の選択・実施の衝突の解決という問題について，2審判決は一般論としてはふれているものの，具体的な判断においてはそれとしてではなく，むしろ患者の明確な自己決定ないしその表示の不存在という事実認定のレベルで処理しているのである。

ところが最高裁は，この2審判決とも，また1審判決とも異なる判断を示し

ている。すなわち判決は[44]，「帝王切開術を希望するという上告人らの申出には医学的知見に照らし相応の理由があったということができるから，被上告人医師は，これに配慮し，上告人らに対し，分娩誘発を開始するまでの間に，胎児のできるだけ新しい推定体重，胎位その他の骨盤位の場合における分娩方法の選択に当たっての重要な判断要素となる事項を挙げて（骨盤位の場合に経腟分娩によるか帝王切開術を行うかの選択については，胎児の推定体重，胎位等の諸要素を総合的に考慮して判断するのが一般的であるとされている—筆者），経腟分娩によるとの方針が相当であるとする理由について具体的に説明するとともに，帝王切開術は移行するまでに一定の時間を要するから，移行することが相当でないと判断される緊急の事態も生じ得ることなどを告げ（経腟分娩の経過中に母体または胎児に危険が生じたときは帝王切開術等の急速遂娩術が行われるが，経腟分娩から帝王切開術への移行は，消毒や麻酔等に一定の時間を要することなどから，移行が相当とはいえない場合もあるとされる—筆者），…上告人らが胎児の最新の状態を認識し，経腟分娩の場合の危険性を具体的に理解した上で，被上告人医師の下で経腟分娩を受け入れるか否かについて判断する機会を与える義務があったというべきである。ところが，被上告人医師は，上告人らに対し，一般的な経腟分娩の危険性について一応の説明はしたものの，胎児の最新の状態とこれらに基づく経腟分娩の選択理由を十分に説明しなかった上（例えば胎児の推定体重の測定は分娩の約2週間前が最後であったと認定されている—筆者），もし分娩中に何か起こったらすぐにでも帝王切開に移れるのだから心配はないなどと異常事態が生じた場合の経腟分娩から帝王切開術への移行について誤解を与えるような説明をしたというのであるから，被上告人医師の上記説明は，上記義務を尽くしたものということはできない」とするのである。

みられるとおり，ここでは患者が経腟分娩という分娩法を受けるに当たってなされた医師の説明や手技が不充分，不正確であったことが問題にされているのである。先に患者の治療法についての自己決定権が主張されるケースには2つがあるところ，本件の患者側の主張は，患者の希望する治療法とは異なる治療法を医師が施したことが患者の自己決定権の侵害に当たるとするものであって，第2のケースである旨をのべたが，最高裁は本件をむしろ，患者が当該治

療法の長所短所を理解したうえで，当該治療法による治療を受けるか否かについて熟慮し，決断することを援助する充分な説明が医師からなされたか否かを争う第1のケースとして扱い，結論としてこうした説明義務が果たされていないとして原審判決を破棄し，差し戻すのである。

　こうして本件に関する判決は，患者の治療方法についての自己決定権と医師の医療行為についての裁量権の関係について，三者三様のアプローチをしているのであるが，いずれにせよ3判決とも両者の優先順位については明確な判断や判断基準は示していない。したがって両者が最後まで対立したとすれば，当面のところ現実的には患者側の転医の選択，あるいは医師側のそうした方法の勧めという形で処理されるほかはないということになるであろう。[45]

註
36) 代表的なものとして，最判平成12・2・29民集54巻2号582頁。
37) 金沢地判平成15・2・17判時1841号123頁。
38) 名古屋高金沢支判平成17・4・13判例集未登載。
39) ここで説明すべきとされている内容は，乳がんの手術に当たり，当時医療水準として未確立であった乳房温存療法について説明すべき義務があったかどうかが争われた最判平成13・11・27民集55巻6号1154頁の判示に倣っている。
40) この説明の3類型については，手嶋豊「医療と説明義務」（判タ1178号185頁）によっている。
41) さいたま地川越支判平成13・7・5判例集未登載。
42) 東京高判平成14・3・19訟務月報49巻3号799頁。
43) この立場をより進めたものとして，「そもそも医療行為については，医師の高度な専門的・技術的判断を要することから，医学界の一般的水準の範囲内での医師の自由裁量の余地を認めるべきであり，原則的に医療行為の選択は患者からする指定になじまない性質のものである」とする大阪地判昭和57・3・4判タ466号160頁（巨大児の自然分娩による分娩麻痺の結果につき，医師の遂娩方法の選択等に義務違背があるかが争われた事案）がある。
44) 最判平成17・9・8判時1912号16頁。
45) 参照，水野邦夫「患者の自己決定権とその限界」（新・裁判実務大系1巻49～50頁）。

第5節　その他の幸福追求権判例（プライバシー侵害訴訟）

　最後に13条に関する興味あるその他の事例として，プライバシーの侵害が

争われた2つの事件にふれておこう。

　1つは、週刊誌のカメラマンが、プロ野球球団の新人選手獲得に際しての金銭の授与事件等に関し、当時マスコミの取材の的になっていた新聞社会長（原告）がマンションの自室でガウン姿でいるところを撮影し、週刊誌がそれを記事とともに掲載したことにつき、原告がプライバシーの侵害を主張して慰謝料の支払い等を求めた事件である。容ぼう、姿態の無断の撮影・掲載という点では、上述の和歌山カレーライス毒物混入事件等の肖像権訴訟や、銀座を歩行中の姿を撮影した写真をウェブサイトに掲載した事件と共通するところがあるから、この2件と同様に肖像権侵害との主張も可能だったと思われるが、撮影・掲載されたのが自宅居室内のガウン姿であったことに重点を置いて、原告がプライバシーの侵害を主張したため、東京地裁もそれに沿って判断している。

　判決は先ず、[46]「特に、自宅の室内においては、他人の視線から遮断され、社会的緊張から解放された無防備な状態にあるから、かかる状態の容貌・姿態は、誰しも他人に公開されることを欲しない事項であって、これを撮影され公表されないことは、個人の人格的利益として最大限尊重され、プライバシーとして法的保護を受けるというべきである。しかして、本件写真は、…いずれも自宅居室内でガウンを着ている原告の容貌・姿態を撮影したものであるから、これを撮影し、本誌のような週刊誌に掲載することは、原告のプライバシーを侵害するものというべきである」として、自宅居室内のガウン姿の撮影公表がプライバシーを侵害するものであることを認定する。

　ただ判決はそうした場合も、「公的存在の法理」（自己の業績、名声、職業等によって公的存在となった者は、公衆の正当な関心事に係り、かつ、公開を受忍できる相当な範囲において、自己の容ぼう・姿態の撮影および公表を黙示に承認していると評価されることがあるとの法理）や表現の自由等に照らして違法性が阻却されることもあるとして、続いてその事由の存在の有無の検討を行う。

　そして判決は「公的存在の法理」に関しては、原告は公的存在であったといえるが、自宅居室内においてガウンを着ている容貌・姿態は、純粋な私的領域に係る事項であるから、公衆の正当な関心事に該当するとは認められないとしてその適用を否定し、表現の自由との関係についても、表現行為が公共の利害

に関する事項（社会の正当な関心事）に係り，かつ，その公表された内容が表現目的に照らして相当なものである場合には，当該表現行為が他人のプライバシーに優越する保護を与えられるというべきであるとしつつ，本件写真の原告の容貌・姿態は純粋な私的領域に係る事項であるうえ，原告の社会的地位や活動とは何ら関連せず，社会の正当な関心事であるということはできないとして，いずれも違法性を阻却するものではないと結論する。

　判決に一貫しているのは，本件写真の撮影や掲載が原告の私的領域への侵入であるとの判断であるが，この判断は充分に頷けるものであるし，同様の写真撮影と週刊誌等への掲載がかなり盛んにみられる現在，それらの行為のプライバシー侵害の有無の判断基準を提示する一例ともいえよう。

　もう一例はいささか入り組んだ事例で，医科大学病院の医師（当該医科大学の教授）を受診した患者がその際セクシュアル・ハラスメント（判決では下にみるように「セクシャル・ハラスメント」と表現されている）を受け，また本件患者に関する週刊誌の記事中の医師のコメントにより名誉を毀損されたなどとして，弁護士に委任して損害賠償を請求したという事件（以下「前提事件」という）が先ずあり，この前提事件に関し受任弁護士が司法記者クラブ幹事社に訴状の写しをファックスで送信したり，記者会見を開いて質疑応答を行うなどし，また毎日新聞が全国版朝刊で提訴について医師の実名を用いて報道したという事実などが続いたことが発端であった。すなわち前提事件では結局患者の請求は退けられたのであるが，今度はこの患者の敗訴判決を受けて医師が患者に対し不当提訴を理由に損害賠償を，患者と弁護士に対し名誉毀損あるいはプライバシー侵害の共同不法行為を主張して同様に損害賠償を，さらに毎日新聞社に対し実名使用記事の掲載が名誉毀損あるいはプライバシー侵害に当たるとして損害賠償と謝罪広告を求めたのである。

　判決は医師のこれらの請求につき不当提訴による損害賠償など，一部を認容[47]しているが，プライバシーの侵害との主張についても，毎日新聞の記事についてそれを認めている。

　新聞による提訴の報道がプライバシー侵害とされた例は稀と思われるので，その部分のみをややくわしく紹介すると，判決は，「原告がセクシャル・ハラ

スメント等を理由として民事訴訟を提起されたとの事実は，本件記事の掲載当時において一般には未だ知られておらず，また，同訴訟は原告の医療現場におけるセクシャル・ハラスメントという強制わいせつ等の犯罪に準ずる破廉恥行為の存否を問題とするものであって，著名な医師である原告において，自己の医療行為に関連する恥辱的な不祥事を理由に右のような訴訟を提起されたことは，一般人の感受性を基準として公表を欲しないであろうと，またその公開により不快，不安の念を覚えるであろうと認められる私的領域に属する事柄といえる。したがって，原告は，その患者から診察中のセクシャル・ハラスメント等を理由に前提事件を提訴された事実をみだりに公表されないことにつき法的保護に値する利益を有していたというべきである。したがって，本件記事の掲載は，原告のプライバシーを侵害するものと認められる」として一応プライバシーの侵害を認定した後，このプライバシー侵害の違法性が否定される事情があるか否かを検討する。

　その際判決は当然表現の自由との関係を論じるが，それにとどまらず，本件が実名報道であることを重視して，「個人の私的事柄が新聞記事において実名を使用して公表された場合，当該事実を公表することの社会的な意義，対象となった個人の社会的活動及びその影響力の程度，同事実の公表によって個人が被る不利益の程度に加えて，実名使用の意義及び必要性の有無，当該記事の掲載の体裁，態様の相当性を併せ考慮し，当該記事により右事実を実名を使用して公表されることを受忍すべきであると判断されるときは，前記事実の公表は違法性を欠き不法行為に当たらないと評価すべきである」との判断基準をのべる。

　次いで判決はこの基準により本件の具体的事情を検討し，原告は一般国民の間で広くその氏名が知悉されているような著名人とはいえず，また強い社会的影響力を有していたとまではいえないこと，民事訴訟が提起された場合に，当事者の主張事実の存否については，未だいかなる意味においても公的な判断を経ていない段階にあるから，当該訴訟の提起報道は犯罪事実や判決結果の報道に比べれば，相対的にその社会的意義は低いといわざるを得ず，原告の実名を使用して報道する必要性が高かったものとはいい難いこと，記事は400万部に

ものぼる毎日新聞の全国版朝刊に三段組で掲載されているから，幅広い一般読者の目にふれるものであること，大新聞の報道が社会的に高い信頼を得ていることにかんがみると，本件記事が大見出しにおいて，「診察でセクハラ行為」とことさらに大きな活字で表記し，読者の関心，注目を惹こうとした意図を窺わせる点で，その体裁，態様の相当性はにわかに首肯し難いものがあることなどを縷縷指摘する。また他方で，原告のような医師が診察中の患者に対するセクシュアル・ハラスメントにより民事訴訟を提起されたことは，問題とされる事実関係が強制わいせつ等の犯罪に準ずる破廉恥行為であって，これが公表されることによって，その社会的立場や以後の医業の遂行等に著しい不利益を被るおそれがあることは想像に難くないとも指摘し，結論として原告において，記事により前提事件の提訴事実を実名を使用して公表されることを受忍すべきであるとはいい難く，本件記事のプライバシー侵害の違法性は否定し得ないとする。

　この結論については当然表現の自由，報道の自由を不当に制限するものであるとの批判もあるであろう。しかし筆者は例えば鍵括弧付きで一方当事者の主張を見出しにまとめたり，他方の当事者のコメントを末尾に付したりして，客観性を保っている風を装いながら，実際には読者にその一方当事者の主張を事実と思い込ませるようなパターンの報道がかなり常態化している報道のあり方が（しかもその一方当事者の主張が最終的には認められなくても，そうした結果は報道されないか，当初の報道とは比較にならないほどの僅かなスペースで簡単に報じられるのが常である），それほど報道の自由の名で保護を受けるべきレベルのものとは思われないので，この結論には充分な理由があると考える。要するに訴訟の提起の報道においては最初の報道で，提起された側の人格，生活，能力等に関する一般のイメージが決定される可能性が強く，そうしたイメージはその後の当人の人生に長く影響をもち続けることを，報道機関は充分に認識して報道する必要があるということである。

　一方当事者からの訴訟の提起という事実を報道するのであれば，それにふさわしいスタイルを工夫すべきであるし（判決が問題にしているのは主としてこの点である），踏み込んで訴訟の内容についてくわしくふれるというのであれば，

慎重に両当事者の主張を比較し，また事情を充分に調査して報道すべきであろう（民事訴訟の提起の報道についてはそれほど速報性が求められるわけではない）。

しかし我が国の現在の報道はそのどちらでもなく，上述のように多くを一方当事者の主張に依拠しつつ，鍵括弧を付すなどのテクニックを用いることによって表面上は客観性を装ってまとめるという類のものが多い。それは報道の商業主義という問題でもあるが，この判決はそうした一応のエクスキューズさえ用意しておけば，当事者の一方の主張をベースに記事をまとめてもよいという現在広くみられる報道の風潮に強い疑義を呈するものとして意義があるといえよう。[48]

註

46) 東京地判平成 17・10・27 判時 1927 号 68 頁。
47) 東京地判平成 17・3・14 判時 1893 号 54 頁。
48) ただし本件控訴審東京高判平成 18・8・31 判時 1950 号 76 頁は，「個人の私的領域に属する事項については，それが一般に知られておらず，かつ，一般人の感受性を基準として公表を欲しないと認められる場合には，当該個人は，それについてみだりに公表されない法的保護に値する利益（プライバシーの利益）を有する」との一般的なプライバシー権論をのべたうえで，前提事件の訴えが提起されたとの事実は，一般人の感受性を基準として公表を欲しない事項であるが，前提事件の請求原因事実は個人の私的領域に属する事柄ということはできず，したがってそうした事実に基づいて1審原告（医師）が前提事件の訴えを提起されたという事実は，プライバシーとして保護されるべき事柄ではないとする。
　すなわち前提事件は1審原告の診察時の患者に対するセクハラや，その件についての週刊誌の記事中での発言を請求原因とするものであり，それらは医科大学教授の大学病院での診察中の行為という高度の専門的職業にあるものの職業上の行為が問題とされている点からも，自ら週刊誌の記者の取材に応じた発言が問題にされている点からも，1審原告の社会的活動，社会に向けた発言に関わる事柄であるから，個人の私的領域に属する事柄ということはできないとするのである。1審判決は，原告がセクシュアル・ハラスメント等を理由として民事訴訟を提起されたとの事実は個人の私的領域に属する事柄であるとするのであるが，2審判決はこのように訴えを提起されたという事実ではなく，訴えの請求原因を判断対象とし，それは高度の専門的職業にある者の職業上の行為，すなわち社会的活動等であり，個人の私的領域に属する事柄ということはできないとするのである。要するに2審判決はプライバシー侵害の有無を判断するに際しての着目のポイントを1審判決とは異にしているのである。
　そして1審原告の氏名も，上記のような社会的活動や社会に向けた発言の主体を特定する事柄であり，しかもすでに週刊誌で1審原告の実名が明示されていたことを考える

と，プライバシーとして保護されるべき事柄ではないとして，毎日新聞の本件記事の掲載は1審原告のプライバシーを侵害するものと認めることはできないと結論する。

　こうした控訴審の判示の大前提には，1審被告による前提事件の提訴が事実上・法律上の根拠を欠いていたということはできず，したがってそれが裁判制度の趣旨目的に照らし著しく相当性を欠く不法行為とはいえないとの1審とは異なる判断があり（本文でのべているように1審判決は前提事件の提訴を不当提訴としている），直接の前提としては，本件記事を，[診察でセクハラ行為]（記事中でも鍵括弧が付いている）との大見出しのみならず，「医科大学教授相手に提訴」との小見出し（それには鍵括弧は付いていない）も併せてみれば，セクハラ等を理由に1審原告に対する提訴がなされたとの事実を報道する趣旨であることは明確に読みとることができ，本文の記事も訴状の記載の引用という形式をとりつつなされ，セクハラ等があくまで1審被告の主張する事実であることを明示しており，また，客観的かつ中立的な記述となっていて，1審被告の主張事実に信憑性があることを示唆するような表現等は見当らない等の判断がある。

　しかしこの裁判報道の現状を追認する判旨はいささか形式的に過ぎて，本文でのべたようなこうした記事が一般読者に対してもつ実際の効果や，鍵括弧の使用，あるいは訴状の引用といった記事の客観的・中立的体裁が，その実しばしば後日の法的責任追及回避のための予防線にすぎないことが適切に評価されていないきらいがあり，筆者にはやはり1審判決の方が妥当と思える。なお本件は1審原告による上告を退ける決定が平成19年6月21日に出されて終結している（判例集未登載）。

第2章　平等権関係判例

第1節　参議院議員定数配分規定違憲訴訟

1　従来の判決

　本節は表題に関する平成18年最高裁大法廷判決を対象とするが，行論の都合上それに先立って従来の参議院議員定数配分規定違憲訴訟判決を概観しておくことにしよう。

　参議院議員の選挙については周知のように当初は昭和22年制定の参議院議員選挙法で規定され，総定数250人が全国選出議員100人と都道府県を選挙区とする地方選出議員150人に区分されていた。そして後者については別表で各都道府県選挙区に配分される議員定数が定められていたが，この参議院地方選出議員の選挙区と定数配分の仕組みは衆議院議員選挙法，参議院議員選挙法等，分散している各種選挙法を単一法に統合するため昭和25年に制定された公職選挙法にもそのまま引き継がれ，沖縄県の復帰に伴い同県に議員定数2名を配分するための改正がなされた以外は，その後も長い間変更はなかった。

　すなわち地方選出議員はその後選挙区選出議員と名称変更されたものの（以後は「選挙区選出議員」で統一する），平成4年の選挙まで公職選挙法14条と別表第二（現在は第三）により，都道府県を単位とする選挙区ごとに参議院議員選挙法当時の定数配分に従って選出され続けたのである（この参議院選挙区選出議員の選挙区と定数配分を定める公職選挙法14条と別表第二（第三）を，本節では「定数配分規定」と総称する）。

　したがってこれをここでのテーマである議員定数配分の不均衡（選挙区間における議員1人当たりの人口数ないし選挙人数の較差）についてみれば，全国選出議員（比例代表選出議員）の場合はその性質上当然一貫してこの問題は生じることがなかったのに対し，昭和21年当時の人口に基づき定数配分がなされた選

挙区選出議員の場合は，当初より存在していた較差が，その後著しい人口増とその都市部への集中という大幅な人口異動が進行するにつれ，一層拡大することになったのである。なお，「参議院議員の任期は，6年とし，3年ごとに議員の半数を改選する」という憲法46条の規定を，選挙区選出議員については，定数152人のうち最小限の2人を47の選挙区に配分したうえ，残りの58人については各都道府県の人口数に比例する形で2人，4人，ないし6人という偶数の定数を付加配分するという方式によって実施したことも，こうした不均衡の発生の要因であることはいうまでもない。

このような選挙区選出議員の定数不均衡を具体的に最大較差でみてみると，昭和22年の参議院議員選挙法制定当時ですでに1対2.62（人口比）であったのが，例えば昭和31年選挙時には1対3.19と3倍を超え，さらに昭和37年選挙時には1対4.09と遂に4倍を超えるにいたったのである（いずれも選挙人数比―以下とくに断わらない限り同じ）。

しかしこの昭和37年選挙時の4倍超の較差について最高裁は昭和39年，「憲法14条，44条その他の条項においても，議員定数を選挙区別の選挙人の人口数に比例して配分すべきことを積極的に命じている規定は存在しない」としたうえで，「もとより議員数を選挙人の人口数に比例して，各選挙区に配分することは，法の下に平等の憲法の原則からいって望ましいところであるが」，「選挙区の議員数について，選挙人の選挙権の享有に極端な不平等を生じさせるような場合は格別，各選挙区に如何なる割合で議員数を配分するかは，立法府である国会の権限に関する政策の問題であって」，現行の公職選挙法別表第二が選挙人の人口数に比例して改訂されないため，不均衡が生ずるにいたったとしても，「所論のような程度ではなお立法政策の当否の問題に止り，違憲問題を生ずるとは認められない」とした(以下この判決を「昭和39年大法廷判決」という)。

この昭和39年大法廷判決，およびその後の参議院議員定数配分規定違憲訴訟の動向はよく知られているところであり，拙著146〜147頁でも簡単にふれているが，冒頭にものべたように考察の便宜上，昭和39年大法廷判決以降の最高裁判例の動向も続けてスケッチしておくことにしよう。

最高裁はその後昭和49年にも最大較差1対5.08について昭和39年大法廷

判決を引用して,「現行の公職選挙法別表第二が選挙人の人口数に不均衡を生ずるに至ったとしても,その程度ではいまだ右の極端な不平等には当たらず,したがって,立法政策の当否の問題に止まり,違憲問題を生ずるとまで認められないことは,右の大法廷判決の趣旨に徴して明らかである」としたが,昭和51年にいたって,昭和47年実施の衆議院議員選挙について,「憲法14条1項に定める法の下の平等は,選挙権に関しては,国民はすべて政治的価値において平等であるべきであるとする徹底した平等化を志向するものであり,右15条1項等の各規定の文言上は単に選挙人資格における差別の禁止が定められているにすぎないけれども,単にそれだけにとどまらず,選挙権の内容,すなわち各選挙人の投票価値の平等もまた,憲法の要求するところであると解するのが,相当である」とのべて,前述の,「憲法14条,44条その他の条項においても,議員定数を選挙区別の選挙人の人口数に比例して配分すべきことを積極的に命じている規定は存在しない」との昭和39年大法廷判決の基本的立場を変更するとともに,最大格差1対4.99の下での本件選挙は憲法に違反する定数配分規定に基づいて行われた点において違法であるとした(ただし周知のように,行政事件訴訟法31条1項に含まれる法の基本原則の適用により,選挙自体はこれを無効とはしないとした—以下この判決を「昭和51年大法廷判決」という)。

　最高裁がこの衆議院議員選挙の定数配分規定違憲訴訟において示した新しい立場を参議院議員定数配分規定違憲訴訟においてのべたのが,最大較差1対5.26の下での昭和52年の選挙に対する昭和58年の判決である。

　すなわち同判決(以下「昭和58年大法廷判決」という)は,「議会制民主主義を採る我が憲法の下においては,国権の最高機関である国会を構成する衆議院及び参議院の各議員を選挙する権利は,国民の国政への参加の機会を保障する基本的権利であって,憲法は,その重要性にかんがみ,14条1項の定める法の下の平等の原則の政治の領域における適用として,成年者による普通選挙を保障するとともに,人種,信条,性別,社会的身分,門地,教育,財産または収入によって選挙人の資格を差別してはならないものとしている(15条3項,44条)。そして,この選挙権の平等の原則は,単に選挙人の資格における右のような差別を禁止するにとどまらず,選挙権の内容の平等,すなわち議員の選出

における各選挙人の投票の有する価値の平等をも要求するものと解するのが相当である」として，参議院議員選挙においても投票価値の平等が憲法上の要請であることを認めたのである。

　ただ昭和58年大法廷判決は次いで，憲法は投票価値の平等を選挙制度の仕組みの決定における唯一，絶対の基準としているものではなく，国会は，正当に考慮することのできる他の政策的目的ないし理由を斟酌して，その裁量により衆議院議員および参議院議員それぞれについて選挙制度の仕組みを決定することができるのであって，国会が具体的に定めたところのものがその裁量権の行使として合理性を是認しうるものである限り，それによって投票価値の平等が損なわれることになってもやむを得ないものと解すべきであるとしたうえで，人口比例主義に事実上都道府県代表的な意義ないし機能を有する要素を加味した参議院選挙区選出議員の選挙の仕組みが，国会に委ねられた裁量権の合理的行使として是認し得るものである以上，人口比例主義を基本とする選挙制度に比べて各選挙区間における選挙人の投票の価値の平等がそれだけ損なわれることになったとしても，これをもって直ちに憲法14条1項等の規定に違反して選挙権の平等を侵害したものとすることはできないとし，さらに，人口の異動が生じた結果較差が拡大したとしても，その一事では直ちに憲法違反の問題が生ずるものではないとした。

　すなわち，「その人口の異動が当該選挙制度の仕組みの下において投票価値の平等の有すべき重要性に照らして到底看過することができないと認められる程度の投票価値の著しい不平等状態を生じさせ，かつ，それが相当期間継続して，このような不平等状態を是正するなんらの措置を講じないことが，前記のような複雑かつ高度に政策的な考慮と判断の上に立って行使されるべき国会の裁量的権限に係るものであることを考慮しても，その許される限界を超えると判断される場合に，初めて議員定数の配分の定めが憲法に違反するに至るものと解するのが相当である」としたのである。

　そしてこうした一般論に基づき本件を考察した結果として，「本件参議院議員選挙当時に選挙区間において議員一人当たりの選挙人数に前記のような較差があり，あるいはいわゆる逆転現象が一部の選挙区においてみられたとして

も，それだけではいまだ前記のような許容限度を超えて違憲の問題が生ずる程度の著しい不平等状態が生じていたとするには足らないものというべきである」と結論した。

このように最高裁は参議院議員選挙においても投票価値の平等を憲法上の要請としつつ，現在の参議院議員の選挙の仕組みの下ではそれが損なわれても直ちに憲法違反となるものではないとし，さらに半数改選制や実質上の地域代表的性格等の参議院選挙区選出議員の選挙制度の特殊性からして，衆議院議員選挙と参議院議員選挙では違憲となる較差の程度（計数基準）に違いがあることも示唆したのであるが，こうした昭和58年大法廷判決で示された最高裁の態度はその後も続き，衆議院議員選挙については昭和51年大法廷判決に次いで昭和58年，定数配分規定の改正により，従前の1対4.83から1対2.92に最大較差が縮小して，投票価値の不平等状態は一応解消されたが，その後再び拡大して昭和55年の選挙当時には最大較差が1対3.94となり，国会において通常考慮し得る諸般の要素を斟酌してもなお，一般的に合理性を有するものとは考えられない程度に達していたというべきであるとし，その後も同様の判断を繰り返すなど，1対3を計数基準とするにいたったと一般に理解される判例を重ねる一方，参議院選挙区選出議員については昭和58年大法廷判決以降も，1対5.37, 1対5.56, 1対5.85という最大較差について，昭和58年大法廷判決を踏襲してそれぞれ合憲の判断を繰り返したのである。

しかし平成8年，最大較差1対6.59の下での平成4年の選挙について，一般論としては昭和58年大法廷判決に拠りつつ，このような較差が示す選挙区間における「投票価値の不平等は，…参議院（選挙区選出）議員の選挙制度の仕組み，是正の技術的限界，参議院議員のうち比例代表選出議員の選挙については各選挙人の投票価値に何らの差異もないこと等を考慮しても，右仕組みの下においてもなお投票価値の平等の有すべき重要性に照らして，もはや到底看過することができないと認められる程度に達していたものというほかはなく，これを正当化すべき特別の理由も見出せない以上，本件選挙当時，違憲の問題が生ずる程度の著しい不平等状態が生じていたものと評価せざるを得ない」と，従来とは異なる判断をしたのである。

ただ判決は続いて本件選挙当時，こうした不平等状態が相当期間継続し，これを是正する何らの措置も講じないことが，国会の立法裁量権の限界を超えていたと断定すべきかどうかについて検討し，較差が到底看過することができないと認められる程度に達したかどうかの判定は困難なものであり，かつ，その程度に達したと解される場合も改正については種々の政策的または技術的な考慮要素を背景とした議論を経ることが必要となることや，本件選挙当時まで最高裁が参議院選挙区選出議員の定数配分規定につき，投票価値の不平等が違憲状態にあるとの判断を示したことはなかったこと等の事情を総合して考慮すると，「本件において，選挙区間における議員一人当たりの選挙人数の較差が到底看過することができないと認められる程度に達したときから本件選挙までの間に国会が本件定数配分規定を是正する措置を講じなかったことをもって，その立法裁量権の限界を超えるものと断定することは困難である」と結論したが[7]（以下この判決を「平成8年大法廷判決」という），昭和63年に上述のように1対5.85の較差について未だ違憲の問題が生ずる程度の著しい不平等状態が生じていたとするには足りないとし，平成8年にはこうして1対6.59について逆に違憲の問題が生ずる程度の著しい不平等状態が生じていたものと評価せざるを得ないとしたため，一般には1対6が最高裁が想定している参議院選挙区選出議員についての計数基準と理解されることになった。

　なおこの平成8年大法廷判決前の平成6年に，152人という定数は増減しないまま，宮城，埼玉，神奈川，岐阜の4県選挙区でそれぞれ定数2名を増員する一方，北海道選挙区で定数4名，兵庫，福岡の2県選挙区でそれぞれ定数2名を減員する初めての定数配分規定改正が行われ（この改正は「8増8減」といわれ），その結果いわゆる逆転現象が解消されるとともに，最大較差も改正時には1対4.99，この改正定数配分規定により行われた平成7年選挙時には1対4.97と縮小されたが，最高裁はこの平成7年選挙の定数配分規定違憲訴訟において平成10年従来同様の一般論をのべたうえで，こうした改正後の較差について，「右の較差が示す選挙区間における投票価値の不平等は，当該選挙制度の仕組みの下において投票価値の平等の有すべき重要性に照らして到底看過することができないと認められる程度に達しているとはいえず，本件改正を

もって，その立法裁量権の限界を超えるものとはいえないというべきである」とした[8]（この判決を以下「平成10年大法廷判決」という）。

　それは上述のように1対4～5台の最大較差につき，一貫して合憲と判断し続け，平成8年大法廷判決にいたってようやく1対6を計数基準とすることを示唆したかのようにみえた最高裁判決の動向からすれば自然なことと受け止められたが，この平成10年大法廷判決には実は5人の反対意見が付されていた。

　その趣旨は本件定数配分規定の下で生じていた投票価値の不平等が著しいものであったことは明らかであること，都道府県代表的要素を選挙区選出議員の選挙の仕組みに加味する必要性ないし合理性は，通信，交通，報道の著しい進歩によって地域間の事情の相違は大幅に減少したうえ，選挙区選出議員の活動によらずに，地域の実情や住民世論の動向を知ることも容易になった現在では縮小した反面，現行の選挙区選出議員の選挙の仕組みを維持する限り投票価値の不平等は拡大するほかない状態になっていたこと，したがって平成6年の改正に当たっては，本来，国会は，本件仕組みをそのまま維持するとしても，投票価値の平等が損なわれる程度をできる限り少なくするよう，追加配分（選挙区選出議員152人のうち47都道府県に各々2名を配分した残り58名の各選挙区への配分）を徹底して人口に比例する方法で行うべきであったのにそうせず，その結果上述のような投票価値の著しい不平等が残ることとなったこと等を指摘し，「以上によれば，本件定数配分規定の下において投票価値の平等が損なわれている程度が憲法上正当に考慮することのできる他の目的ないし理由との関係に適切に照応しているとは，とうていいうことはできない。本件改正（平成6年改正—筆者）における国会の裁量権の行使は合理性を是認できるものではなく，その許される限界を超えていることは明らかであって，本件定数配分規定は憲法に違反するものと断定せざるを得ないのである」というものであった。

　さらに同じ改正定数配分規定の下で行われ，このときは最大較差1対4.98であった（鹿児島選挙区と三重選挙区の間には逆転現象も生じていた）平成10年選挙に対する定数配分規定違憲訴訟において最高裁は平成12年に平成10年大法廷判決と同旨を繰り返したが[9]，このときもやはり5人の反対意見があった。この反対意見も平成10年大法廷判決のそれと同旨であったが，「参議院の独自性

は憲法上予定されているところであるにしても，それ自体は投票価値の平等と対立あるいは矛盾するものではないし，衆議院議員の選挙制度の仕組みと異なる選挙制度の仕組みは，投票価値の平等を損なうものしかあり得ないわけでもない。参議院の独自性を確保するという目的から必然的に本件仕組みが導かれるものではないし，まして投票価値の平等が損なわれることの当然の根拠となるものでもないのである」としたり，「本件改正（平成6年改正—筆者）に即して考えると，それは，本来の人口比例配分によれば定数を増加されるべき選挙区の国民の選挙権の犠牲において，本来定数を削減されるべき選挙区の国民の利害と意見を安定的に国会に反映させることとするものであって，憲法の投票価値平等の要求に正面から違反するものである」とするなど，多数意見の合憲判断の根拠に対する批判はいっそう鋭くなっている。

　こうした経緯を受けて平成12年に参議院議員の総定数を252人から242人に，比例代表選出議員の定数を100人から96人に，選挙区選出議員の定数を152人から146人にそれぞれ削減するとともに，逆転現象を解消し，較差の拡大を防止するために定数4人の選挙区のなかで人口の少ない岡山，熊本，鹿児島の3県選挙区について各議員定数を2人に削減する2度目の改正がなされた（この改正は「6減」といわれる）。その結果確かに逆転現象は解消されたが，しかし最大較差についてはその拡大を抑えることはできず，それから間もない平成13年の選挙時には最大較差は1対5.06となり，この選挙についても定数配分規定違憲訴訟が提起された。

　それに対する平成16年の最高裁判決（以下「平成16年大法廷判決」という）[10]は従来同様，「本件改正（平成12年改正—筆者）は，憲法が選挙制度の具体的な仕組みの決定につき国会にゆだねた立法裁量権の限界を超えるものではなく，本件選挙当時において本件定数配分規定が憲法に違反するに至っていたものとすることはできない」としたものの，「本件選挙当時における選挙区間の議員一人当たりの選挙人数の最大格差は1対5.06にまで達していたのであるから，本件定数配分規定は，憲法上の選挙権平等の原則に大きく違背し，憲法に違反するものであることが明らかである」とする反対意見が6人に増え，しかも9人の多数意見中の4人も，較差是正に対する国会のこれまでの取組み等につい

て厳しい見解をのべて，ともすれば1対6が最高裁が想定している計数基準であるとしがちであった従来の傾向が安易すぎることを示すとともに，近い将来憲法判断が変更される可能性さえ予感させたのであった。

すなわち多数意見中の4裁判官は補足意見で（この補足意見を以下では「平成16年大法廷判決補足意見」という），「我が国の立法府は，これまで，上記の諸問題（現行制度自体の変更等―筆者）に十分な対処をしてきたものとは到底いえず，これらの問題について立法府自らが基本的にどう考え，将来に向けてどのような構想を抱くのかについて，明確にされることのないままに，単に目先の必要に応じた小幅な修正を施して来たにとどまるものといわざるを得ない。これでは，立法府が，憲法によって与えられたその裁量権限を法の趣旨に適って十分適正に行使して来たものとは評価し得ず，その結果，立法当初の選挙区間における議員一人当たりの選挙人数の較差からあまりにもかけ離れた較差を生じている現行の定数配分は，合憲とはいえないのではないかとの疑いが強い」といい，また，「今回の改正（平成12年改正―筆者）もまた，定数配分をめぐる立法裁量に際し諸考慮要素の中でも重きを与えられるべき投票価値の平等を十分に尊重した上で，それが損なわれる程度を可能な限り小さくするよう，問題の根本的解決を目指した作業の中でのぎりぎりの判断に基づくものであったとは，到底評価することができない。したがって，例えば，仮に次回選挙においてもなお，無為の裡に漫然と現在の状況が維持されたままであったとしたならば，立法府の義務に適った裁量権の行使がなされなかったものとして，違憲判断がなされるべき余地は，十分に存在するものといわなければならない」とのべて，自らの立場が従来の合憲論とは異なり，その合憲との判断も相当に消極的なものであることを強調したのである。

こうして反対意見からのみならず，多数意見のなかからも従来の判決の較差の度合いについての認識や，大幅な国会の立法裁量権の許容等について強い疑問が呈されるにいたったため，この平成16年大法廷判決の約半年後に，平成13年の選挙と同じ定数配分規定の下で行われ，最大較差は1対5.13となっていた平成16年7月の選挙に対する最高裁の判断が注目され，原告団やマスコミのなかには違憲判断の期待や見通しさえあったのである。

その判断がすなわち本節の主題である平成 18 年の大法廷判決である。

2　平成 18 年の大法廷判決

　平成 18 年の大法廷判決[11]（以下「平成 18 年大法廷判決」という）においては後述するように，平成 16 年大法廷判決以降の国会（とくに，参議院）における較差是正のための検討とその結果がかなり重要なウェイトをもち，また原審東京高裁判決[12]も末尾で国会の取組みに言及しているので，最初にそのことについて簡単にのべておくことにしよう。

　平成 16 年大法廷判決の言渡し直後の同年 2 月 6 日参議院は議長主宰の各会派代表者懇談会の下に，「参議院議員選挙の定数較差問題に関する協議会」を設置することとし，この協議会は 2 月 18 日から 5 月 28 日までの間に合計 5 回の協議を行った。しかし会期中に較差是正を行うべきとする意見と，それを困難とする意見が対立し，また後者の立場からは同年 7 月に施行される予定の選挙（すなわち平成 18 年大法廷判決の対象となった選挙—以下「本件選挙」という）後に新たな会派の構成に基づく新たな人選によって協議を行うべきとする提案がなされるなど，結論が得られず，そのため協議会はこれらの意見や提案をまとめた報告書を議長に提出して活動を終えた。それに対し参議院は各会派代表者会議において本件選挙後新たな会派構成の下に速やかに協議会を設置し，平成 19 年施行予定の次回選挙に向けて較差問題について結論を得るように協議を再開する旨の申し合せを行った。

　こうした経緯を受けて本件選挙後の平成 16 年 12 月参議院改革協議会の下に選挙制度に係る専門委員会が設けられ，その平成 17 年 2 月から 10 月までの間の 9 回の会合を経てまとめられた，東京選挙区と千葉選挙区で各 2 人増，群馬選挙区と栃木選挙区で各 2 人減のいわゆる「4 増 4 減」を内容とする改正公職選挙法が平成 18 年 6 月に成立した。

　この結果最大較差は 1 対 4.84（人口比）と若干縮小することとなり，平成 19 年選挙時のそれも 1 対 4.86 となったが，こうしてみると少なくとも国会においては，かつての 1 対 6 に代って 1 対 5 が許容される較差の目安とされるにいたったとの観がないでもない。

それはともかく，本件選挙についての定数配分規定違憲訴訟の原審東京高裁判決は上記の専門委員会が検討中の平成17年5月に言い渡され，平成18年大法廷判決は4増4減案が成立した後の10月に言い渡されたため，前述のように両判決ではこうした較差是正をめぐる動向がふれられ，かなりの影響を与えているのであるが，その内容についてはそれぞれの判決の紹介・検討のなかで説明することにして，以下原審東京高裁判決を瞥見した後，平成18年大法廷判決をくわしくみることにしよう。

　東京高裁判決の一般論は，「議員定数配分規定の制定または改正の結果，上記のような選挙制度の仕組みの下において投票価値の平等の有すべき重要性に照らして到底看過することができないと認められる程度の投票価値の著しい不平等状態を生じさせたこと，あるいは，その後の人口異動が上記のような不平等状態を生じさせ，かつ，それが相当期間継続しているにもかかわらずこれを是正する何らの措置も講じないことが，複雑かつ高度に政策的な考慮と判断の上に立って行使されるべき国会の裁量的権限に係るものであることを考慮してもその許される限界を超えると判断される場合に，初めて議員定数配分規定が憲法に違反するものと解するのが相当である」とするところからも明らかなように，平成16年前の各大法廷判決の多数意見，および平成16年大法廷判決補足意見に係る4裁判官以外の5裁判官の補足意見と同一であり，またこの一般論に基づきなされた定数配分規定が招来する較差についての検討の結論も，なお，本件選挙の投票価値の不平等状態をもって到底看過することができない程度にいたっているとまでは認められないとするものであった。

　このように平成16年大法廷判決がはらんでいた緊迫性はそこにはほとんど反映されていないが，ただ，「平成16年大法廷判決にもかかわらず，前示のとおり，なお，1対5を超えるという異常な投票価値の不平等さが存在し，しかも，その較差が少なからず拡大していることは，それ自体，極めて憂慮すべき状態であるといわざるを得ない」としたり，「被告は，過去の最高裁判例で問題とされた最大較差の比率に照らすと，本件は，いまだ違憲の状態に至っていない旨主張するが，これまでの最高裁判例は，あくまで当該事件において問題となっている選挙についての最終審としての判断であって，当該事件で違憲でないと

された最大較差が常に将来にわたって合憲であり続けるという判断を含むものと解することは相当でないから，被告の上記主張は，本件選挙の投票価値の不平等状態が憲法上何ら問題のないところであるとする趣旨の意見としては，到底これを採用することはできない」とするところに，それまでの大法廷判決よりも格差の大きさやそうした格差の是正の放置に厳しいと一般にも受け止められていた平成16年大法廷判決の影響をいくらか看取することができるといえなくはない。

しかし反面原告の，平成16年大法廷判決後国会は定数配分規定を改正せず，そのような審議すら全く行っていないとか，各会派代表者懇談会や協議会は正式な機関ではないから，参議院の活動と同視することはできないとかの国会の無為の主張に対しては，「現在の参議院選挙制度の具体的仕組みを維持しつつ，さらに議員定数を増やさないことを前提とする観点に立ちながら考えるとすれば，本件協議会における議論等国会（特に参議院）でなされた対応がすべて無意味又は無価値なものであるとか，これをもって立法府が果たすべき責務を放棄したり，漫然と従前の状況を放置したりするものであるとかみることもはなはだしく穏当を欠き相当ではないのであって，上記の対応がそれ相当の意義を伴うものというべきであるから，原告らの上記主張は，採用することができない」として，較差の状態を異常とし，それが是正されていない状況をきわめて憂慮すべき状態としながらも，限定的ではあれ，平成16年大法廷判決以降の国会の較差是正のための活動を評価している。

総じていうとこの東京高裁判決は原告，被告のいずれの主張にも与せず適度にバランスをとりながら，結局は伝統的な合憲論を踏襲したといった体のもので，それほど問題を深刻に受け止めている気配もみえず，平成16年大法廷判決を受けた判決としてみると，いささか物足りない観がある。その点では平成18年大法廷判決も基本的には同断であって，上述のように厳しい平成16年大法廷判決補足意見を展開した4裁判官のうち違憲判断に回ったのは1人のみで，残り3人のうち1人は退官，2人は依然合憲判断維持ということもあって，10人の多数意見で平成16年選挙時の定数配分規定を合憲とするものであった。しかもこのように平成16年大法廷判決に比べて多数意見がむしろ増えた

のみならず，そのうちの5裁判官の補足意見も平成16年大法廷判決以降の国会の較差是正のための活動，同判決から本件選挙までの期間の短さ，選挙区選出議員と比例代表議員の選挙を合せた投票価値の最大較差は1対2.89となること等を挙げて（前二者については次にのべるように多数意見でもふれられている）多数意見に賛成する所以をのべるもので，平成16年大法廷判決の際のように多数意見が実際には鋭く割れて，近い将来の違憲判断を予感させるような緊迫性をもったものではなかった。その意味では平成18年大法廷判決は平成16年前の各大法廷判決の時代に戻ったような印象を与える判決で，前述のように違憲判断を期待・予想した側からは，「後戻り判決」とか，「小手先『是正』事実上の追認」とかの批判を受けることになったが，多数意見が，本件選挙までの間に定数配分規定を改正しなかったことが国会の裁量権の限界を超えたものと断ずることはできず，したがって，本件選挙当時において本件定数配分規定が憲法に違反するにいたっていたものとすることはできないとする理由は3つにまとめられる。

　すなわち多数意見は従来と同様の一般論に立って検討した結果，平成16年大法廷判決が最大較差1対5.06を招来していた定数配分規定につき合憲と判断したところ，本件選挙時のそれも1対5.13と大きく異なるものではなかったこと，平成16年大法廷判決の言渡しから本件選挙までの期間は約6か月にすぎず，投票価値の不平等を是正する措置を講ずるための期間として必ずしも十分なものではなかったこと，しかしながらその間も較差是正の議論が行われ，そうした経緯を受けて本件選挙後定数配分規定の改正が行われて最大較差が縮小したことの3点を挙げて，本件選挙時の定数配分規定を合憲とするのである。

　しかしこの3つの理由はいずれもそれほど説得的とは思えない。前回の大法廷判決で合憲とされた最大較差1対5.06と今回の較差にはそれほど差がないことを理由にするのであれば，それは投票価値の平等を憲法上の要請としつつ，1対5台の較差について合憲判決を言い渡した昭和60年代の判決の態度と基本的には選ぶところがないであろう。

　すなわち昭和52年選挙時の1対5.26という最大較差が1対5.37になった昭

和55年選挙に対する定数配分規定違憲訴訟において最高裁は,「右大法廷判決において…違憲の問題が生ずる程度の著しい不平等状態が生じていたとするには足らないとされた昭和52年…の参議院議員選挙当時の較差1対5.26…は,本件選挙当時までに1対5.37に拡大し,かつ,本件選挙当時にもいわゆる逆転現象が一部の選挙区においてみられたとはいえ,なお右先例における選挙当時と大きく異なるところがあるとはいえない」として,較差の拡大が前回合憲判決時と比べて大幅ではないというきわめて大雑把な理由で合憲としているのである[13](ちなみに5.37が5.56に,5.56が5.85に拡大したようなケースでは,「それだけではいまだ違憲の問題が生ずる程度の著しい不平等状態が生じていたとするに足らない」といういい方をしているが,[14]平成になってからは,1対4.97が1対4.98に,1対4.98が1対5.06に拡大したようなケースについて,「右の較差が示す選挙区間における投票価値の不平等は,当該選挙制度の仕組みの下において投票価値の平等の有すべき重要性に照らして到底看過することができないと認められる程度に達しているとはいえず」といういい方に変って—平成12年大法廷判決の多数意見—,判決の理由においては較差の拡大の幅にはふれず,当該選挙における較差それ自体にのみ言及するようになっていた)。

　また前回合憲判決時と較差に大きな差がないことを結論の理由とするのであれば,大法廷で審理した意義自体が問われることにもなるであろう(上記の昭和55年選挙に対する最高裁判決は小法廷判決である)。

　さらに6か月という是正のための期間の短さについても,問題が新たに発生して6か月ならともかく,定数配分規定の問題性はこれまでみたように長時間論議され,認識されてきた事柄であって,それが種々の政治的思惑によって具体化されないまま放置されてきたというのが実態であるから,ことさらこうした長期間の一部である6か月という期間を取り上げ,そのことによって国会の不作為にやむを得ない面をみるのも必ずしも妥当な態度とはいえないであろう。滝井裁判官は反対意見で,「もっとも,本件選挙は平成16年大法廷判決の言渡しから約6か月後に行われたものであり,その期間は選挙区間に存在する選挙人の投票価値の不平等を是正する期間としては十分なものではないという指摘がある。しかしながら,ある法規が合憲であるかどうかは,本来その内容

によって決るものであって，是正のために許される合理的期間の存否によって変わるものではない」とし，さらに，「当法廷は昭和51年4月1日大法廷判決以来，選挙人の投票価値の平等が憲法上の要求する原則であることを繰り返し強調してきたところであって，立法機関としては，…現行制度の下の選挙区間の議員一人当たりの人口較差が5倍にも及ぶという投票価値の異常ともいうべき較差…を是認するだけの目的ないし理由があるかについて常に検討すべきであり，その機会は十分にあったはずである」とのべているが，それが通常の評価というべきではなかろうか。

最後の本件選挙後の改正をもって本件選挙時の定数配分規定を合憲とする根拠にした点にいたっては，なおさら批判が集中するところであろう。おそらく多数意見は改正が実現したのは本件選挙後であっても，そのスタートは本件選挙前に切られていたとの認識の下にそうしたのであろうが，本件選挙前には後に実際になされた改正に通じる具体的な成案ないし成案らしきものがまとまっていたわけではなく，現会期中にことを進めるか否かというスケジュールレベルの論議にとどまっていたわけであるから，本件選挙後の改正が実質的には選挙前に遡るかのように装って本件選挙時の定数配分規定を合憲とするのは，かなり御都合主義的な立論というべきであろう。

しかし重ねていえば多数意見は敢えてこうしたタイムラグを無視して，「上記の公職選挙法改正は，平成16年大法廷判決の多数意見の中に従来とは異なる厳しい姿勢が示されているという認識の下に，これを重く受け取めて検討された案に基づくものであることがうかがわれるところ，そのような経緯で行われた上記の改正は評価すべきものである」とし，こうした評価を合憲判断の重要な理由の1つにするのである。

ただ多数意見は最後に，これまでにはみられなかったことであるが，「投票価値の平等の重要性を考慮すると，今後も，国会においては，人口の偏在傾向が続く中で，これまでの制度の枠組みの見直しをも含め，選挙区間における選挙人の投票価値の格差をより縮小するための検討を継続することが，憲法の趣旨にそうものというべきである」という新しい表現を付け加えている。合憲との結論のなかにも較差是正についての最高裁の従来よりも厳しい姿勢を示す意

図の表明と思われるが，1対5.13という最大較差を容認しつつ発せられたこうしたメッセージにどれだけの意義や効果を認め得るかも論の分かれるところであろう。むしろ1対5を超える較差を合憲と容認する部分の方が最高裁のメッセージとして受け取られるのが通常ではなかろうか。

　ところで最高裁がこのようにそれぞれ決して説得的とは思われない理由を寄せ集めてまで違憲判断を避けるのは，結局のところ違憲判断に踏み切った場合の政治的影響の大きさに対する懸念やシュリンクがあるからであろう。確かに司法が政治の領域にどの程度，またどのように踏み込むべきか，あるいは同じことであるが，裁判所が立法機関とどう距離をとるかはいうまでもなく違憲審査に伴う重要な問題であるが，定数配分規定問題の政治性は，実は国防や外交等の文字どおりの政治問題に比較するとそれほど強くはないのである。というよりも定数配分規定違憲訴訟において裁判所に求められるのは，選挙制度そのものの判断ではなく，現行制度の定数配分規定が憲法の平等原則に照らして容認できるかという，それ自体は通常の法的判断なのである。それが政治性をもつのは，その判断が現に存在する党派の勢力の伸張や衰退につながりかねないという政治的利害レベルのことであって，直接国政に重大な影響をもつという意味での政治性ではない。

　したがって最高裁がその結果の政治的影響をおそれて，定数配分規定について違憲の判断をするのをちゅうちょしているようにみえるのは，問題の政治性の意識が過度にすぎ，また立法機関の判断の尊重が過剰というべきではなかろうか。平成16年大法廷判決補足意見でも従来の判決にそのような傾向があったことが指摘されているが，こうした不必要な考慮によって合憲判断を重ねれば，それだけその自縛作用によって違憲判断に転換することは困難になるのであり，現にこれまでの経過はそのことを如実に示しているといっても過言ではないであろう。

　平成18年大法廷判決の滝井反対意見がいうように，現在の最大較差1対5以上という数値は異常であり，それは国民の平均的意識や法感情からみてすでに許容限度を大きく超えているとみるのがふつうであるから，国会における弥縫策にとどまらない，制度の見直しも含めた較差是正のための検討が強く求め

られるが,そのためには多数意見のように現在の較差を許容しつつ,末尾で検討の継続を求めても効果は乏しく,むしろストレートに違憲判断に転換する方が事態を動かすことに通じることを最高裁は認識する必要があろう。

なお制度の見直しという場合,憲法上の要請としての投票価値の平等の程度は衆参両院ともに同様と考えるべきかという問題が絡んでくる。最高裁はこれまでみたように基本的には同様であるとするところから出発しており,筆者もそのように理解すべきであると考える。

こうした立場からすれば現行制度の他に考えられる参議院選挙区選出議員選挙のプランは,数県を単位とするブロック制や若干の都道府県の統合ないし分割等の新しい選挙区の作定ということになるが,[15] しかし投票価値の平等の要請の程度は衆議院と参議院では同一に考えなくともよいとする説もある。すなわち憲法は衆議院議員については任期を短く定め,解散の制度を採用し,院の権限についても参議院に対し優位を認めているから,衆議院議員の定数配分については人口比例主義が厳格に求められるのに対し,参議院についてはその独自の存在意義が憲法上明確にされていないことなどから,その議員の定数配分が人口比例主義から大きく逸脱することも可能であるとする説などもあるのである。[16]

しかし任期の長短,解散制度の有無,権限の強弱と人口比例主義の厳格度がなぜ対応するとされるのか,必ずしも明らかではない。またこのように参議院議員選挙についてはとくに人口比例主義=投票価値の平等を要求しない立場は,参議院選挙区選出議員選挙制度のプランとしてはアメリカの上院制的なそれも違憲ではないとしたり,名実ともに都道府県代表的要素をもたせた選挙制度を構想することになるが,国家組織における州と都道府県の意義は大きく異なるにもかかわらず,州制度に基づくアメリカの上院制的組織を持ち込むことが適切か,あるいは都道府県の利益をそれぞれの代表者に国政の場で主張させることが国民の福祉に促進的であるかも,疑問の残るところである。

衆議院とは異なる独自性をもつ組織に腐心するあまり,参議院については自由に選挙の仕組みを考えることが可能であると安易に想定してはならないというべきであろう。すなわち憲法が参議院制度についてとくに何も規定せず,ま

た両者を区別することなく同じ条文（47条）で衆参両院の選挙に関する事項を法律に委ねていることは，むしろ基本的には参議院を衆議院と同一の原理に基づく組織として位置づけていることを示唆するものと受け取るべきであろう。

註
1) 最大判昭和39・2・5民集18巻2号270頁。
2) 最判昭和49・4・25判時737号3頁。
3) 最大判昭和51・4・14民集30巻3号223頁。
4) 最大判昭和58・4・27民集37巻3号345頁。
5) 最大判昭和58・11・7民集37巻9号1243頁。
6) 最判昭和61・3・27判時1195号66頁，最判昭和62・9・24判時1273号35頁，最判昭和63・10・21判時1321号123頁。
7) 最大判平成8・9・11民集50巻8号2283頁。
8) 最大判平成10・9・2民集52巻6号1373頁。
9) 最大判平成12・9・6民集54巻7号1997頁。
10) 最大判平成16・1・14民集58巻1号56頁。
11) 最大判平成18・10・4民集60巻8号2696頁。
12) 東京高判平成17・5・18民集60巻8号2828頁。
13) 前掲註6）の最判昭和61・3・27判時1195号66頁。
14) 前掲註6）の最判昭和62・9・24判時1273号35頁，最判昭和63・10・21判時1321号123頁。
15) 芦部信喜・憲法学Ⅲ人権各論(1)〔増補版〕79頁。
16) 松井茂記・日本国憲法（第3版）143，415頁等。また佐藤功・憲法問題を考える111頁以下も，参議院選挙区の定数配分に当たっては，人口比率の基準は衆議院の場合よりは厳密でなく弾力的であってもよいとの論をのべる。これらの説はこうした立場から，本文で次にのべているように，参議院については現行のそれと理念やシステムを大きく異にする制度を構想することも可能であるとする。

【追記】
周知のように平成21年9月30日最高裁大法廷は，平成19年7月施行の参議院議員選挙に関する定数配分規定違憲訴訟について判断を示した（判時2053号18頁）。
この選挙は本文でもふれている平成18年6月に成立した改正公職選挙法に基づく初めての選挙で，前回平成16年7月の選挙時の最大較差1対5.13が1対4.86に縮小していたが，最高裁の結論はこうした事情をもバックに合憲とするものであった。
すなわち累次の大法廷判決の基本的な判断枠組みはこれを変更する必要はないとの前提のうえで判断し，上述の最大較差の縮小，参議院において引き続き定数較差の問題について検討が行われることとされていること，現行の選挙制度の仕組みを大きく変更するには，相応の時間を要することは否定できないこと等をのべて，本件選挙までの間に定数配分規定をさらに改正しなかったことが国会の裁量権の限界を超えたものということはできず，本件選挙当時において，定数配分規定が憲法に違反するにいたっていたものとすることは

できないとしている。ただ,「国民の意思を適正に反映する選挙制度が民主政治の基盤であり,投票価値の平等が憲法上の要請であることにかんがみると,国会において,速やかに,投票価値の平等の重要性を十分に踏まえて,適切な検討が行われることが望まれる」と付け加えているが,こうしたメッセージがどれほどの効果をもつかについては疑問があることは,本文でものべたとおりである。

なお本判決には 5 裁判官の反対意見および 4 裁判官の補足意見がある。

第 2 節　沖縄入会権者資格差別訴訟

本件は古来沖縄県の国頭郡金武村(現在は金武町および宜野座村)金武部落(現在は金武町金武区)の住民が(なお以下では「金武」については「A」と表記する),そこに入って薪を取ったり材木を伐採するなどしていた「杣山」と呼ばれる林野(以下「本件入会地」という)の入会権者の資格をめぐる紛争であるが,ややくわしく事情をのべると次のとおりである。

本件入会地は明治 32 年一旦官有地とされたが,明治 39 年当時の A 部落の住民が 30 年の年賦償還で払下げを受け,以来 A 部落が旧来の規則および慣習に基づきその管理を行ってきた。その後(昭和 12 年頃)本件入会地の一部は A 村の公有財産に編入され(以下本件入会地のこの部分を「本件公有地部分」という),残りは A 部落代表者の個人名で登記されたが(以下この部分を「本件部落有地部分」という),以後も本件部落有地部分はもちろんのこと,本件公有地部分についても A 村との協定により引続き A 部落がその管理を行っていた。

なお本件入会地は第 2 次大戦後は国が賃借したうえでアメリカ軍の基地として使用され,その賃料(本件部落有地部分については国からの支払分全額,本件公有地部分については後にみる旧慣により支払分の半額)は A 部落民会(このことについては後述する)によって収受・管理され,一部がこの会の構成員らに対し毎年入会補償金として分配されているが,こうした本件入会地の利用形態の変容によって入会権が消滅したり,入会権の内容や入会団体としての性質が変容するものではないとして,判決はとくにこのことを判断の要素とはしていない。

ところで上述のように長い間旧来の規則と慣習によってなされていた本件入会地の管理については,昭和 30 年代以降次第に組織や規約が整備されるよう

になり，本件部落有地部分に関しては昭和31年に旧来の規則および慣習を参照，整理したA共有権者会会則が作られ，それに基づきA共有権者会が管理を行う形になり，さらに昭和61年には会の名称がA入会権者会に改められ，それに伴って会則の名称もA入会権者会会則と変更された。また本件公有地部分についても昭和57年A町の「旧慣によるA町公有財産の管理等に関する条例」（以下この条例を単に「条例」という）が制定されたのに対応して旧A部落民会（次にのべるように同名の組織が後に新たに作られたのでこのように表記する）が設立されたうえ，A旧部落民会会則（後に同名の会則が新たに定められたのでこのように表記する）が制定されて，条例に規制される形で旧部落民会により管理が行われることになった（条例は1条で，「この条例は，明治39年，A町内の各部落において政府より払い下げた杣山を，A村公有財産に統合の際，将来における杣山の使用権について，『当該部落民会と第4条に規定する旧慣について』協定のあったことを確認し，その財産の管理，処分に関し必要な事項を定めるものとする」とし，また例えば4条3号で旧慣の一つとして，「当該公有財産の用法にしたがって収取される生産物，又は使用の対価として収受する金銭その他の物…若しくは処分によって収受する収益は，A町と当該部落民会の両者において各々100分の50宛分収するものとする」とするなど，部落民会の存在・結成を当然の前提としている）。

　こうして昭和57年以降はA町A区に入会権者会と旧部落民会という2つの入会権者の会が併存することになったのであるが，両者は実態は同一であったため平成12年に合併して新たなA部落民会が設立され，それに伴って新たにA部落民会会則が制定された。なおこの平成12年制定のA部落民会会則はその後平成14年に改正されたので，前者の平成12年制定の会則を前会則，平成14年改正後のそれを現会則と表記して区別することにする。ともあれ，こうして本件入会地には本件提訴時までに共有権者会会則，入会権者会会則，旧部落民会会則，前会則，現会則の5つの会則がみられるのである。

　本件はこれらの会則が会員たる資格を原則として明治39年本件入会地が払い下げられた当時のA部落の住民の男子孫に限っていることが，憲法14条1項および民法1条の2に違反し，民法90条により無効であるなどとして，26人の女子孫がA部落民会の会員としての地位確認と会員に支払うべき入会補

償金の支払いを求めたものであり，したがって通常であれば先ずこれら5つの会則の会員資格に関する規定を概観し，その結果を整理して示すことから考察を始めるべきところである。また実際にも1・2審判決はそうしているのであるが，実は会則の規定が必ずしも整然としておらず，さらに会則にはストレートに表れていない要件や運用もあるため，そのことが容易ではなく，またそうしても実状が充分に明確にはならないという事情がある（なお条例は第2条第1項で，「この条例において『部落民会』とは，杣山払い下げ当時当該部落の住民として生活のため杣山を利用していた者及び当該部落民会の協議によって会員と定めた者の団体」としていて，子孫の会員資格の決定を部落民会の自治に委ねている）。

おそらくそういう事情も考えてのことと思われるが，最高裁判決は1・2審判決と異なり5つの会則の概要を示すことはせずに，ただこれらの会則の会員資格に関する規定や実際に行われている会員資格認定の手続等の基礎になっているA部落の長年の慣習を，本件入会地の入会権の得喪についてのA部落の慣習としてまとめ，それでもって本件入会地についての入会権有資格者を示すというやり方をしている。1・2審判決と比較してみると確かにその方が分り易く，また本件の考察にとってはそれで十分と思われるので，本節ではこうした最高裁判決のA部落の入会権者資格の説明を借りることにする（もっとも2審判決も冒頭の「事案の概要」の箇所では各会則の概要を説明しつつ，「当裁判所の判断」の箇所では本件入会地の入会権の得喪についてのA部落における慣習をまとめており，最高裁判決の以下に紹介するまとめはほとんどそれに拠っている）。

すなわち慣習により本件入会地について入会権をもち，したがってA部落の入会権者団体の会員とされるのは，次の者である（ちなみに5つの会則のうち現会則，前会則，入会権者会会則，共有権者会会則の4会則の規定あるいはその解釈運用はこの慣習とおおむね一致しており，唯一旧部落民会会則のみが，本件の争点である男子孫要件にふれていない―もっとも1審判決はこの場合も実際は会員資格を男子孫のみに限る取扱いが行われていたものと推認することができるとしている）。

ア　本件入会地払下げ当時A部落民として世帯を構成していた一家の代表者。
イ　本件入会地払下げ翌年の明治40年から第2次世界大戦末期の昭和20年3月までの間にA部落地区外から同地区内に移住してきた一家の代表者であって，一定の金

員を納めるなどしてA部落民の資格を認められた者（上記の間は例えば各戸につき20円を納付すれば，移住してきた者もA部落民の資格を取得することができた）。
ウ　入会権者の資格が認められるのは一家（一世帯）につき代表者1名のみ（この代表者として認定されるには単に住民票に世帯主として記載されているだけでは足りず，現実にも独立した世帯を構えて生計を維持していることが必要とされている）。
エ　死亡や家督相続によって一家の代表者が交代した場合には，新たな代表者が入会権者の資格を承継する。この際後継者である代表者は原則として男子孫に限られるが，男子孫の後継者がいない場合や幼少の場合は旧代表者の妻（女子孫でなくてもよい）が例外的に資格を取得することもあり（ただし幼少の男子孫が成長して入会権者の資格を取得すれば，妻は資格を失う），また旧代表者が死亡し，男子孫がいない場合には，女子孫が入会権者の資格を承継することも認められるが，この場合は入会権者として認められるのは当該女子孫一代限りである。
オ　男子孫が分家し，A区内に独立の世帯を構えるにいたった場合は，その世帯主の届出により入会権者の資格を取得し，また独身の女子孫については，50歳を超えて独立した生計を営み，A区内に居住しているなど一定の要件を満たす場合に限り，特例として，一代限りで入会権者の資格を認められる。なおA部落民以外の男性と婚姻した女子孫は，離婚して旧姓に復しない限り，配偶者が死亡するなどしてA区内で独立の世帯を構えるにいたったとしても，入会権者の資格は取得できない。

さらに1審判決によれば，現会則では女子孫および会員の長男のうち一定要件を充足する者は部落民会の会員としては扱われないものの，入会補償金の分配は受けることができるケースがあるとのことであるが，この場合の女子孫と上記オでふれている独身の女子孫との異同は現在筆者には不明である。

なお序にのべておくと1審判決はこのように説明したうえで，現在実際に部落民会の正会員として認められている女性（前述のように女子孫でないケースもある）は約80名程度（全会員数は450名程度），入会補償金の分配を受けている女性は約50名程度と認定しているが，2審判決や最高裁判決にはこのような統計の言及はない。

いずれにしろ，本件原告26名は以上にのべた例外的に入会権者資格や入会補償金受給資格をもつ女子孫にも該当しないとして（より具体的にいえば，被告部落民会側は本件女子孫26名はA区に居住はしているが，他部落出身者と婚姻した者であるとしている—上記オの末尾参照），これまで被告部落民会の会員たる地位や入会補償金の分配を認められなかったため，前述のようにこうした女子孫についての取扱いが合理的理由を欠き，憲法14条1項および民法1条の2の趣旨に違反するとして提訴したものである。

判決は1審[17]は請求容認，2審[18]は逆に請求棄却，最高裁[19]は一部破棄差戻し・一部上告棄却とそれぞれに分かれているが，先ず1審判決からみることにしよう。
　1審判決は会員資格を原則として男子孫に限定する会則を有効とする被告部落民会の主張の根拠を，(1)旧慣に基づく，(2)女性にも一定の措置を講じている，(3)原告らはA部落民以外の者と婚姻している，の3つに要約し，それぞれについて合理的な理由が認められるか否かを検討する。すなわち，「本件で問題とされているような性別のみを理由として異なった取扱いがなされている場合には，当該取扱いについて，これを正当化する合理的な理由が存しない限り，当該取扱いに関する定めは，法の下の平等，性別による差別禁止を規定する憲法14条1項，両性の平等を定める民法1条の2の趣旨に違反し，公序良俗に反するものとして，民法90条により無効となるといわなければならない」とする立場，いわゆる人権規定の私人間効力の問題についての通説的立場から検討するのである。すなわち，1審判決は判断に当たって入会権の特性をとくに考慮することなく，本件を男女労働者の昇進・昇格差別等と同様の通常の性差別の合理性の問題として扱う傾向が強いように見受けられる。
　こうした検討の結果，旧慣に基づくとの第1の根拠については1審判決は先ず確かにA部落においては本件入会権について，基本的には男性を中心とする「家（世帯）」単位に帰属するものとして取り扱う旧慣が存するものと認められ，そうすると，このような旧慣に従って，会員資格を本件入会地払下げ当時の住民の男子孫に限定する規定が設けられたとの被告部落民会の主張もあながち否定はできないとする。被告部落民会の旧慣の解釈や理解それ自体は誤りではないとするわけである。しかし判決は直ちに語を継いで，このように会則の男子孫規定部分が旧慣に従って定められたとしても，そもそもそのような旧慣自体が，「入会権の帰属主体とされる家長は，男性である」との旧慣を前提とするものであって，合理的な理由なく女性を男性と差別するものであるから，結局当該男子孫規定部分は，女性を女性であるが故に合理的な理由なく男性と差別する規定であるといわざるを得ず，被告部落民会が挙げる第1の根拠は採用できないとする。
　第2の，女性にも一定の措置を講じているとの根拠についても，被告部落民

会が主張する措置は男子孫の配偶者や女子孫が一時的、例外的、かつ限定的に男子孫の会員たる資格を承継するというものにすぎないこと等を指摘し、「かかる措置が講じられているからといって、直ちに本件土地払下げ当時の住民の子孫であるが故に当然に正会員たる資格を認められる男子孫との取扱いの差異を補完し得るものではない」として退ける。

さらに第3の、原告らがA部落民会以外の者と婚姻しているとの根拠についても同様に、本件払下げ当時の住民の男子孫が他部落出身者と婚姻しても何ら会員資格を失うことはないのに、女子孫のみ他部落出身者と婚姻したというだけで、会員資格を有しないという取扱いをすることに、およそ合理的な理由は認められないとして簡単に退ける。こうして1審判決は被告部落民会の有効との主張を否定し、諸会則の男子孫規定部分は憲法14条1項および民法1条の2の趣旨に反し、男女間の平等的取扱いという公序に違反するものであるから、民法90条により無効というべきであるとするのである。

まことに明快であり、一読直ちにその趣旨を理解できる判決ではあるが、それは反面そもそもこのように法違反が明白といえるのであれば、本件提訴時(平成14年)までなぜ男子孫規定が存続し得たのか、いい換えると、1審判決では本来検討の対象とされるべきであるにもかかわらず、ふれられていない、あるいは重要視されていない論点や視点があるのではないかとの疑問を直ちに抱かせる判決である。

なおそのことに関連していうと、1審判決は以下にみるように2審判決や最高裁判決が入会権者の資格に関する慣習中の男子孫要件と並ぶもう1つの重要な要件とする一家の代表者(世帯主)要件(前掲の慣習のウ参照)には上にみたように何らふれていない。これは被告部落民会の成立過程や現会則からすれば、部落民会の会員となるには男子孫という性別要件を除けば、本件入会地払下げ当時のA部落民で入会権を有していた者の子孫であること(血縁的要件)と、現にA区域内に住所を有し居住している者であること(地縁的要件)を充足することが必要不可欠であり、かつ、それで十分であるという認識によるものであるが、こうした世帯主要件の無視には入会権論からみれば違和感があることは否定し難いとの批判がある。[20]

2審判決は先にものべたように冒頭に会則の概要をまとめつつ，それとは別に過去の本件入会地の入会権の取得の実際，会則の会員資格に関する規定やその変遷，会則の運用の実際等を検討し，総合した結果として，すでに最高裁判決のまとめとして紹介した項目を本件入会地の入会権の得喪についてのA部落の慣習として掲げる。

　そしてこの慣習が公序良俗に違反して無効であるか否かを検討するのであるが，上述のように1審判決が現行のA部落の入会権者資格のうち原告26名がそれを充足しないとして入会権者資格を否認される基になっているのは男子孫要件であり，またそれが唯一であるとして，もっぱらこの要件のみを検討・判断の対象にしたのに対し，2審判決は慣習のうちのA部落の居住者全員ではなく，一家の代表者（世帯主）に入会権者資格を限定する世帯主要件と，他部落出身者と婚姻した女子孫は離婚して旧姓に復しない限り，A部落内に居住していても入会権者たる資格を認められないとの要件（以下「復姓要件」という）の2つを検討・判断の対象とする。つまり1審判決は論点をストレートに男子孫と女子孫の差別の合理性の問題ととらえて判断したのであるが，2審判決は原告である26名の女子孫全員が他部落出身の者と結婚したが，現在A区に居住している者であるという本件の具体的事情の下で，その入会権者資格の有無に最も直接的に関わると思われる2つの要件について先ず判断するのである。

　そして第1の世帯主要件については2審判決は，本件入会地についての入会権は，A部落の構成員（部落民）に総有的に帰属する権利であるが，ここでいう構成員（部落民）とは，当該共同体に居住する家族を含めた居住者全員を指すものではなく，A部落内に世帯を構える一家の代表者を指すものと解すべきであるとする。

　すなわち入会権は一家の代表者に属するとの慣習を是認するわけであるが，2審判決はその理由として先ずこのことは本件入会地の払下げ以来の経緯に徴しても明らかであるという。しかし経緯が慣習の重要な要素となっているわけであるから，この経緯に基づく慣習を経緯に照らして是認しているかのような最初の説明にはいささか疑問が残るが，おそらく判決が入会権は一家の代表者にのみ属するとの慣習を是認する主たる理由は，それに続く，「そもそも入会

権は，家ないし戸を基本単位とする封建社会の生活共同体において，当該生活集団としての部落を構成する部落民に総有的に帰属する権利として発祥したものであるという歴史的沿革に照らしても，入会権の帰属主体としての部落民とは，生活の基本単位である家ないし戸の代表者を指し，入会権は，家の代表者からその後継者へと承継されるのを原則とすると解するのが自然な理解というべきである」という，入会権の本質論ともいうべきものであろう。

　さらに判決は，もう1つの理由として，性別に関わりなくA区の居住者全員が入会権をもつという原告の主張を前提にすると，入会権者の子孫であってA区内に居住する者は乳幼児にいたるまで全員が当然に本件入会地の入会権を取得し，入会権者として入会補償金の分配を請求することができ，その結果居住者数の多い家族ほど多額の分配金を受領できることとなってしまい，却って各戸間の不公平，不平等が生じるという不合理な結果を招来してしまうことを挙げる。ただ入会補償金はいうまでもなく入会地から必然的に生じるわけではなく，偶々本件入会地が米軍基地として提供されているという一時的な事情から生じたものであるから，そうした偶然の事情を世帯主要件の合理性の理由にするのがはたして妥当か，この説明にも疑問が残るところである。

　いずれにせよこうして2審判決は入会権者を一世帯につき1名のみとすることが不合理ということはできないし，このことを前提に入会権者の資格を世帯主に限定するA部落の慣習が公序良俗に違反し無効であるともいえないというべきであるとするのである。その結果26名の原告中の世帯主要件を主張立証しない24名は入会権者資格を取得できないとされることになる。

　さらに判決は復姓要件についてもそれなりに理由があるとする。その根拠は，仮に，他部落の男性と婚姻したにもかかわらず配偶者が死亡したために女子孫がA部落で独立の世帯を構えるにいたったときには，当該女子にA部落の入会権者たる資格を認めるとすれば，当該女子はA部落民として入会権者たる資格を有しながら，夫の有していた他部落民としての入会権者たる資格を取得するという不都合な事態が生ずる可能性も否定できないのに対し，男子孫については，実際上，そのような事態が生ずることは想像し難いということである。ただ判決もこうした二重資格の取得の可能性という理由が必ずしも充分

に説得的ではないと自覚はしているようで、復姓要件については、「当該慣習が公序良俗に違反して無効であるとまではいえない」（傍点筆者）と、世帯主要件の場合と比べてやや後退した表現をしている。確かに判決のいう、復姓要件を設けないと女子孫は2つの入会権をもつ可能性があるのに対し、男子孫の場合はそういう事態は想定し難いという理由がどれほど実態に即したものか疑問が残るが、[21]こうして世帯主要件は充足する2名の原告も結局は入会権者の資格を取得することはできないとされるのである。

　2審判決はこのように入会権者資格のうち先ず26名の原告の具体的生活事情に直接対応する要件について判断したうえで、最後に、「なお、補足的に判断するに」として、いわば事案の根幹部分ともいうべき男子孫要件について見解をのべる。その際判決は男子孫と女子孫とで取扱いに差異を設けるべき必要性ないし合理性はとくに見当らないというところから出発するが、それがそのまま貫徹されるわけではない。むしろ逆に、「しかしながら、入会権は、過去の長年月にわたって形成された各地方の慣習に根ざした権利であるから、そのような慣習がその内容を徐々に変化させつつもなお現時点で存続していると認められる以上は、その慣習を最大限に尊重すべきであって、上記のような慣習に必要性ないし合理性がないということのみから直ちに当該慣習が公序良俗に違反して無効であるということはできない」とのべ、慣習についての必要性ないし合理性の存否の判断のレベルと比べて公序良俗違反の有無の判断のレベルは緩やかであること、長年存続していることにはそれなりの意味があるものとして最大限尊重さるべきことを説くのである。

　後者の指摘は、前述したようにともすれば入会権についての慣習をその歴史性にとらわれず、それ自体として現代の原理で判断しようとしているかにみえる1審判決とは対照的に、2審判決ができるだけ現代の法原理によるストレートな判断を抑える態度をとっていることを如実に示していて、両判決の基本的態度の違いが浮き彫りになっているが、男子孫要件が公序良俗に違反するか否かの結論については2審判決は、「公序良俗に違反するとまで認めることはできない」（傍点筆者）とする（この場合も世帯主要件に比べて是認の表現は後退している）。

入会権が家の代表ないし世帯主に帰属する権利であって当該入会権者からその後継者に承継されてきたという歴史的沿革，歴史的社会的にみて家の代表者ないし跡取りと目されてきたのは多くの場合男子（とくに長男）であり，現代においても通常そうであることは公知の事実といえること，A部落民会以外の入会団体のなかにも男子孫要件を設けている団体が少なからず存在することなどに照らせば，入会権者としての資格を定めるに際し，男子と女子とで同一の取扱いをすべきことが，現代社会における公序を形成しているとまでは認められないというのが主たる理由である。

　このように2審判決は世帯主要件，復姓要件，男子孫要件のいずれも公序良俗違反とはいえず，26名の原告は全員入会権者たる資格を取得することができないとするのであり，1審判決とは正反対の判決であるが，それに対し最高裁はそのどちらにも与せず，いわば中間的立場をとっている。このあたりの構図は第1章第1節で扱った「国立『大学通り』高層マンション訴訟」の場合といささか類似しているが，最高裁は2審判決で世帯主要件を欠くとして請求を棄却された24名については上告を棄却し，復姓要件を欠くとされて同じく請求を棄却された残りの2名については2審判決のその部分を破棄差戻しているのである。

　最高裁は本件に係る入会権者の資格要件の慣習を，①入会権は一家の代表者としての世帯主に限定されるという世帯主要件と，②入会権者の資格は原則として男子孫に限られ，A部落民以外の男性と婚姻した女子孫は離婚して旧姓に復さない限り入会権者の資格は認められないという男子孫要件に分け，それぞれについて公序良俗違反か否かを判断する。2審は上述のように先ず慣習のうちの世帯主要件と復姓要件の公序良俗違反性について検討し，それぞれを違反しないとしたうえで，26名の原告のこうした要件の充足性を判断して全員について請求棄却の結論を出し，その後補足的に男子孫要件の公序良俗違反性についてふれるというやり方をしているが，最高裁は世帯主要件については2審と同様のやり方をしているものの，2審のいう復姓要件と男子孫要件についてはそのように分けずに，男子孫要件として一括して検討しているのである。

　これが最高裁判決の第1の特色であるが，第2の特色は慣習について2審の

ようにそれが存続していること自体には特別の意味をみることなく，やはり合理性をもつか否かの判断に服するとしていることである。慣習は慣習であるが故に有効なのではなく，そこに現在の価値基準に照らしても合理性が認められる場合にのみ有効となるのである。滝井補足意見はこのことを，「地域社会における人々の生活関係の中で形成された慣習であっても，今日の市民社会において合理性を持たないものに規範性を認めることはできず，そのことはその内容が地方の慣習により定まるものとされている入会権においても例外ではない」とのべるが，この判断態度も2審判決とは異なるところである。

具体的に最高裁の判断をみると，世帯主要件については，入会権は権利者である入会部落の構成員全員の総有に属し，個々の構成員は，共有におけるような持分権を有するものではなく，入会権そのものの管理処分については入会部落の一員として参与し得る資格を有するのみである等の入会権の内容，性質等や，2審判決も説示するとおり，本件入会地の入会権が家の代表ないし世帯主としての部落民に帰属する権利として当該入会権者からその後継者に承継されてきたという歴史的沿革を有するものであることなどにかんがみると，各世帯の構成員の人数にかかわらず各世帯の代表者にのみ入会権者の地位を認めるという慣習は，「入会団体の団体としての統制の継持という点からも，入会権行使における各世帯間の平等という点からも，不合理ということはできず，現在においても，…世帯主要件を公序良俗に反するものということはできない」とする。

こうして入会団体としての統制の維持，すなわちその円滑な組織運営のためには，関係者全員ではなく，世帯という関係者の生活の基本単位の代表者のみがメンバーとなることが適当であること，およびそのことは世帯間の権利の平等をはかる所以でもあることを根拠に，世帯主要件を合理的と判断するのである。こうした理由づけは2審判決にはみられないものであるが，おおむね説得的かつ合理的であって，妥当な判断として受け入れられるであろう。

他方男子孫要件については，最高裁は男女の本質的平等を定める日本国憲法の基本的理念に照らし，入会権を別異に取り扱うべき合理的理由を見出すことはできないとの基本的立場に基づき判断して，そこには世帯主要件とは異な

り，入会団体の団体としての統制の維持という点からも，入会権の行使における各世帯間の平等という点からも，何ら合理性がなく，また女子の入会権者の資格について一定の配慮をしていることも，それによって男子孫要件による女子孫の差別を合理化するものではないとする。入会団体の統制の維持と入会権行使における各世帯間の平等という視点はこのように世帯主要件のみでなく，男子孫要件の合理性を判断する基準にもなっているのであるが，こうして男子孫要件は性別のみによる不合理な差別として民法90条の規定により無効であると解するのが相当であるとされるのである。ここではとくに復姓要件は取り上げられていないが，それは復姓要件の根本にあるのは女子孫と男子孫の差別であるから，この差別の不合理さを指摘すれば，当然復姓要件の不合理性は明らかになると考えられたためであろう。

　かくて最高裁は2審判決が原告のうち24名について，家の代表者としての世帯主であることの主張立証がないとして，本件入会地の入会権者の資格を取得したものとは認められないとし，A部落民会の会員であることを否定したことは正当として是認することができるが，男子孫（復姓）要件を有効として，世帯主要件を充足する残りの2名についてもA部落民会の会員であることを否定した判断には，判決に影響を及ぼすことが明らかな法令の違反があり，原判決のその部分は破棄を免れないとする。そしてこうした見解の下に2名の請求の当否についてさらに審理を尽くさせるために，上記部分につき原審に差し戻すのが相当であると結論するのである。

　このように1審判決は本件に係るA部落の入会権者資格の慣習と被告部落民会が主張する要件のうち，有効と認められるのは血縁的要件と地縁的要件のみであるとし，2審判決は世帯主要件，復姓要件，さらには男子孫要件も無効とはいえないとする（ただしその際のべたようにそれぞれの要件が無効でない旨をのべる表現にはニュアンスの差がある）のに対し，最高裁は血縁的要件・地縁的要件と世帯主要件を有効な要件とするのである。2審判決の復姓要件や男子孫要件を無効ではないとする理由がさほど説得的ではなく，したがって判決全体も妥当性や明快性を欠く印象を免れないのに対し，最高裁判決は意味は異なるが，1審判決と同様に明快であり，また入会権の性質を考慮に入れている点で

妥当とも評価されよう。

 ただそれでも不明な点や疑問が感じられないわけではない。例えば原告側は一貫して血縁的要件と地縁的要件以外の慣習の存在を否定し，仮に存在するとしてもそれは封建制度である家制度を前提にするものであって公序良俗に違反し，無効であると主張してきたが，こうした立場からすると世帯主要件の充足を主張立証する必要や契機は見出せないことになるから，原告側は自らそのことに関する特段の主張立証をすることはなかったものと推測される。にもかかわらず原告26名中2名は，戸籍筆頭者であり，世帯主であるが，残りの24名はそうではなく，したがって入会権者資格の要件の一つである世帯主要件充足の主張立証がなされていないと2審判決は認定し，最高裁判決もそれを受け継いでいる。原告側が血縁的要件と地縁的要件を充足することの証拠として住民票の写しや戸籍謄本等の書類を提出したという事情があり，それに拠ったものかと推測される[22]（住民票の写しをみれば，それのみで当該原告が世帯主であるかや戸籍筆頭者であるかが分かる），あるいは訴訟の過程で別途主張立証が求められたのであろうか。仮に前者だとした場合，そのことを2名については世帯主であることの主張立証があったが，24名についてはそれがなかったと判断して妥当なのであろうか[23]。

 もっともこれはいわば素朴で非本質的な疑問であるが，もう1つはより基本的な疑問である。

 判決文からする限り，26名の原告について明らかなのは，女子孫であること，A部落以外の出身の男性と婚姻したこと，現在A部落に居住していること，2名は世帯主・戸籍筆頭者であるが，24名はそうではないこと，世帯主・戸籍筆頭者である2名は夫と死別していること，のみで，それ以外のこと，とくに原告のほとんどである世帯主ないし戸籍筆頭者でないとされた24名の具体的なその生活実態は明らかではない。すなわち親族宅に寄寓するなどして，独立の世帯を構えていないため世帯主要件を充足していないとされることになったのか，あるいは独立の世帯を構えてはいるが，他部落出身，すなわち男子孫でない夫が世帯主となっているため（通常は夫が健在ならそういう例が多いであろう），世帯主要件を充足していないとされ，また従来その世帯は部落民会の会

員資格をもつ者を含まないとされて入会補償金の分配も受けられなかったのか等の事情が明らかでないのである。仮に後者のようなケースがあるとすれば，今回の最高裁判決の判旨からしてもこうした世帯は原告である女子孫は世帯主でないため，また世帯主である夫は血縁的要件を充足しないため，それぞれ会員資格をもたないことになり，したがって依然その世帯は部落民会の会員をもたない世帯とされて，入会補償金の分配も受けられないという不利益を受け続けることになる。最高裁判決が是認する世帯主要件は血縁的要件と合わせると，こうした結果をもたらすおそれがあるのである。これはやはり男子孫を含む世帯との差別＝世帯間差別であり，同時に男子孫と女子孫間の差別でもあるというべきであろう。[24] 最高裁判決の一見合理的な世帯主要件もそれをそのまま解釈適用すると，こうした形の差別を依然として残すことになるおそれがあるのである。したがってこうした差別を解消するには，独立した世帯を構えている夫婦のうちの妻の方が血縁的要件を充足する場合は，たとえその者が形式的には世帯主要件を充足していないとしても，実質的には充足するものとして扱う等の柔軟な対応が必要であろう。

註
17) 那覇地判平成 15・11・19 判時 1845 号 119 頁。
18) 福岡高那覇支判平成 16・9・7 判時 1870 号 39 頁。
19) 最判平成 18・3・17 民集 60 巻 3 号 773 頁。
20) 吉田克己「入会部落の慣習に基づく入会集団の会則のうち入会権者の資格を原則として男子孫に限定し同入会部落の部落民以外の男性と婚姻した女子孫は離婚して旧姓に復しない限り入会権者の資格を認めないとする部分が民法 90 条の規定により無効とされた事例　その他」判時 1968 号（判例評論 582 号）195 頁。
21) 吉田克己上掲判批 196～197 頁。
22) 2 審判決が，原告 26 名が本件入会地が払い下げられた当時の A 部落の住民で本件入会権を有していた者の子孫であって，現在 A 区域内に住所を有している者であることを認定する根拠として挙げている甲号証の番号と，26 名を 2 名と 24 名に分ける根拠とした甲号証の番号は同じである。
23) 上告受理申立理由をみると，直接この問題にふれてはいないが，原告も被告も部落民会会則の男子孫要件規定の合理性を争っているにもかかわらず，原判決は会員資格の有無は慣習に基づく入会権者たる資格の有無によって判断されるべきとしていて，このことは民事訴訟の大原則である弁論主義に違反するとしている。
24) 吉田克己前掲判批 196 頁，および吉田邦彦「1　入会部落の慣習に基づく入会集団の会則のうち入会権者の資格要件を一家の代表者としての世帯主に限定する部分が公序良俗

に反しないとされた事例　2　入会部落の慣習に基づく入会集団の会則のうち入会権者の資格を原則として男子孫に限定し同入会部落の部落民以外の男性と婚姻した女子孫は離婚して旧姓に復しない限り入会権者の資格を認めないとする部分が民法 90 条の規定により無効とされた事例」(民商法雑誌 135 巻 4 = 5 号 766 〜 769 頁)がこのことを強調する。

　なおその他に筆者が参照した文献は，佐々木雅寿「入会権者の資格要件と平等原則」(平成 18 年度重判解 12 頁)，中村忠「入会権を有した部落民の子孫らによって組織された権利能力なき社団に対して，会員資格を原則として男子孫に限るとした規定は，男女平等の趣旨に反し，公序良俗に違反して無効であるとして，会員であることの地位確認等の請求を容認した第 1 審判決を取消し，請求を棄却した事例」判時 1888 号(判例評論 556 号) 175 頁等である。

第 3 節　国籍法違憲訴訟

1　従来の判決

　本節では外国人を母とし，日本人を父とする非嫡出子である原告らが，父の認知により日本国籍(以下原則として単に「国籍」という)を有していることの確認を求めた訴えに対する平成 17 年 4 月 13 日の東京地裁判決[25](以下「平成 17 年判決」という)，平成 18 年 2 月 28 日の東京高裁によるその第 2 審判決[26](以下「平成 18 年 2 審判決」という)，および平成 18 年 3 月 29 日の東京地裁判決[27](以下「平成 18 年判決」という)の 3 つの判決を考察するが，最初に問題の一般的状況とこれまでの関連判例を概観しておくことにしよう。

　現行国籍法は帰化によるそれを別にすれば，国籍の取得については，「出生による国籍の取得」(生来的取得)と「準正による国籍の取得」(伝来的取得)の 2 つを定めている。そして具体的には前者については 2 条 1 号で，「出生のときに父又は母が日本国民であるとき」は子は日本国民とすると定め (2 条にはそのほかに 2 号と 3 号もあるが，本節の検討には直接関係ないので，それについては省略する)，それを補完拡充する後者については 3 条で，「①　父母の婚姻及びその認知により嫡出子たる身分を取得した子で 20 歳未満のもの…は，認知をした父又は母が子の出生のときに日本国民であった場合において，その父又は母が現に日本国民であるとき，又はその死亡の時に日本国民であったときは，法務大臣に届け出ることによって，日本の国籍を取得することができる。2　前項の規定による届出をした者は，その届出の時に日本の国籍を取得する」と定

めている。なお2条1号にいう「父又は母」とは，単なる血統上の親子関係の謂ではなく，法律上の父又は母の意であると解されている。

　そこでこの2つの規定によって具体的に考えてみると，嫡出子の場合は，上述のように2条1号は父母両系血統主義をとっているから，父母のいずれかが日本人の場合は当然同条号により出生と同時に国籍を取得する。また非嫡出子の場合も母が日本人の場合は，判例上法律上の母子関係は分娩という事実によって当然に発生するとされているので[28]，やはり2条1号によって出生と同時に国籍を取得し，母は外国人であるが父が日本人であるケースでも，父が胎児認知をした場合は，出生時において法律上の父子関係が成立していることになり，同様に2条1号により出生と同時に国籍を取得することになる。

　しかし外国人を母とし，日本人を父とする非嫡出子のケースで，父の認知が出生後であった場合は，「出生の時に父…が日本国民であるとき」という要件を満たさないため，当該非嫡出子は2条1号によって国籍を取得することはないと解される。もっとも上述のようにこうした非嫡出子もその後父母の婚姻により嫡出子たる身分を取得した場合は（準正子），3条により届出によって国籍を取得することができるが，このように外国人を母とし，日本人を父とする非嫡出子は，出生後の認知により法律上の父子関係が成立しても，それだけでは国籍の取得ができないことになっているのである。すなわち繰り返していえば，日本人の父から生後認知を受けた場合，民法上は認知の効力は出生時に遡るとされているものの，国籍法上は認知に遡及効はないと解されているため（このことについては後述する），その父と子には出生時点において法律上の親子関係が存在していないこととなり，2条1号は適用されず，また3条は生後認知を受けた非嫡出子であって，父母の婚姻により嫡出子としての身分を取得した準正子についてのみ国籍を取得させることを定めているから，この要件を充足しない非嫡出子は同条によっても国籍を取得することはできないのである。

　本節が検討する3判決の対象となる事案はこの最後者のケースに関わるものであり，いずれもフィリピン人を母とし，日本人を父とする非嫡出子の法定代理人（親権者＝母）が，出生後に父から認知を受けたこと（なお認知については父が自ら認知したケースと，地裁と家裁により認知する旨の判決が言い渡され，あるいは

第2章　平等権関係判例

101

審判がなされたケースがある）を理由に法務大臣あてに子の国籍取得届を提出したところ，上記のような国籍法の規定と解釈により国籍の取得を認められなかったため，父母の婚姻および嫡出子たることを国籍取得の要件とする3条（具体的には3条1項）は憲法14条1項に違反し，無効であるなどと主張して，原告らが日本国籍を有していることの確認を求めたものである。

　ところでこれまでのべてきたところから明らかなように，2条1号の適用において外国人を母とし，日本人を父とする嫡出子と非嫡出子（胎児認知を受けた場合を除く）では区別があり，また非嫡出子間でも胎児認知を受けた場合と生後認知を受けた場合とではやはり区別があるうえ，生来的取得を補完拡充する3条の適用においても上記のように準正子と準正子でない非嫡出子とでは区別があるなど，国籍法は非嫡出子について幾重もの国籍取得上の区別を含んでいるため，本節の対象である上記の3つの判決以前にも，その解釈や合憲性が争われることがあった。

　その代表例が，日本人である父がフィリピン人である母から生まれた子を出生の約2年9か月余り後に認知したことにより，2条1号に該当する（すなわち認知には遡及効がある）とし，また国籍法に関しては認知の遡及効を認めないとの解釈は嫡出子と非嫡出子，胎児認知と生後認知の不合理な差別であり，憲法14条1項に違反するなどとして，国に対し，子が日本国籍を有することの確認と，国籍を有する者として扱われなかったことによる慰謝料の支払いを求めた事案であるが，そこでは主たる争点である2条1号とともに，本節の対象である3つの判決の主たる争点である3条についても関連してふれられているので（後にみるように，2条1号の適用において認知の遡及効を否定する被告（国）側は，通常は3条1項の趣旨もその根拠とするので，認知の遡及効を主張する原告側は3条1項の違憲も主張することになるのである），この事案についての大阪地裁，大阪高裁，最高裁のそれぞれの判断を先ずみることにしよう。

　生後認知された非嫡出子に2条1号の適用があるか，いい換えると国籍法上民法の場合と同様に認知に遡及効が認められるかどうかという第1の争点については，すでにそれ以前に下級審決定・判決が否定的判断を示していたが[29]，大阪地裁判決も同様にそれを否定する[30]。

否定の根拠は国籍法改正の経緯と，すでに何度も言及している現行国籍法3条の趣旨の2つであるが，そのことをまとめて簡単に説明すれば，次のとおりである。

　明治32年に制定された最初の国籍法（以下「旧法」という）は，「子は，出生のときその父が日本人であるときはこれを日本人とする」と父系血統主義による国籍の生来的取得を定めていたが，またそうした生来的取得と伝来的取得をとくに区別することなく，日本人の妻，入夫または養子となった外国人，および日本人である父または母によって認知された子なども国籍を取得するものとして，身分行為による国籍の取得を広く認めていた。しかし昭和25年に制定された新たな国籍法（以下「新法」という）は，こうした身分行為による国籍の取得は明治憲法下の家制度に由来し，日本国憲法が謳う個人の尊厳と両性の本質的平等に反するとして，認知によるそれも含めて全面的に廃止し，国籍の取得原因を出生と帰化の2つのみとした。ところがこの新法は，出生による取得については旧法の父系血統主義をそのまま残していたため，さらに昭和59年に新法の改正がはかられ（この改正後の国籍法を「現行法」という），父系血統主義が父母両系血統主義に改められたが，その際また出生と帰化の他に，それを補完拡充する準正という新たな国籍取得原因が設けられた。

　大阪地裁判決はこうした経緯を総括して，「旧法には，認知による国籍取得の規定が置かれていたが，右規定は昭和25年の新法制定により全面的に削除されたうえ，昭和59年改正による現行法では，準正による国籍の取得についての規定（3条）が新設されたのである。右の準正は，父母の婚姻と父による認知とを要件とするものであるから，原告の主張するような解釈論（すなわち認知は出生の時に遡って効力を生じると解すべきであり，本件のように出生後に日本人である父に認知された場合も，「出生の時に父…が日本国民であるとき」という2条1号に該当するとの主張—筆者）を採ると，右の3条の規定は無意味な規定ということにならざるを得ない。したがって，右のような国籍法改正の経緯および現行法の3条の趣旨からすると，現行法は，認知そのものを日本国籍取得事由とはしていないこと，すなわち，国籍法上は，認知の効果を遡求させないとの立場をとっていることは明らかである」と結論する。

このように大阪地裁判決は旧法が認めていた認知等の身分行為による国籍取得原因を新法は廃止し，それを出生と帰化に限定したこと，新法を改正した現行法でも準正という国籍取得原因を新設したが，その準正は父母の婚姻とその認知を要件とするものであり，認知そのものを国籍取得事由とはしていないことなどに照らすと，現行国籍法が認知の効果を遡及させないとの立場をとっていることは明らかであるとするのである。

　この大阪地裁判決の翌年最高裁も別事件で，「同法（国籍法─筆者）3条の規定に照らせば，同法においては認知の遡及効は認められていないと解すべきであるから，出生後に認知がされたというだけでは，子の出生の時に父との間に法律上の親子関係が存在していたということはできず，認知された子が同法2条1号に当然に該当することにはならない」としたが，その後に言い渡された本件2審大阪高裁判決もこれら2つの判決と同様の判断をしている。ただこの大阪高裁判決は国籍法が準正による国籍の取得を届出の時からとし，また帰化によるそれを官報における告示の日からとして（10条），出生による国籍の取得と区別していることからも，同法全体の趣旨として，国籍の浮動性防止の考え方（生来的取得は，原則として出生の時点においてできる限り確定的に決定されるべきとの考え）が採られているとして，認知の遡及効を否定する根拠をさらに補強している。

　なお本件の最高裁判決（以下この判決を「平成14年最高裁判決」という）は上告理由のうち，以下にみる第2の争点である2条1号の憲法14条違反をいう部分と3条の憲法14条違反をいう部分（後者については後にふれる）についてのみ論じ，その余の上告理由は違憲をいうが，単なる法令違反をいうもの，またはその前提を欠くもので，民訴法が上告理由として定める事由のいずれにも該当しないと退けており，認知の遡及効そのものについての判断はとくに示していない。

　第2の争点である2条1号の適用において認知の遡及効を認めないとの解釈は嫡出子と非嫡出子，胎児認知と生後認知の不合理な差別であり，憲法14条1項に違反するとの主張についても，判決はいずれもそれを退ける。

　そのうち平成14年最高裁判決は，国籍の得喪に関する法律の要件における

区別が憲法14条1項に違反するかどうかは、その区別が合理的な根拠に基づくものということができるかどうかによって判断すべきであるとしたうえで、国籍の生来的取得について父母両系血統主義を採用している2条1号の趣旨は単なる人間の生物学的出自を示す血統を絶対視するのではなく、子の出生時に日本人の父または母と法律上の親子関係があることをもって、我が国と密接な関係があるとして国籍を付与しようとするものであるとする。そして、「生来的な国籍の取得はできる限り子の出生時に確定的に決定されることが望ましいところ、出生後に認知されるか否かは出生の時点では未確定であるから、法2条1号が、子が日本人の父から出生後に認知されたことにより出生時にさかのぼって法律上の父子関係が存在するものとは認めず、出生後の認知だけでは日本国籍の生来的な取得を認めないものとしていることには、合理的根拠があるというべきである」と比較的簡単な論旨で2条1号を合憲と判断している。

　これに比べると大阪地裁判決の合憲性判断はかなり詳細であり、また大阪高裁判決のそれはさらに詳細であるが、両者の基本的な判断のポイントはほぼ重なっているので、ここでは大阪地裁判決の合憲性判断の中心部分のみを紹介することにしよう。大阪地裁は、「現行法は、血統という単なる自然的・生理的要素を絶対視することなく、親子関係を通じて我が国との密接な社会的結合が生ずる場合に国籍を付与するとの基本的立場に立っているものということができる。すなわち、嫡出子については、父又は母のいずれが日本人であるかを問わず、親子の実質的結合関係が生ずるから、日本国籍を付与するについて問題はない。しかしながら、非嫡出子については、親子の実質的結合関係は一律ではなく、民法上非嫡出子は、母の氏を称し（民法790条2項）、母の親権に服する（民法819条4項）ものとされていることからも明らかなとおり、父子関係は、母子関係に比較して実質的な結合関係が希薄であるのが通常である。現行法は、右の親子関係の差異に着目し、親子関係が希薄な場合の国籍取得について、段階的に一定の制約を設けたものと解することができる。…右の現行法の基本的立場は、現今の国籍立法政策上合理性を欠くものとはいえず、このことに準正による国籍取得や簡易帰化等の補完的な制度を具備していることをも合わせて考慮すると、現行法が一部の非嫡出子について原告が指摘するような取扱い

の区別をもうけたことには，合理的な根拠があるというべきであって，立法府に与えられた合理的な裁量判断の限界を超えたものということはできない。したがって，右の区別は，憲法14条の平等原則に照らして不合理な差別ということはできない」とするのである。

　比較してみると，平成14年最高裁判決が親子関係の存在による我が国との密接な関係にも言及はするものの，国籍の浮動性防止の視点から2条1号を合憲としているのに対し，大阪地裁判決は2条1号を，親子関係を通じて我が国との密接な社会的結合が生ずる場合に国籍を付与するとの基本的立場（親子の実質的結合関係の濃淡によって国籍の取得に差異を設けるとの考え方）に立つものとし，こうした基本的立場は国籍立法政策上合理性を欠くものとはいえないとしていて，合憲との結論は同じくしながら，その理由づけにおいては両判決はいささかポイントを異にしているように見受けられる。ただどちらの立場に拠るにせよ，合憲論は必ずしも説得的とは思えないが，本節では3条の合憲性に関する3判決を主たる対象とするので，2条1号の合憲性の問題についてはこれ以上はふれない（すぐ次に紹介する平成14年最高裁判決における梶谷裁判官と滝井裁判官の補足意見が2条1号を含む国籍法の規定の不合理さの一端を指摘している）。

　なお前述のように，原告は本件においてこの3条の合憲性についてもふれ，嫡出子と非嫡出子との間で国籍取得に差異を設けることをもたらす同条項は，社会的身分による差別として許されず，無効であると主張している。それについて大阪地裁判決は格別の判断は示さず，また大阪高裁判決も，「控訴人は，右規定は嫡出子と非嫡出子との間で国籍取得に差異を設けることをもたらすから，社会的身分による差別として許されず無効であると主張するが，右3条の規定自体には何らの無効事由はなく，右主張は理由がない」と簡単に退けているが，それに比べると平成14年最高裁判決はややくわしく3条の合憲性についてふれている。

　もっとも法廷意見は，ふれてはいるものの，「論旨は，嫡出子と非嫡出子との間で国籍の伝来的な取得の取扱いに差異を設ける法3条は憲法14条に違反するというものである。しかし，仮に法3条の規定の全部又は一部が違憲無効であるとしても，日本国籍の生来的な取得を主張する上告人の請求が基礎づけ

られるものではないから，論旨は，原判決の結論に影響しない事項についての意見を主張するものにすぎず，採用することができない」と，内容に立入ることなく簡単に退けている。

このことはおそらく2条1号の合憲性の判断において，平成14年最高裁判決が前述のように地裁判決や高裁判決と異なり，父子関係と母子関係の差異は理由とせず，国籍の浮動性防止をその趣旨とし，それを合理的として2条1号を合憲と判断したことと関係するであろう。すなわちこうすれば認知の遡及効の否定とその合憲性は2条1号のみによって根拠づけられ，とくに3条1項を援用する必要性はないことになるから，3条1項の合憲性について判断する必要はないし，またその判断の如何が2条1号適用の有無の結論に影響を及ぼすこともないのである。逆にいえば，父子関係と母子関係の差異を根拠とする地裁判決と高裁判決の2条1号の合憲論は，実はそれと明示的に言及はしていないものの，実質的には3条をも合憲とするものであったといえよう（繰り返しのべたように，日本人を母とする非嫡出子は2条1号により国籍を取得するのに対し，日本人を父とする非嫡出子はそれができないから，その限りでは親子関係の差異が確かに2条1号の適用において異なる結果をもたらすが，しかしそうした親子関係の差異から日本人父による認知の遡及効の否定を導き出すことはできない。そのためには平成14年最高裁判決のように2条1号に国籍の浮動性防止の目的をみるか，あるいは3条の趣旨を援用することが必要であるが，地裁判決や高裁判決は先にみたように3条の趣旨を援用しているのであり，したがってその憲法判断は原告の2条1号の違憲無効の主張に沿ってなされるものの，結論はこれも先にみたように2条1号に限定することなく，3条を含む「現行法の基本的立場」を合理的として容認するものとなっているのである）。

ただし平成14年最高裁判決には3条の合憲性に関し，3人の裁判官の補足意見が付されており，とりわけ梶谷裁判官と滝井裁判官の補足意見は踏み込んだ判断を示している。

すなわち両裁判官は，「法3条が準正を非嫡出子の国籍取得の要件とした部分は，日本人を父とする非嫡出子に限って，その両親が出生後婚姻をしない限り，帰化手続によらなければ日本国籍を取得することができないという非嫡出子の一部に対する差別をもたらすことになるが，このような差別はその立法目

的に照らし，十分な合理性を持つものというのは困難であり，憲法14条1項に反する疑いが極めて濃いと考える」とのべ，その所以として，原判決は国籍法は親子関係を通じて我が国と密接な関係を生ずるという場合に国籍を付与するという立場をとっているとするが，実は国籍法はそのような立場を貫徹せず，不合理な点を含んでいることを指摘する。

　例えば確かに子が婚姻家族に属しているということは，その親子関係を通じて我が国との密接な関係の存在を窺わせる大きな要素とはいえるが，今日では国際化が進み，価値観が多様化して家族の生活の態様も一様ではなく，それに応じて子供との関係も様々な変容を受けており，婚姻という外形を採ったかどうかということによって親子関係の緊密さを判断することは必ずしも現実には符合せず，したがって，親が婚姻しているかどうかによって子の国籍の取得に差異を設けることに格別の合理性を見出すことは困難であるとする。さらにまた国籍法は父母が婚姻関係にない場合でも，母が日本人であればその子は常に国籍を取得することを容認しているのであるから，実際には国籍法自身婚姻という外形を国籍取得の要件を考えるうえで必ずしも重要な意味をもつものではないという立場をとっていると解されること，また2条1号によれば日本人を父とする非嫡出子であっても，父から胎児認知を受ければ一律に国籍を取得するのであって，この場合は親子の実質的結合関係は全く問題にされないこと，父子関係と母子関係の実質に一般的に差異があるとしても，それは多分に従来の家庭において父親と母親の果たしてきた役割によることが多いのであり，むしろ，今日，家庭における父親と母親の役割も変わりつつあるなかで，父子関係と母子関係の差異は国籍取得の要件に差異を受ける合理的な根拠とならないことなどをのべて，国籍法の趣旨が一貫しないことや，それが必ずしも適切ではないことを指摘する。

　加えて両裁判官は，国籍の取得は基本的人権の保障を受けるうえで重大な意味をもつものであって，本来日本人を親として生まれてきた子供は，等しく日本国籍をもつことを期待しているものというべきであり，その期待はできるだけ満たされるべきことや，嫡出子と非嫡出子とで異なる取扱いをすることの合理性に対する疑問が様々な形で高まっている今日，両親がその後婚姻したかど

うかといった，自らの力によって決することのできないことによって差を設けるべきではないことなども説いて，3条が憲法14条1項に違反する疑いがきわめて濃いとする理由を詳細に示すのである。

ただしこの補足意見では，憲法14条1項違反の疑いが濃い国籍法3条1項に妨げられて国籍を取得できない非嫡出子を，どのようにして救済するかについてまではふれられていないが，そのことも含めて，梶谷裁判官と滝井裁判官によりこうして提起された問題を真正面から争った事案の判決が，本節の主たる対象である3判決である。以下この3判決の検討に進むことにしよう。

2　近年の3判決

事案はすでにのべたように，いずれも日本人を父とし，フィリピン人を母とする非嫡出子（原告ら）が出生後父親から認知を受けたことを理由に法務大臣あてに国籍取得届を提出したが，国籍取得の条件を備えているものとは認められないとの通知を受けたため，認知を受けた非嫡出子について，父母の婚姻があったときに限り日本国籍の取得を認める国籍法3条1項の規定は非嫡出子の一部について差別をもたらすものであって，憲法14条1項に違反し，無効であるとして，原告らが日本国籍を有することの確認を求めたものであるが（もっとも合せて2条1号の適用による国籍取得の確認を請求しているケースもあるが，この問題についてはすでにのべているので，その部分については論及は省略する），平成17年判決，平成18年判決のいずれも興味深い判旨を展開して請求を認容したのに対し，平成18年2審判決は平成17年判決を取り消し，原告の請求を棄却するという対照的な判断を示している。

先ず平成17年判決からみると，同判決は最初に国籍の得喪に関する法律要件における区別が憲法14条1項に違反するかどうかは，その区別が合理的な根拠に基づくものということができるかどうかによって判断すべきであるとの一般的立場をのべたうえで，現行国籍法における外国人父×日本人母および外国人母×日本人父の非嫡出子の国籍取得の区別について説明する。しかしこれはすでに何度も説明したことなので紹介は省略して判決の次の展開をみると，3条1項の立法趣旨が現行法の法案審議の際の質疑と答弁を手掛りに探られ，

結局、「法3条1項の基本的思想は、国籍法が基調とする血統主義を前提としつつ、出生時に日本人父と法律上の親子関係を有していなかったことから…、法2条1号によっては日本国籍を付与されなかった日本人の実子について、届出によって補完的に日本国籍を認めようとしたものであるが、ただ、血統主義の観点だけからみれば同じ日本人の実子であっても、父親から認知を受けたにすぎない子の場合は父親と生活上の一体性を欠くことが通常であり、親子関係が希薄であることから、我が国との結びつきも強いとはいえないという理由で国籍付与の対象から除外したものであると理解することができる」と結論されている。

そしてこうした立法理由に基づく準正子と準正子でない非嫡出子についての国籍付与の区別の合理性が検討されるのであるが、この検討は被告（国）が区別の合理性の根拠とした4点、すなわち、①準正子は日本国民である父と共同生活を送っている者が多いと想定され、したがって我が国との結びつきが強いといえるのに対し、準正子でない非嫡出子の場合は必ずしもそうとはいえないこと、②準正子でない非嫡出子にも国籍取得を認めた場合には、国籍取得のための仮装認知が横行するおそれがあること、③嫡出子と非嫡出子とで区別した取扱いをすることは民法等においても認められており、そのような区別は我が国の伝統、社会事情、国民意識等を反映した結果なのであるから、合理的な根拠を有すること、④準正子でない非嫡出子も帰化制度を利用することによって国籍取得が可能であるから、不当な結論がもたらされるわけではないこと、という4つの主張に即して行われる。つまり上にみた立法趣旨からすれば、当然①がメインの根拠になるわけであるが、国が併せて②～④をも区別の合理性の根拠として主張したため、平成17年判決は合理性の検討をそれら3つの根拠も含めて行っているのである。

ただ②については、準正子ではない非嫡出子に国籍取得を認めたからといって、仮装認知が横行するおそれがあるというような社会的事実が認められるかどうかについては疑問が存し、また現行法の3条1項においては認知によって日本国民との法律上の親子関係が成立することから直ちに国籍取得が認められるわけではなく、したがって実質のない仮装認知が直ちに国籍取得という結果

をもたらすともいえないこと，③については，確かに民法では790条，819条，900条等において，子の氏，親権者，相続分等について嫡出子と非嫡出子とで異なる取扱いをする旨の定めを置いているが，扶養義務の存否等（877条），両者の区別を設けていない場合もあり，また民法上の上記各規定上嫡出子と非嫡出子とで異なる取扱いがされているからといって，国籍取得についても同様の結論になるべきであるということはできないこと，④については，3条1項による国籍の伝来的取得と帰化とではその要件が異なるだけでなく，3条1項の場合は要件が満たされれば当然に国籍取得が認められるのに対し，帰化が認められるかどうかは最終的には法務大臣の裁量判断に委ねられている点において決定的な違いがあり，帰化を3条1項の代替的手段として位置づけることは到底困難であること，等をのべて，比較的簡単にいずれも区別の合理性を基礎づける事由となり得ないものというべきであるとし，やはり問題は①によって区別の合理性を基礎づけることができるかどうかに帰着するとする。

　この点につき平成17年判決は，国籍の伝来的取得について日本国民との間に法律上の親子関係が生じたことに加え，我が国との間に一定の結びつきが存することを要求することそれ自体には，合理的な理由があるとし，また我が国との間に国籍取得を認めるに足りる結びつきが存するかどうかは，何らかの指標に基づいて定めざるを得ないところであるし，その指標として，日本国民である親と，その認知を受けた子を含む家族関係が成立し，共同生活が成立している点を捉えることそれ自体にも一応の合理性を認めることができるものというべきであるとする。

　しかし平成17年判決は，そのことと現実の3条1項の規定の合理性とは別問題であるとする。すなわち3条1項は，同判決のいう家族関係や共同生活が成立している「指標」を父母の法律上の婚姻に特定しているのであるが，平成17年判決は日本人である親とその認知を受けた子を含む家族関係や共同生活は父母の法律上の婚姻関係が成立した場合にのみ営まれるものではなく，いわゆる内縁関係として，父母が事実上の婚姻関係を成立させ，認知した非嫡出子とともに家族としての共同生活を営む事例が少なくないことは周知の事実であるとする。こうした家族関係の多様化は上にのべたように平成14年最高裁判

決の梶谷裁判官と滝井裁判官の補足意見も指摘するところであるが，平成17年判決はこうしたことからすれば，父母が法律上の婚姻関係を成立させている場合とそうでない場合とで，家族としての共同生活の実態が類型的に異なると認めるに足りる事情が存するものとはいい難いと指摘し，「そうすると日本国民を親の一人とする家族の一員となっている非嫡出子として，我が国との結びつきの点においては異ならない状況にあるにもかかわらず，その父母の間に法律上の婚姻関係が成立している場合には国籍取得が認められるのに，法律上の婚姻関係が成立していない場合にはそれが認められないというのは，我が国との結びつきに着眼するという国籍法3条1項本来の趣旨から逸脱し，また，それ自体としても合理的な区別の根拠とはなり得ない事情によって，国籍取得の有無についての区別を生じさせるものであって，そこには何らの合理性も認めることができないものというべきである」と結論する。

　要するに3条1項は，我が国との間に，日本国民としての資格を与えるのにふさわしい結びつきが存在する場合に国籍を付与するという基本的な考え方においては合理性を有するが，この結びつきを父母の婚姻があった場合にのみ認めると規定する点においては合理性を欠くとするのである。かくて，「以上の次第で，法3条1項は，準正子と，父母が法律上の婚姻関係を成立させてはいないが，内縁関係（重婚的なものも含む。）にある非嫡出子との間で，国籍取得の可否について合理的な理由のない区別を生じさせている点において憲法14条1項に違反するものというべきである」と判断されるのである。

　ここまでは学説にもそのようなものが多く[34]，また平成14年最高裁判決の梶谷裁判官と滝井裁判官の補足意見も説くところであって，（もっとも平成17年判決はこのように準正子と父母が内縁関係にある非嫡出子との間の国籍取得上の区別を違憲とするが，学説や補足意見はより一般的に，準正子と日本人を父とする非嫡出子との間の国籍取得の可否における区別一般を違憲としたり，差別としたりしている）スムーズに理解できるが，しかし平成17年判決はそれで終らず，このように3条1項が憲法14条1項違反ということになると，そのことによって3条1項の規定（文言）や解釈にどのような影響が生じるかが次の問題であるとする。分かり難い行論であるが，要するに具体的には3条1項のうちのどの文言がとりわ

けその違憲性に直結しているのかを確定し，その合憲的解釈の可能性はないかを探ろうとするのである。そのねらいが3条1項を単に違憲無効としたまま終れば，肝心の，原告の救済がはかれないおそれが生じるという問題点を克服することにあるのはいうまでもないであろう。

　当然平成17年判決がこうした観点から着目する3条1項の文言は，「父母の婚姻」と「嫡出子」の2つであるが，それらについて合憲的解釈を試みた結果，同判決は，「父母の婚姻」という文言については，今日においては，内縁関係も，法律上の婚姻関係と同様あるいはこれに準ずる保護を与えられていることを考慮すると，それは法律上の婚姻関係に限らず，内縁関係も含む趣旨であると解することは不可能ではないと解されるとする。このように合憲的解釈は具体的には合憲拡張解釈として展開されるのである。

　他方「嫡出子」という文言については，それはあくまでも父母の間に法律上の婚姻関係が成立していることを当然の前提とした文言であると解せざるを得ないから，内縁関係から生まれた子も含むような合憲拡張解釈は不可能であり，やはり3条1項は「嫡出子」としての身分を取得した場合にのみ国籍取得を認める旨の定めをしている点において一部無効であると解するほかはないとする。しかし平成17年判決はこのことは，「別の言い方をすると，『嫡出子』という文言のうち，『嫡出』の部分は一部無効となるということである」と解説する。すなわち平成17年判決は，3条1項は「嫡出」という無効な文言を含むため全体として無効となるのではなく，逆に「嫡出」という無効な文言が消去された条項として有効に存続し続けるとするわけである。

　こうして平成17年判決は，「そうすると，一部無効とされた後の法3条1項の規定は，父母の婚姻（内縁関係を含む）及びその認知により嫡出又は非嫡出子たる身分を取得した子について，一定の要件の下に国籍取得を認めた規定と理解すべきことになる」とする。すなわち平成17年判決は，3条1項の「婚姻」は法律上の婚姻のみならず，内縁関係をも含み，また「嫡出子」は「嫡出」が消えて単に「子」となるから，準正子のみならず，父母が内縁関係にある非嫡出子も届出による国籍取得者に含むものと理解されるべきであるとするのである。

繰り返していえば，こういう判旨の展開の基本にあるのは，単純に3条1項を違憲無効とすれば，結果は国籍の取得原因を出生と帰化に限っていた新法の時代に戻るだけのことであって，明らかに差別を受けている原告の救済には何らつながらないという認識である。この点は確かに以下にみるように平成18年2審判決や平成18年判決でもふれられ，あるいは意識されている点であるが，とはいうものの，このような認識に基づき，3条1項をその「婚姻」は内縁関係も含み，「嫡出子」は「嫡出」の部分が消えて単に「子」となった規定とすることによって，原告を救済しようとする平成17年判決の立場が，原告の救済に適うものではあっても，簡単に無条件の支持を得ることは困難であろう。

当然それは司法の役割を超えて，実質的には新たな国籍取得条項を創設する立法行為ではないかとの批判を招来することが予想されるのである。また平成17年判決のこうした判断の前提には，その一部が憲法違反とされた条項の効力について，その無効とされた部分以外はそのまま効力を維持するという理解があるが，はたしてそのように理解してよいかも論が分かれるところであろう。さらにそもそも準正子と父母が内縁関係にある非嫡出子とで国籍取得に区別を生じさせている点で3条1項は憲法14条1項に違反すると平成17年判決がいう場合は，当然3条1項の「父母の婚姻」を法律上の婚姻と解してそういっているわけである。ところが一旦はそうしながら，次にはこのようにして憲法14条1項に違反する3条1項の「父母の婚姻」という要件は，実は法律上の婚姻のみならず，内縁関係も含む意として解釈することができるとの論をのべている。このように自らの当初の理解を否定するような首尾一貫しないかにみえる行論を展開している点も問題であろう。

まさに以上に指摘したような問題点をとらえ，平成17年判決を否定したのが平成18年2審判決である。同判決は3条1項の合憲性を判断するに当たって先ず，原告主張のように，「仮に同項（3条1項—筆者）の規定が無効であるとすれば，父母の婚姻及び父による認知要件を具備した子において日本の国籍を取得する規定の効力が失われるだけであって，そのことから，被控訴人（原告—筆者）の主張するような出生した後に父から認知を受けたが，父母が婚姻

しないために嫡出子たる身分を取得しない子が日本の国籍を取得する制度が創設されるわけでもないことも明らかといわざるを得ない」という。同判決はさらに念を押して、原告主張のように、仮に3条1項が違憲無効とすれば、準正子でない非嫡出子のみならず準正子も国籍を取得することができなくなり、両者の間には国籍取得上の区別がなくなるから、原告は両者間の区別を不合理とする主張を維持することができなくなることも明らかであるともいう。

　論議がこうした方向に進み、それで終ることへの懸念が平成17年判決の根底にあったことについては繰り返しのべたが、平成18年2審判決もこのようにいうものの、しかし、流石にこうした形式論のみで終ることにはちゅうちょがあったようで、続いて、原告の主張の真意を斟酌すると、それは父母は婚姻関係にないが、事実上の婚姻と同視し得る内縁関係にあるのであるから、日本人である父による生後認知を受けた原告についても、3条1項を類推適用し、あるいは同条項の拡張解釈によって、国籍の取得を認めるべきであるとの主張とみる余地もないではないとして、この観点からの検討を行う。いうまでもなく、こうした考え方は平成17年判決のとる立場であるから、ここにおいて平成18年2審判決と平成17年判決の展開がかみ合う可能性が生じたことになるわけである。

　しかしながら平成18年2審判決は、平成17年判決と異なり、国籍法については、規定する内容の性質上、元々法律上の文言を厳密に解釈することが要請されるものであり、立法者の意思に反するような拡張ないし類推解釈は許されないというべきであるとし、「法第3条第1項は、『父母の婚姻及びその認知により嫡出子たる身分を取得した子』とその要件を明示し、『婚姻』、『認知』あるいは『嫡出子』という概念によって、立法者の意思が一義的に示されているものである上、同項が、血統主義に基づく日本国籍の取得における原則を定めた法第2条第1号の適用のない者について、日本国籍取得を認める例外的、補完的な性質を有する規定であって、本来むやみに拡張を許すべきものでないことを考えれば、法第3条第1項の類推解釈ないし拡張解釈によって、被控訴人の日本国籍取得を認めることはできないものというほかはない。そして、法第3条第1項は、国籍取得の要件として、父母の『婚姻』を規定し、しかも、父

母の婚姻及びその認知により『嫡出子』たる身分を取得した子と規定しているところ、被控訴人の主張するような事実上の婚姻関係（内縁関係）を同項が国籍取得の要件として規定している『婚姻』に含まれるとの拡張ないし類推解釈をすることは許されないというべきである」と結論する。こうして平成17年判決の判旨は否定されるのである。

なお平成18年2審判決は原告の主張を、3条1項の「婚姻」ないし「嫡出子」を要件とする部分だけを違憲無効とし、もって同項を原告の国籍取得を可能にするよう拡張ないし類推解釈するべきであるとの主張と解する余地もないではないが（次にみるように平成18年判決はこうしたやり方をしている）、「それは、結局、裁判所に類推解釈ないしは拡張解釈の名の下に国籍法に定めのない国籍取得の要件の創設を求めるものにほかならないというべきところ、裁判所がこのような国会の本来的な機能である立法作用を行うことは許されないものというほかない」ともいう。こうした立法作用に踏み込むものとの批判は平成18年2審判決の判旨からすれば、平成17年判決にも当てはまるものであるが、こうして平成18年2審判決は、仮に3条1項の一部または全部が無効であったとしても、そのことから当然に原告が日本国籍を取得することにならないし、また、原告が3条1項の類推適用ないしは拡張適用によって、日本国籍を取得したということもできないとして、平成17年判決を取り消して、原告の請求を棄却し、またその直後に言い渡された平成18年判決がとったような立場も退けるのである。

ただ以上の説明から明らかなように、平成18年2審判決は、3条1項の規定の文言の一義的明確性に照らせば、原告の請求は認められないとし、また仮に3条1項が違憲無効であっても、そのことは原告の主張の認容につながるわけではないとするにとどまって、それ以上3条1項の合憲性について判断しているわけではない。

しかし平成18年判決は同様の事案について、平成18年2審判決はもちろん、平成17年判決も超えて、より広範な憲法判断を行っているのである。

同判決は先ずその一部が違憲無効とされた条項の効力等をめぐる問題について、「なお、仮に国籍法3条1項が憲法14条1項に違反して無効であるとして

も，これまで国籍法3条1項によって認められていた準正による嫡出子の国籍取得が認められなくなるだけのことであり，このことによって非嫡出子である原告らの国籍取得原因が発生することにはならないから，原告らの主張には理由がないのではないかとの懸念も生じ得る。しかしながら，原告らが主張しているのは，国籍法3条1項全体の違憲無効ではなく，届出による国籍の取得を認める同項のうち，『父母の婚姻』及び『嫡出子たる身分』の部分の違憲無効であり…．これが認められれば，同項によって，日本国民である父又は母の認知と届出のみによって日本国籍を取得することが可能となるから，原告らの主張，すなわち，準正要件の違憲性を判断することには，意味があるということができる」とする。いうまでもなく，平成18年2審判決のような行論を排し，またその一部が違憲無効な条項は，その部分を除いて存続し，適用され得る可能性があるとする立場の表明であり，前にのべたようにこうした理解については論が分かれることが予想されるものの，このことが判決の一貫した基調となっている。

　そして3条1項が準正を国籍取得の要件とした部分は，日本国民を父とする非嫡出子に限って，その両親が婚姻をしない限り，法律上の親子関係が認められても，届出により日本国籍を取得することができないという，非嫡出子の一部に対する大きな区別をもたらすことになり，このような区別によって非準正子の被る不利益の深刻さや，区別の大きさ等にかんがみると，この区別は，合理的な根拠に基づくものであるとはいえず，憲法14条1項に反する不合理な差別であるといわざるを得ないとする。平成17年判決が前述のように，検討を準正子と父母が内縁関係にある非嫡出子の国籍取得の可否の区別に収斂させ，そうした区別を不合理＝違憲とするのに対し，平成18年判決は，このように，より広く準正子と準正子ならざる非嫡出子一般の国籍取得の可否の区別を不合理＝違憲とするのである。

　この平成18年判決の3条1項がもたらす区別は合理的な根拠を欠くとの判断は具体的には，被告（国）が3条1項の合理性の根拠とした，①認知による国籍取得の制度における，我が国との強い結びつきないし帰属関係を要求することの合理性，②法律婚の尊重，③準正要件の基準としての客観性，④偽装認

知のおそれ，⑤各国の法制度，等の理由の詳細な検討と，それらがいずれも準正要件の合理性を基礎づけることはできないとの結論に拠るものであるが，そのうち①について，平成17年判決がそうした理由に一応の合理性を認め，それにコミットしながら判断しているのに対し，平成18年判決はそのような理由を結局採用していないことが両判決の違いであり，そのことが上にのべた両判決が不合理＝違憲とする区別の範囲の広狭の差につながっている。ただそのことについては次章でかなりくわしくのべているので，ここではこれ以上の紹介は省略する。

とりあえずふれるべきは，こうして3条1項を憲法14条1項違反とした後の判決の展開である。そのことにつき平成17年判決は，「憲法違反とその効果」というタイトルで論を進め，先にみたように，「父母の婚姻」とは法律上の婚姻のみならず，内縁関係も含むと解し得るとし，ただ「嫡出子」については，「嫡出」の部分は一部無効とせざるを得ないとして，結局3条1項は内縁関係を含む父母の婚姻およびその認知により嫡出子または非嫡出子の身分を取得した子について，一定の要件の下に国籍の取得を認めた規定と理解すべきことになるとするのであるが，平成18年判決は，「国籍法3条1項が違憲となる範囲」というタイトルの下に，それと一部重なりつつ，また異なるところもある論を展開する。

すなわち同判決は，3条1項の基本的思想は，(1)国籍法が基調とする父母両系血統主義を前提として，出生後に日本国民である父と法律上の親子関係があると認められるにいたったものの，出生時には，これが認められなかったために，同法2条1号によっては日本国籍を付与されなかった日本国民の実子について，父母両系血統主義を徹底，拡充するため，届出によって日本国籍を取得させようとしたものであり，(2)ただ，同じ日本国民の実子であっても，父親から認知を受けたにすぎない非嫡出子の場合は，父親と生活上の一体性を欠き，家族としての共同生活が認められないのが通常であって，そのため我が国との結びつきも強いものとはいえないという理由で，国籍付与の対象から除外したものであると理解することができるとし，(1)の部分には合理性が認められるが，上述のように，(2)の部分には合理性があるということはできないことにな

るとする。

　そして平成18年判決は，次の課題はこの(1)の部分と(2)の部分が不可分一体のものか否かを検討することであるとし，このことの結論として，(1)と(2)の立法者意思に対応する部分，すなわち，後者の準正要件と前者のその余の要件は，本来的，論理的には可分なものであるとするのである。また3条1項の全部を合憲有効と解することはできないとしても，他方同項の全部を違憲無効とすれば，2条1号の場合しか国籍の取得は認められず，出生後に法律上の親子関係を認められた子の国籍取得の余地は全くなくなってしまうが，生後認知を出生後の事由として国籍の取得原因とすることには合理性があり，また3条1項を制定した立法者の最大の眼目は，国籍取得の要件を拡大して，父母両系血統主義を拡充し，日本国民の実子は日本国籍を得られるであろうという国民的な期待に応えることにあったと考えられることに照らすと，拡大，拡充に不十分な点があるからといって，3条1項の全部を違憲無効とすることは不合理であり，むしろ立法者の意思に反するというべきであるともする。こうして(1)の部分と(2)の部分は本来的，論理的に可分であるのみならず，立法者の意思からしても可分であると解すべきことになる。

　そして平成18年判決はこうした判断を受けて，2条1号は法律上の親子関係を要求するものの，父母の婚姻関係まで要求していないことにもかんがみれば，2条1号による国籍の付与をさらに拡充する規定である3条1項の中核的要件は(1)の部分，すなわち日本国民である父または母から認知された子は法務大臣に届け出ることによって，日本の国籍を取得することができるとする部分であって，準正要件は中核的要件ではないと解するのが相当であるとする。

　したがって平成18年判決はこのように，(1)と(2)の両部分が本来的に可分であり，準正要件については合理性が認められず，また，準正要件は規定の中核的なものではないと解される以上，3条1項のうち，準正要件を定める部分（条文の文言でいえば，「婚姻及びその」ならびに「嫡出」の部分）のみを違憲無効と解すべきであると結論するのである。同判決はこのように3条1項の規定につき，その一部は違憲無効であるが，残余の部分は有効なものとして存続すると解する理由を，「仮に，このような規定の一部分の違憲無効を認めないとすると，

国籍法3条1項が憲法14条1項に違反して無効であるとしても，非準正子たる原告らの国籍が認められる余地はなくなってしまい，原告らは，同項全体が違憲無効であるとして被告の立法不作為を争うしかなくなるが，これは余りに迂遠であり，結局，原告らに対し実質的な救済までの道を長くすることとなり，相当とはいえないと考える」と説明するが，それがまた平成17年判決の，「嫡出」の部分の無効，合憲的解釈による残余の部分の有効という結論の理由でもあることは前述したところである。

ただ比較してみると，平成17年判決はできるだけ違憲無効の部分を限定しようとして，「嫡出」というごく限られた部分のみを無効とするのに対し，平成18年判決は「嫡出」と「婚姻」の両方を無効としているという違いがある（その前提として，認知による国籍取得の制度における我が国との強い結びつきや帰属関係の必要性についての評価の差があることは前述したとおりである）。「婚姻」という文言は3条1項の制定時にはやはり法律上の婚姻として理解され，今日においてもそう解するのが通常であるから，違憲判断としては平成18年判決の方が自然であると思われる。

筆者は日本人父より生後認知を受けた非嫡出子が国籍取得上被る差別と不利益の大きさを考慮すれば，こうした平成18年判決のような判断方法，すなわち3条1項の「婚姻」と「嫡出」の部分を無効とし，同条項を生後認知を受けた準正子でない非嫡出子も国籍を取得することができることを認めた規定とするとともに，「届出」の部分を残して，その時より国籍取得の効果が発生するとすることによって，同条項を生来的取得を定めた2条1号とは異なる存在意義をもつものとする解釈方法も，応急的な救済策としては認めざるを得ないかと考えている。

しかしこうした3条1項を違憲ならしめている部分を除いて同条項を活かすという平成18年判決のようなやり方によるにせよ，あるいは3条1項を違憲ならしめている部分をできるだけ合憲的に解して同条項を適用するという平成17年判決のようなやり方によるにせよ，そうしないと全体が違憲無効となって，原告の救済方法がなくなるという理由をいくら説いても，またそうした解釈方法がアメリカの憲法判例の可分性の法理によって根拠づけられ得ると主張

第 2 章 平等権関係判例

しても，いずれも常に司法による事実上の立法作用であるとの批判を招来することは避けられないと思われることは前述したとおりである。国籍ということの重大性からすれば，こうした対立や紛争の余地を残しておくのは好ましいことではなく，また被告（国）側の種々の合理性の主張にもかかわらず，準正子と準正子でない非嫡出子の区別の不合理さ，憲法 14 条 1 項違反性は否定し難いから，準正子と準正子でない非嫡出子の区別の是正はやはり，国籍法の改正という明確な方法によることが望ましく，至急そのことがなされることが必要であろう。

註
25) 東京地判平成 17・4・13 判時 1890 号 27 頁。
26) 東京高判平成 18・2・28 家庭裁判月報 58 巻 6 号 47 頁。
27) 東京地判平成 18・3・29 判時 1932 号 51 頁。
28) 最判昭和 37・4・27 民集 16 巻 7 号 1247 頁。
29) 東京高決昭和 55・12・24 判時 993 号 56 頁，東京地判昭和 56・3・9 判時 1009 号 41 頁。
30) 大阪地判平成 8・6・28 判タ 928 号 64 頁。
31) 最判平成 9・10・17 民集 51 巻 9 号 3925 頁。
32) 大阪高判平成 10・9・25 判タ 992 号 103 頁。
33) 最判平成 14・11・22 判時 1808 号 55 頁。
34) 奥田安弘・家族と国籍〔補訂版〕135 〜 136 頁，鳥居淳子「国籍法上，認知に遡及効を認めないことの合憲性及び人権諸条約への適合性」（ジュリスト 1197 号 94 頁），国友明彦「家族と国籍」（日本と国際法の 100 年〔第 5 巻〕所収）121 頁，佐野寛「出生後の認知による国籍取得を認めないとする国籍法 2 条 1 号の解釈の合憲性」（判時 1837 号〔判例評論 539 号〕167 頁），二宮周平「国籍法における婚外子差別の検討」（ジュリスト 1078 号 49 頁）等。
35) この法理については，芦部信喜・憲法訴訟の理論 172 〜 174 頁参照。

【追記】
　本節で平成 18 年判決と略称している平成 18 年 3 月 19 日の東京地裁判決については，平成 19 年 2 月 27 日に東京高裁より 2 審判決が言い渡されている。それは本節で平成 18 年 2 審判決と略称している平成 18 年 2 月 28 日の東京高裁判決とほぼ同様の理由により，原判決を取り消し，被控訴人（原告）らの請求を棄却するものであったが，最高裁大法廷は本節脱稿から間もない平成 20 年 6 月 4 日，これら 2 つの東京高裁判決を破棄し，上告人（原告）らは国籍法 3 条 1 項の規定により，国籍を取得したものと解するのが相当であるとした。その理由は平成 18 年判決とほぼ同じであるが，この最高裁大法廷判決については，同様にその高裁判決までふれた前章の脱稿後間もなく言い渡された住基ネット訴訟の最高裁判決（最判平成 20 年 3 月 6 日）とともに，次章で論じている。

第3章 最高裁の住基ネット訴訟判決と国籍法違憲訴訟判決

はじめに

　筆者は第1章第2節の「住基ネット訴訟」(以下「前稿①」という)で，住民基本台帳ネットワークシステム(以下「住基ネット」という)を控訴人(原告)らに運用(住基ネットを設置した「住民基本台帳法の一部を改正する法律」―以下「改正法」という―を適用)することは，そのプライバシー権を侵害するものであり，憲法13条に違反するものといわざるを得ないとし，あるいは自己のプライバシーの権利を放棄せず，住基ネットからの離脱を求めている原告らに対して適用する限りにおいて，改正法の住基ネットに関する各条文は憲法13条に違反すると結論づけるのが相当であるとした大阪高裁判決や金沢地裁判決，およびそれとは逆に住基ネット違憲の主張を退けて，被控訴人(原告)らの請求を全面的に棄却した名古屋高裁金沢支部判決をはじめとするいくつかの下級審判決について，比較対照的に検討を行った。

　この住基ネット訴訟と総称される一連の訴訟については，周知のように，こうした前稿①における検討の後新たな展開がみられるにいたった。すなわち平成20年3月6日，一連の住基ネット訴訟のうち，それぞれ，大阪訴訟(上記の大阪高裁判決の対象となった訴訟)，石川訴訟(上記の金沢地裁判決と名古屋高裁金沢支部判決の対象となった訴訟)，愛知訴訟，および千葉訴訟と呼ばれる4つの訴訟について，住基ネットを合憲とする判決を最高裁が言い渡したのである。

　また第2章第3節の「国籍法違憲訴訟」(以下「前稿②」という)で扱った国籍法3条1項の合憲性を争った2つの訴訟についても，平成20年6月4日，国籍法3条1項の一部を違憲とし，原告(ら)に日本国籍を認めた1審判決を，仮に国籍法3条1項の一部または全部が違憲無効であっても，被控訴人(ら)

が日本国籍を取得することにはならないなどとして取り消した2つの東京高裁判決[7]を破棄し，国籍法3条1項の一部を違憲として上告人（ら）に日本国籍を認めた最高裁判決が言い渡された。

　本章はこのように，住基ネット訴訟と国籍法違憲訴訟の下級審判決を扱った前稿①と前稿②の公表後間もなく言い渡された上記のこれら2つの訴訟の最高裁判決について検討して，前2章を補うことを目的とするものである。

第1節　住基ネット訴訟最高裁判決

　上述のように住基ネット訴訟については，平成20年3月6日に4つの訴訟について最高裁判決が言い渡されたが，本稿ではそのうちの大阪訴訟最高裁判決[8]について検討することにする。

　なおこの大阪訴訟の経緯を簡単にのべておくと，それは当初は，豊中市，箕面市，吹田市，大阪市，守口市，泉佐野市，東大阪市，八尾市を被告として，それぞれの市に居住する原告らが，住基ネットにより，人格権，公権力から監視されない権利，自己情報コントロール権，および平穏な生活を営む権利を違法に侵害され，精神的苦痛を被ったと主張して，国家賠償法に基づき損害賠償を請求したものであったが（1審請求棄却）[9]，豊中市，箕面市，吹田市，守口市，八尾市の5市が被控訴人となった2審大阪高裁で箕面市，吹田市，守口市の3市在住の計4名の控訴人らは，それぞれの市が住基ネットを使用して控訴人らの本人確認情報を大阪府知事に通知してはならないこと，およびそれぞれの市が住民基本台帳から控訴人らの住民票コードを削除することを追加請求し（4名の控訴人は1審途中でも同様の追加請求をしたが，1審は追加請求と損害賠償請求は請求の基礎が同一でないとして，それを認めなかったのに対し，2審は両請求はその基礎に同一性があるとして，追加請求を認めるべきであるとした），大阪高裁も最後者の住民票コードの削除の請求を認容したため（その余の請求は棄却），この部分について，吹田市と守口市が上告および上告受理申立てをしたという経過をたどっている（箕面市は上告しなかったため，住民票コードの削除を命じた大阪高裁判決が確定した）。またこの吹田市と守口市の上告および上告受理申立てについて

は，最高裁において弁論が分離されたが，本節で扱うのは守口市の上告および上告受理申立てに係る判決である（筆者は吹田市の上告および上告受理申立てに係る判決は直接みていないが，両判決の内容は全く同一のことである）。

　以下行論の都合上，先ず，前稿①ですでにのべた原審大阪高裁の，控訴人（原告—以下原則として「原告」で統一する）らに住基ネットを運用（改正法を適用）することは，そのプライバシー権を侵害し，憲法13条に違反するものといわざるを得ないとして，住民基本台帳からの原告らの住民票コードの削除を命じた判断を，本節に必要な限りで改めて紹介することから始めることにしよう。

　大阪高裁のこうした判断の前提，あるいは背景にあるのは，いわゆる自己情報コントロール権説に対するきわめて積極的，肯定的な態度である。すなわち判決は，「このような（情報化—筆者）社会においては，プライバシーの権利の保障，それによる人格的自律と私生活上の平穏の確保を実効的なものにするためには，自己のプライバシーに属する情報の取扱い方を自分自身で決定するということが極めて重要になってきており，その必要性は社会において広く認識されてきているといえる。今日の社会にあって，自己のプライバシー情報の取扱いについて自己決定する利益（自己情報コントロール権）は，憲法上保障されているプライバシーの権利の重要な一内容となっているものと解するのが相当である」とするのである。

　そして住基ネットによる管理や利用等の対象となる氏名，生年月日，男女の別，住所，住民票コード，変更情報という6情報＝本人確認情報は，その取扱い方によっては，情報主体たる個人の合理的期待に反してその私生活上の自由を脅かす危険を生ずることがあるから，いずれもプライバシーに係る情報として法的保護の対象となり，自己情報コントロール権の対象となるというべきであると論を進める。

　判決は，しかしながら，そのことから直ちに住基ネットが自己情報コントロール権を侵害するとするわけではなく，個人識別情報としての本人確認情報の性質を考慮すれば，その収集，保有，利用等については，①それを行う正当な行政目的があり，それらが当該行政目的実現のために必要であり，かつ，②その実現手段として合理的なものである場合には，本人確認情報の性質に基づく自

己情報コントロール権の内在的制約により（もしくは，公共の福祉による制約により），原則として自己情報コントロール権を侵害するものではないと解するのが相当であるとして，住基ネットが①と②の要件を備えているか否かを検討するのである。

　判決はその際予め，本人確認情報の漏えいや目的外利用などによる，住民のプライバシーないし私生活上の平穏が侵害される具体的危険がある場合には，②の実現手段としての合理性がないものとして，自己情報コントロール権を侵害することになり，住基ネットによる当該本人情報の利用の差止めをすべき場合も生じるものと解されるとのべて，②が本件の中心となる論点であり，したがって考察の重点もそこに置かれることを示唆し，また本人確認情報の利用の差止めを命じる結論が導かれる可能性もあることを暗示的に予告する。

　その示唆のとおり判決はその後，①の住基ネットの行政目的の正当性および必要性についてはそれを肯定し，②の検討に進むが，この住基ネットの行政目的の実現手段としての合理性の検討に当たっては，判決は，それをさらに「住基ネットによる本人確認情報漏えいの危険性の有無」と「住基ネットによるデータマッチング等の危険性の有無」の２つに分けて論じる。

　そのうち「住基ネットによる本人確認情報漏えいの危険性の有無」については，結論としては，「住基ネットのセキュリティが不備で，本人確認情報に不当にアクセスされたりして，同情報が漏えいする具体的危険があるとまで認めることはできない」とのべて，いささか消極的ながら，危険性を否定する。

　しかし，「住基ネットによるデータマッチング等の危険性の有無」の判断においてはそれと異なり，危険性の存在を認め，冒頭にのべたように，控訴人らに住基ネットを運用すること（改正法を適用すること）はプライバシー権を侵害し，憲法13条に違反するとするのである。

　ただこうした結論の導き方もストレートではない。すなわち判決は先ず，改正法による改正後の住民基本台帳法（以下「住基法」という）の本人確認情報の利用，提供等の規制に関する規定を点検し，一旦は，こうした住基法の規制からすれば，データマッチングや名寄せは目的外利用に当たるものとして禁止され，その違反には罰則も用意されていること，また住民の本人確認情報を記録，

保有する指定情報処理機関が国の機関等から、その保有する住民の個人情報を収集し、これを管理する権限は付与されておらず、そのため指定情報処理機関において、国の機関等が保有する個人情報を結合することは不可能であり、このように国の機関等が保有する個人情報を統一的に収集し得る主体もシステムも制度化されていないことなどを考慮すれば、「住基ネットの運用によって控訴人らが主張するようなデータマッチングや名寄せが行われることは考え難いといえなくもない」と、これもいささか消極的ながら、危険性を否定するのである。

　しかし判決はこれを結論とせず、「しかしながら、次の点を指摘することができる」として、さらにこの後「本人確認情報保護の法制について」と「個人情報の集積・結合、利用について」という２つのタイトルの下で検討を続け、かなり特異な判断を展開して、最終的には、「住基ネット制度には個人情報保護対策の点で無視できない欠陥があるといわざるを得ず、行政機関において、住民個々人の個人情報が住民票コードを付されて集積され、それがデータマッチングや名寄せされ、住民個々人の多くのプライバシー情報が、本人の予期しない時に予期しない範囲で行政機関に保有される危険が相当あるものと認められる」とする。とくに「本人確認情報保護の法制について」のタイトルの下での検討がこのような結論につながっているが、筆者のみるところ、本人確認情報保護法制の検討の結果こうした判断が導き出される主たる理由は２つあって、１つは「行政機関の保有する個人情報の保護に関する法律」（以下「行政機関個人情報保護法」という）と住基法を対比して、住基法の住基ネットに係る本人確認情報保護のための規定も行政機関個人情報保護法によって損なわれ、実効性を失うおそれがあるとの理解であり、もう１つは、住基法による規制も、その規定や趣旨が遵守される保証はないとの予測である。

　それが特異だというのは、前者についていえば、ふつうは行政機関個人情報保護法が行政機関が保有する個人情報の取扱い等について一般的に定めた法であるのに対し、住基法の住基ネットに係る本人確認情報の取扱いに関する規定は、行政機関が保有する個人情報のうちの住基ネットに係る本人確認情報の取扱いについてとくに定めたものであるから、いわば個人情報の一部についての

特則・特別法であり，したがって本人確認情報に関する限り，住基法の関係規定が行政機関個人情報保護法に優先して適用されると考えるべきところ，判決はそのようには考えていないということである。いうなれば住基法と行政機関個人情報保護法を前法と後法の関係にあるもののように捉えて，両者が同一ないし類似の事項について規定している場合は，行政機関個人情報保護法の規定の方が優位するかのように理解しているのである。少なくとも筆者にはそのようにみえる。

また後者についていえば，例えば住基法30条の43第2項で何人も業として住民票コードの告知を求めることが禁止されているが，本人や家族が住民票コードを告げたりすれば，この禁止規定の実効性が失われるとしていることなどがそれである。

以上簡単に説明した大阪高裁判決の特異性を改めてよりくわしくみてみよう。

住基法と行政機関個人情報保護法の関係のうち，判決がとくに力説するのは，個人情報の目的外利用の問題である。具体的にいうと，住基法30条の34は，「（本人確認情報の―筆者）受領者は，その者が処理する事務であってこの法律の定めるところにより当該事務の処理に関し本人確認情報の提供を求めることができることとされているものの遂行に必要な範囲内で，受領した本人確認情報を利用し，又は提供するものとし，当該事務の処理以外の目的のために受領した本人確認情報の全部又は一部を利用し，又は提供してはならない」と，住基ネットに係る本人確認情報の目的外利用を明確かつ全面的に禁止しているが，判決はそうした理解をしていないのである。

というのは行政機関個人情報保護法は，3条3項で，「行政機関は，（保有個人情報の―筆者）利用目的を変更する場合には，変更前の利用目的と相当の関連性を有すると合理的に認められる範囲を超えて行ってはならない」と規定するが，判決は，この一定の要件を充足すれば，保有を開始した利用目的を変更して保有個人情報を利用することを認める定めは，住基法30条の34によって制限される旨の規定がない以上，本人確認情報についても適用され，本人確認情報の利用目的の変更（判決の理解では一種の恒常的な目的外利用）が可能となり，

またそうした利用についての適切な監視機関も置かれていないとするのである。しかし上記の行政機関個人情報保護法3条3項の規定は，総論的に，行政機関が保有個人情報の利用目的を変更して利用し得る場合があることを認めつつ，それが一定の範囲内にとどまることを求めるものにすぎないのであって，個人情報のうちの住基ネットに係る本人確認情報については住基法30条34が適用されて，目的外利用は全面的に禁止されていると解するのがふつうであろう。

　さらに判決は行政機関個人情報保護法4条の，個人情報の取得に当たっての利用目的の明示や，8条1項の，法令に基づいて利用目的以外の利用，提供が認められる場合を除き，原則として利用目的以外の利用（判決は，この場合の目的外利用は一時的なそれの意であるとしている），提供は禁止されるとの規定は住基ネットに係る本人確認情報にも適用され，したがってそれらの原則に反する行為が行政機関にあれば，住民は同法36条ないし41条の定める利用停止等の救済手段を用いることができるものと理解したうえで，本人確認情報の利用事務が拡大すれば住民は実際上利用対象事務を把握することが困難となり，こうした救済手段を行使する機会は現実には保障されないに等しいともいうが，これもまた甚だ理解に苦しむ判断である。

　いうまでもなく，住基ネットに係る本人確認情報は，行政機関個人情報保護法4条の本人より直接書面で取得する手続を経るわけではないから，行政機関個人情報保護法4条の利用目的明示の原則は本人確認情報には当てはまらないし，行政機関個人情報保護法8条の目的外利用の原則禁止と例外的な許容についても，そもそも前述のように住基ネットに係る本人確認情報については，住基法30条の34で例外なしに目的外利用が禁止されているのであるから，本人確認情報の取扱いが行政機関個人情報保護法4条や8条に反するとして，住民が行政機関個人情報保護法36条ないし41条の救済手段を用いるという事態はあり得ないのである。

　さらにまた判決は，住基法30条の37が定める本人確認情報の開示請求制度について，自己に関してどのような情報が収集管理されているのかを確認し，必要に応じて訂正請求を行うためにきわめて重要な制度とし，ただ現行法では

こうした本人確認情報以外の情報を都道府県や国，指定情報処理機関が保有していないかどうかといった重要な点について，本人が確認することができないという欠陥があるとするが，これもまた首肯し難い判断である。住基法30条の37が定める開示請求制度はその請求の相手方が都道府県知事と指定情報処理機関に限定されていることや法文からも明らかなように，住基ネット上に記録されている本人確認情報に誤りがないかどうかを確かめ，万一誤りがあれば，訂正，追加，削除等を求めることができるとする制度であって，本人確認情報以外の情報が違法に保有されていないかどうかを調査する手続ではないのである。行政機関が自己についてどのような個人情報を保有しているかは，それこそ行政機関個人情報保護法12条以下の開示請求手続によって確かめるべきなのであって，住基法の本人確認情報の開示請求手続にそのような機能を求めるのは筋違いというべきであろう。

　後者の，プライバシー保護のための住基法や行政機関個人情報保護法の規定は実効性が保証されないという，判決のもう1つの違憲の理由についても，強い疑問が感じられる。

　例えば住基法は，住民の本人確認情報保護のため，他人の住民票コードのついた住民票の写しの交付を求めること，業として住民票コードの告知を求めること，住民票コードを民間において利用すること等を禁止しているが，判決は前述のように，本人や家族が住民票の写しを請求して第三者に交付したり，住民票コードを告げたりすれば，前二者の禁止は実効性がなくなり，最後者の民間利用の禁止も，個人情報そのものが商品価値をもち，大量の個人情報の収集や流出が少なからず行われている社会の現状からすると，実効性は現実には非常に疑わしいとするのである。こうなると本人や家族が住民票の写しを第三者に交付したり，住民票コードを告知したりすることを罰則付きで禁止するというような非現実的な方策を採るしか，前二者の実効性を確保する途はないことになろう。また資産状況等の個人情報と住民票コードが同一の商品価値をもつかも吟味せず，前者のような個人情報の収集や流出が盛んにみられることからすれば，後者についても当然同様の現象がみられることになるであろうというのも，余りにも大雑把な推論ではなかろうか。

しかし判決の問題点はこれでも終らない。住基法30条の42は1項から4項に亘って、市町村長、都道府県知事、指定情報処理機関、国の機関または法人等が、住基法上の事務ないし同法に基づき本人確認情報の提供を求めることができる事務の遂行以外のためには、住民票コードを収集すること（何人に対しても住民票コードの告知を求めること）を禁止しているが、これは具体的にいえば、住基法の別表および条例で定める事務の遂行のためにのみ住民票コードの告知を求め、住基ネットの本人確認情報を利用できるとの趣旨である。すなわち法律や条例により認められた事務の遂行のためにのみ住民票コードの告知を求め、住基ネットの本人確認情報を利用できるとすることによって、行政機関の恣意的な利用を排除し、住基ネットの本人確認情報の適正な利用を担保しようとしているのである。一般的にいっても、あることを法律事項あるいは条例事項とすることは、そこに議会の意思を反映させ、行政の独断や恣意を阻止することをねらいとしていると理解するのがふつうであろう。ところが判決はそうは解さず、このように法律や条例で規定する事務についてのみ住民票コードを収集することができるとすることは、逆にいえば、法律や条例によって住民票コード（＝本人確認情報）を利用できる事務の範囲を将来的に無制限に拡大できることを意味するから、住基法30条の42も実質を伴わない禁止に堕する危険が小さくないとするのである。こうなると法律や条例による規制の意義すら疑われることになるであろう。

　さらにまた再び行政機関個人情報保護法8条に言及して、同条は、1項で原則的に個人情報の保有目的以外の利用、提供を禁止しつつ、2項2・3号で行政機関が保有個人情報を内部で利用する場合であって、当該保有個人情報を利用することについて、「相当な理由のあるとき」等は、例外的に本人の同意がなくても保有個人情報の一時的な目的外利用ができるとするが、こうした「相当の理由」等の要件の有無は、行政機関が自らの判断で決めるのであるから、実際には実効性のある目的外利用制限の歯止めになり得ず、行政機関が住基ネット上における本人確認情報の利用を事実上自由に行い得ることになってしまう危険性が高いという。しかし住基ネット上の本人確認情報については前述のように、特則としての住基法30条の34によって目的外利用が全面的に禁止

されているのであるから，行政機関個人情報保護法8条の「相当な理由」等による例外的な目的外利用ということは，法的にはそもそもあり得ないのである。そして判決は，「本人確認情報保護の法制について」というタイトルの下の検討の最後では，行政機関が個別に保有する個人情報の範囲が拡大して，少数の行政機関によって行政機関全体が保有する多くの部分の重要な個人情報が結合・集積され，利用されていく可能性は決して小さくないとするが，とくにそう断定する確たる根拠が示されているわけでもない。

　このように大阪高裁判決は，違憲の結論そのものは措くとしても，その結論にいたる展開において首肯し難い点を実に多く含んでいるものであった。判決は上のように諸点を挙げて，データマッチングや名寄せによる住民のプライバシー侵害の危険は抽象的な域を超えて具体的な域に達しているものと評価することができるとするが，むしろその行論は，住基法と行政機関個人情報保護法の関係についての誤解やきわめて抽象的，観念的な危険の想定に基づいているとの印象を免れないのである。率直にいえば，大阪高裁判決はその高裁判決としてのレベルに根本的な疑念すら感じさせるものであり，最高裁において破棄されることは当然予想されたのである（その意味では箕面市が上告等をしなかったことには疑問が残る）。

　以上の大阪高裁判決の紹介と批判は，実は同時に実質的には平成20年3月6日の最高裁判決の内容を断片的にのべたものでもあるのであるが，以下こうしてその大筋にすでにふれた最高裁判決について，まとめて紹介することにしよう。

　最高裁判決は先ず，「憲法13条は，国民の私生活上の自由が公権力の行使に対しても保護されるべきことを想定しているものであり，個人の私生活上の自由の一つとして，何人も，個人に関する情報をみだりに第三者に開示又は公表されない自由を有するものと解される」とする。そして当然次に住基ネットによる本人確認情報の管理，利用等が原告らのこうした自由を侵害するものであるか否かについて検討するのであるが，判決は，本人確認情報のうちの氏名，生年月日，性別，住所という4情報，およびその変更情報は，いずれも個人の内面に関わるような秘匿性の高い情報とはいえず，住民票コードも住基ネット

による本人確認情報の管理，利用等を目的として各人に割り当てられたものであるから，こうした目的に利用される限りにおいては，やはりその秘匿性の程度は他の５つの本人確認情報と異なるものではないこと，住基ネットによる本人確認情報の管理，利用等は法令等の根拠に基づき，住民サービスの向上および行政事務の効率化という正当な行政目的の範囲内で行われているものということができること，住基ネットのシステム上の欠陥等により本人確認情報が容易に漏えいする具体的な危険はないこと，本人確認情報の受領者による目的外利用や漏えい等は懲戒処分や刑罰をもって禁止されていること，都道府県と指定情報処理機関には，「本人確認情報の保護に関する審議会」，および，「本人確認情報保護委員会」が置かれて，本人確認情報の適切な取扱いを担保するための制度的措置が講じられていることなどからすれば，「住基ネットにシステム技術上又は法制度上の不備があり，そのために本人確認情報が法令等の根拠に基づかずに又は正当な行政目的の範囲を逸脱して第三者に開示又は公表される具体的な危険が生じているということもできない」とする。

　大阪高裁判決と比較してみると，最高裁判決は，上述のように本人確認情報の秘匿の必要性は高いとはいえないとし，それで判断を終っているのに対し，大阪高裁判決は，本人確認情報のうちの４情報はもともと秘匿性の高いものとはいえないとしつつも，ひとによってはその秘匿の必要性が高い場合があり，また変更情報は身分関係に変更があったことを推知させることにもなるから秘匿の必要性も軽視できず，さらに住民票コードはそれが記載されたデータベースが作られた場合には，検索，名寄せのマスターキーとして利用できるものであるから，その秘匿の必要性は高度であるといえるとするなど，本人確認情報の秘匿の必要性についての判断にも差があるが，いうまでもなく最大の相違がみられるのは，本人確認情報保護法制についての判断である。

　すなわちこの点につき最高裁は，先にかなりくわしく紹介した大阪高裁判決の判旨を，「行政個人情報保護法（＝筆者のいう「行政機関個人情報保護法」）によれば，行政機関の裁量により利用目的を変更して個人情報を保有することが許容されているとし（前にのべた大阪高裁判決の同法３条３項の理解のことを指している―筆者），行政機関は，法令に定める事務等の遂行に必要な限度で，かつ，相

当の理由のあるときは、利用目的以外の目的のために保有個人情報を利用し又は提供することができるから（前にのべた大阪高裁判決の同法8条2項2号・3号の理解のことを指している—筆者）、行政機関が同法の規定に基づき利用目的以外の目的のために保有個人情報を利用し又は提供する場合には、本人確認情報の目的外利用を制限する住基法30条の34に違反することにならないので、同法による目的外利用の制限は実効性がないこと」を説くものと要約したうえで、こうした大阪高裁の判断について、上に引用した総括的な、本人確認情報が第三者に開示又は公表される具体的な危険が生じているということはできないとの自らの結論に加えて、次のようにのべて、それを否定するのである。

「しかし、…、行政個人情報保護法は、行政機関における個人情報一般についてその取扱いに関する基本的事項を定めたものであるのに対し、住基法30条の34等の本人確認情報の保護規定は、個人情報のうち住基ネットにより管理・利用等される本人確認情報につきその保護措置を講ずるために特に設けられた規定であるから、本人確認情報については、住基法中の保護規定が行政個人情報保護法の規定に優先して適用されると解すべきであって、住基法による目的外利用の禁止に実効性がないとの原審の判断は、その前提を誤るものである」。なお住基法中の行政機関以外に係る本人確認情報保護のための規定が本人、家族、第三者によって遵守されるとの保証はないとの判断については、最高裁は何ら言及していない。おそらく論じる必要もないと考えたのであろう。

筆者としてはすでにこれまでにのべていることから明らかなように、簡潔にまとめられた最高裁のこの批判に賛成するし、実質的にはそれにこれ以上付け加えることは何もない。むろん実際問題としては、行政機関のなかの特定個人によってデータマッチングや名寄せがはかられる可能性は絶無ではないであろう。しかし大阪高裁判決は、このような特定個人によるデータマッチングや名寄せの可能性に基づいてなされているのでもなく（もっともこうした根拠のみで具体的危険性を導くのは困難であるが）、繰り返しのべたように、住基法の本人確認情報の保護規定も行政機関個人情報保護法によって合法的に損なわれ得るという法解釈や、それが実際には遵守される保証はないとか、少数の行政機関が行政機関全体が保有する個人情報を結合・集積し、利用していく可能性（すな

わち行政機関のなかの特定個人が偶々そうする可能性ではなく，行政機関が組織としてそうする可能性）は小さくないとかの推断によってなされているのである。

　重ねていえば，その法解釈は受け入れ難く，推断は強引かつ一方的であるから，こうした根拠に基づいて，住民の個人情報がデータマッチングや名寄せをされ，そのプライバシーが侵害される具体的危険があるとの判断も説得力に乏しいとの感を免れないのである。むしろそこでいわれている危険は精々抽象的，観念的な危険にすぎないというのが率直な印象である。また同じ批判を別の角度から繰り返すことになるが，上述のようにしきりにデータマッチングや名寄せの危険を指摘するものの，それが現行の住基ネットの下で現実，具体的にどのように行われ，その蓋然性はどの程度かという考察や説明もない。いわれているのは精々，前述したような，「行政機関が個別に保有する個人情報の範囲が拡大して，少数の行政機関によって，行政機関全体が保有する多くの部分の重要な個人情報が結合・集積され，利用されていく可能性は決して小さくないといえる」といった，いわば行政機関悪玉論的なレベルの推論である。

　さらにまた仮に判決のいうように，住民票コードを使ってデータマッチングや名寄せがされることがあったとしても，それは，それ自体は各行政機関が合法的に遂行できる行政事務のために，合法的に収集した個人情報が結合されるということであって，住民票コードによって違法に新しい個人情報が収集されるということではない（その意味では，データマッチングや名寄せが住基法の規定に違反することは明白であるが，それを超えて，それ自体で，直ちにプライバシー権の侵害になるのかの検討が必要になることもあろう）。大阪高裁判決が住基ネットスタート前の市町村による防衛庁（当時）への自衛官募集に関する適齢者情報の提供を，住基ネットに係る本人確認情報を利用して当該本人に関する個人情報が際限なく集積・結合され，それが利用されていく危険性が具体的に存在することを窺わせる恰好の例としているのをみると，そうした区別が明確に意識されているのかという疑念すら抱かされるのである。

　なお大阪高裁判決は，「本人確認情報保護の法制について」というタイトルの下での上述のような検討の結果として，データマッチングや名寄せの具体的な危険の存在を指摘するのみならず，もう1つの，「個人情報の集積・結合・

利用について」というタイトルの下での検討によっても，同様の危険を指摘している。その主たる理由は，市町村長その他の執行機関は，条例によって住民が発行を受けた住基カードを市町村が提供するサービスの申込み等，様々な目的に活用することができるとされているところ，住民が実際に住基カードを使ってそれらのサービスを受けた場合には，その記録が行政機関のコンピュータに残り，それらの記録を住民票コードで名寄せすることも可能であるとの判断であるが，このことについても最高裁は，「システム上，住基カード内に記録された住民票コード等の本人確認情報が行政サービスを提供した行政機関のコンピュータに残る仕組みになっているというような事情はうかがわれない」と一蹴している。

　こうして最高裁は再度，「上記のとおり，データマッチングは本人確認情報の目的外利用に当たり，それ自体が懲戒処分の対象となるほか，データマッチングを行う目的で個人の秘密に属する事項が記録された文書等を収集する行為は刑罰の対象となり，さらに，秘密に属する個人情報を保有する行政機関の職員等が，正当な理由なくこれを他の行政機関等に提供してデータマッチングを可能にするような行為も刑罰をもって禁止されていること，現行法上，本人確認情報の提供が認められている行政事務において取り扱われる個人情報を一元的に管理することができる機関又は主体は存在しないことなどに照らせば，住基ネットの運用によって原審がいうような具体的な危険が生じているということはできない」と結論するのである。最高裁は，いわば大阪高裁判決が，「住基ネットの運用によって控訴人が主張するようなデータマッチングや名寄せが行われることは考え難いといえなくもない」としたところで判断を終るべきであり，それ以後の，「しかしながら，次の点を指摘することができる」としてなされている検討（すなわち上にかなり詳細に紹介した違憲の結論につながる検討）は不要，さらには誤りとするわけである。

　この最高裁判決はとくに目新しいところはないものの，住基ネットに関する大きなトラブルがみられない現時点では，ごく自然な判決といえるであろう。反対意見はもちろん，補足意見もなしに全員一致で言い渡されたのも当然のことと思われる。

なお現在（08年10月末）のところ，筆者はこの最高裁判決についての本格的な批評は未だみていない。ただいくつかの短い批判や紹介は目にしたので，とりあえずそのうちの代表的なものと思われる田島教授による論稿[10]を簡単に紹介し，併せて筆者のそれについての感想をのべておくことにしたい。
　田島教授の論稿は，その「最高裁住基ネット合憲判決批判」というタイトル自体が示すように，また教授がかねてより住基ネットのプライバシー侵害の危険性を強く指摘してきたことからも予想されるように，最高裁判決を全面的に否とするものであるが，その批判は3点からなされている。
　第1は，最高裁判決が原審の大阪高裁判決を含め，判決の多くがこれを認めてきた自己情報コントロール権を明示せず，また京都府学連事件判決や早稲田大学名簿提供事件判決で最高裁自身が示していた，個人情報の収集や第三者への開示には，「本人の同意」を必要とするという要件も外していることである。しかし田島教授に限らず，住基ネットに批判的な論者がよく説く，多くの判例がすでに自己情報コントロール権説を採用しているという理解が必ずしも正確でないことは，前稿①でのべたとおりであり[11]，また，「何人も，その承諾なしに，みだりにその容ぼう，姿態…を撮影されない自由を有する」ことを認めた京都府学連事件判決や[12]，学生が大学当局に任意に提供した個人情報を，適切な管理についての合理的な期待を裏切り，開示することについて学生の同意を得る手続をとることなく，警察に開示した大学の行為はプライバシー権を侵害するものとして，不法行為を構成するとした早稲田大学名簿提供事件判決が[13]，個人情報一般について，その収集や提供には一般的に「本人の同意」を必要とするとの判例法理を確立したものともいえないであろう。2つの判決はいずれも，警官や大学の個人情報の収集や提供に確たる法的根拠がないという当該事件の態様と深く関わっているのであって，住基法によって本人確認情報の管理や利用が明確に定められている本件とは事情を異にするのである。
　第2は，本人確認情報の要保護性の評価である。最高裁は前述のように，氏名，住所，生年月日，性別という4情報，および変更情報は個人の内面に関わるような秘匿性の高いものとはいえず，住民票コードも住基ネットによる本人確認情報の管理，利用等を目的に利用される限りにおいてはその秘匿性の程度

は他の5情報と異なるものではないとするのであるが，田島教授はこのように最高裁判決が変更情報や住民票コードを他の4情報と区別せず，その役割や機能，その結果としてのプライバシー保護の程度を丁寧に吟味することをしていないこと，とくに住民票コードについては，それを媒介にデータマッチングされる条件と前提が構築されているというその役割や機能への危惧，懸念が原審大阪高裁判決のようにみられないことを，リアルな現実感覚や説得性を欠くものとするのである。しかし一般的にも住基ネット批判の中心であるデータマッチングや名寄せの危険性の指摘が必ずしも具体的で説得力のあるものとはみえないこと，とくに大阪高裁判決のそうした判断の理由には多くの疑問符が付くことは上述したとおりであるから，最高裁判決を批判する場合はそうした問題について説得力のある説明をすること，とりわけ大阪高裁判決の結論はともかく，その理由をどう評価するのか，真に評価に値すると考えているのかを明らかにすることが必要ではなかろうか。

　第3に，最高裁は住基ネットによる本人確認情報の管理，利用等は，住民サービスの向上，および行政事務の効率化という正当な行政目的の範囲内で行われており，また住基ネットに技術上または法制度上の不備があって本人確認情報が法令等の根拠に基づかず，または正当な行政目的の範囲を逸脱して第三者に開示又は公表される具体的危険が生じているということもできないとするが，住基ネット訴訟のなかでなされた調査嘱託などによれば，住民サービスの向上や費用対効果に否定的，消極的な結果が示されており，またいくつかの自治体でインターネットを通して住民票コードを含む住民情報や住基ネットの操作マニュアルなどが漏えい・流出している現実もあることである。田島教授は最高裁がこれらのことを無視して，本人確認情報の取扱いが正当・合法であり，具体的な危険がないとしているのは，余りに鈍感であるとする。

　しかし最高裁の住民サービスと行政の効率化に関する言及は，判決文から明らかなように，住基ネットは本来のそうした目的の範囲を逸脱することなく運用されているという趣旨であって，行政サービスの向上に大きく寄与しているとか，費用対効果上も優れたシステムであるとかの量的な評価をしているわけではない。また住民サービスの向上に寄与しているかどうか，あるいはどの程

度寄与しているかの判断は立場により，またひとによって，それぞれに評価が異なることがらであって，若干の調査結果によって断定できるものではないであろう。例えば高齢化社会の今日，年金受給者が従来年1回提出を義務づけられていた現況届が，住基ネットの利用により不要になったことは，そうした現況届とは関係ないひとにとっては何らメリットとは感じられなくても，現況届の提出が必要であったひと，とりわけそのなかの肉体的能力や認知能力の障害によって，そうした現況届の提出手続が困難なひと，あるいは提出の必要性すら理解できないひとにとっては，それだけでも住基ネットの大きなメリットということになるのである。

　費用対効果についても，前稿①でも指摘したように，その計算は必ずしも容易ではないし，さらに，仮に費用対効果上は疑問があったとしても，国民生活の利便の向上のために必要があれば遂行しなければならない行政事務は当然あるわけであるから，いくつかの調査で否定的，消極的な結果が示されたことを理由に住基ネットを費用対効果を欠くもの＝無益・無駄とすることも即断にすぎよう。なおいくつかの自治体における漏えい・流出事件の事情については筆者は把握していないが，こうした若干の例しか示されていないことは，逆に，それが偶々のケースであって，住基ネットの本来的危険を示すものではないともいえるのではなかろうか。

　いずれにしろ，田島教授の論稿をはじめとするこれまでの住基ネット合憲判決批判は，総じていうと，住基ネット設計時の反対論をそのまま判決批判としたものであるような印象を受ける。しかし現在は，例えば，本人確認情報を利用した行政事務について，それが本人確認情報を利用することによってどのように国民生活の利便や行政事務の効率化につながっているかの具体的検討を行うなど，住基ネット稼働後の現実の状況をも考慮に入れた新たな考察が求められているといえるのではないだろうか。そうしたことを抜きにして，従来の住基ネット違憲論をひたすら繰り返しても，裁判所に影響力を及ぼすことは困難と思われるのである。

註
1) 初出は九州国際大学法学論集14巻3号（15）頁以下。
2) 大阪高判平成18・11・30判時1962号11頁。
3) 金沢地裁平成17・5・30判時1934号3頁。
4) 名古屋高金沢支判平成18・12・11判時1962号40頁。
5) 初出は九州国際大学法学論集15巻1号36頁以下。
6) 東京地判平成17・4・13判時1890号27頁，東京地判平成18・3・29判時1932号51頁。
7) 東京高判平成18・2・28家月58巻6号47頁，東京高判平成19・2・27判例集未登載。
8) 最判平成20・3・6民集62巻3号665頁。
9) 大阪地判平成16・2・27判時1857号92頁。
10) 田島泰彦「最高裁住基ネット合憲判決批判」（法律時報80巻6号1頁）。
11) 第1章30頁以下。
12) 最大判昭和44・12・24刑集23巻12号1625頁。
13) 最判平成15・9・12民集57巻8号973頁。

第2節　国籍法違憲訴訟最高裁判決

1　下級審判決

　国籍法違憲訴訟最高裁判決の検討に当たっても，先ず，前稿②ですでにふれた対象事件の下級審判決を改めて紹介しておくことにしよう。

　平成20年6月4日の最高裁による国籍法違憲訴訟判決は冒頭にものべたように，2つの事件についてそれぞれ言い渡されている。すでに前掲の註6）と7）で示しているが，その2つの事件を改めて下級審判決の日付と登載誌によりここで示すと，1つは，東京地判平成17・4・13判時1890号27頁，東京高判平成18・2・28家月58巻6号47頁の事件（以下「第1事件」という）であり，もう1つは東京地判平成18・3・29判時1932号51頁，東京高判平成19・2・27判例集未登載の事件（以下「第2事件」という）であるが，いずれも日本人を父とし，フィリピン人を母として日本で出生した子につき，法定代理人（親権者）である母が，子が出生後父から認知されたことを理由として，国籍法3条1項（以下原則として単に「3条1項」という）による国籍取得届を提出したところ，届出は3条1項の条件を備えているものとは認められないとする通知を受けたため，この父母の婚姻及び嫡出子たること（以下原則として「準正要件」という）を国籍取得の条件とする同条項は憲法14条1項に違反し，無効であるなどと

主張して，子（原告）が日本国籍（以下原則として単に「国籍」という）を有していることの確認を求めた訴えである点では共通している。

ただ第1事件は原告は1人であり，父の認知は任意認知であるが，第2事件は9名の子どもからそれぞれ出された国籍確認訴訟を併合したものであり，認知も任意認知のケースと裁判認知のケースがあるという違いがある。なお2つの最高裁判決のうち判例集には第1事件判決が登載されているので，本節もこの事件の下級審判決の紹介から始めるが，後にみるように，最高裁判決はむしろ第2事件1審判決と共通するところがあるので，この判決についても同様にややくわしく紹介することにする。

第1事件1審判決は，結論として原告の請求を認容したが，その中心部分を要約すると，被告国が，3条1項による準正子と準正子でない非嫡出子との間に生じている国籍取得の可否の区別の合理性を裏づけると主張する4つの事情を検討し，準正子と準正子でない非嫡出子の一部，すなわち父母が内縁関係にある非嫡出子との間の国籍取得の可否の区別に合理的理由はなく，したがってそのような区別を生じさせている点で，3条1項は憲法14条1項に違反するものというべきであるとするものである。

すなわち判決は主張される4つの事情のうち，準正子ではない非嫡出子に国籍取得を認めた場合には，国籍取得のための仮装認知が横行するおそれがある，嫡出子と非嫡出子とで区別した取扱いをすることは民法等においても認められており，そのような区別は，我が国の伝統，社会事情，国民意識等を反映した結果なのであるから，合理的根拠を有する，および，準正子でない非嫡出子には3条1項に基づく国籍取得が認められないとしても，帰化制度を利用することによって国籍取得が可能であるから，不当な結論がもたらされるわけではない，という3つの事情については比較的簡単な検討で，区別の合理性を基礎づける事情にはなり得ないとし，主として，残りの準正子は，日本国民である父と共同生活を送っているものが多いと想定され，したがって我が国との結びつきが強いといえるのに対し，準正子でない非嫡出子については，必ずしもそのような関係があるとはいえないという事情について検討し，結論として，準正子でない非嫡出子の一部についてはそのことに合理性を認めることはでき

ないとするのである。

　この被告国主張の最後の事情についてそうした結論を導くに当たって判決は先ず，「国籍の伝来的取得については，日本国民との間に法律上の親子関係が生じたことに加え，我が国との間に一定の結びつきが存することを要求したのが法（＝国籍法—筆者）3条1項の規定であり，…このように国籍の伝来的取得のために，我が国との間に一定の結びつきが存することを要求することそれ自体には，合理的な理由があるものというべきである。そして，…我が国との間に国籍取得を認めるに足りる結びつきが存するかどうかは，何らかの指標に基づいて定めざるを得ないところであるし，その指標として，日本国民である親と，その認知を受けた子を含む家族関係が成立し，共同生活が成立している点を捉えることそれ自体にも一応の合理性を認めることができるものというべきである」という。

　こうして判決は3条1項が国籍の伝来的取得について，認知に加えて，子が我が国と一定の結びつきをもつこと，すなわち日本国民である親と当該の子との間に家族関係・共同生活が成立していることを必要としていること自体には合理性が認められるとするが，しかし3条1項がこの家族関係・共同生活の成立という「指標」を，さらに「父母の婚姻」，すなわち父母の法律上の婚姻と法定・限定していることには合理性は認められないとする。

　つまり上にのべたような「家族関係や共同生活は，父母の間に法律上の婚姻関係が成立した場合にのみ営まれるものではなく，いわゆる内縁関係として，父母が事実上の婚姻関係を成立させ，認知した非嫡出子とともに家族として共同生活を営む事例が少なくないことは公知の事実である」から，「父母が法律上の婚姻関係を成立させている場合とそうでない場合とで，家族としての共同生活の実態が類型的に異なると認めるに足りる事情が存するものとはいい難いし，価値観が多様化している今日の社会においては，父母が法律上の婚姻関係を成立させている家族こそが正常な家族であって，そうでない内縁関係は，家族としての正常な共同生活を営んでいるとの評価には値しないといわなければ我が国の社会通念や国民感情等に反するなどということも困難であるといわざるを得ない。そうすると，日本国民を親の一人とする家族の一員となっている

非嫡出子として，我が国との結びつきの点において異ならない状況にあるにもかかわらず，その父母の間に法律上の婚姻関係が成立している場合には国籍取得が認められるのに，法律上の婚姻関係が成立していない場合にはそれが認められないというのは，我が国との結びつきに着眼するという国籍法3条1項本来の趣旨から逸脱し，またそれ自体としても合理的な区別の根拠とはなり得ない事情によって，国籍取得の有無についての区別を生じさせるものであって，そこには何らの合理性も認めることができないものというべきである」とされるのである。

　こうして判決は，結論として，「以上の次第で，法3条1項は，準正子と，父母が法律上の婚姻関係を成立させていないが，内縁関係（重婚的なものも含む。）にある非嫡出子との間で，国籍取得の可否について合理的な理由のない区別を生じさせている点において憲法14条1項に違反するものというべきである」とする。このように判決は，準正子と準正子ではない非嫡出子一般との間に生じている区別の合理性の検討からスタートしながら，最後は，準正子と父母が法律上の婚姻関係を成立させてはいないが，内縁関係にある非嫡出子との間の国籍取得の可否の区別の合理性の有無に検討をしぼり，こうした区別には合理性が認められないとして，このような不合理を生じさせている点で3条1項を違憲とするのである。

　なおこう解すると，当然，父母が法律上の婚姻関係や内縁関係にあって，家族としての共同生活の成立が認められる準正子や非嫡出子と，その父母の間に事実上の婚姻関係が成立しているとまではいえないが，親との間に一定の交流が認められる者や，日本に滞在しているが故に我が国との結びつきが認められている者等，我が国との間に一定の結びつきがないわけではないが，家族としての共同生活の成立までは認められない非嫡出子との間の区別をどう捉えるかも問題になり得るが，この点につき判決は，3条1項は，父母と非嫡出子の間に家族生活が成立しているという点に着目して我が国との結びつきを肯定した規定であり，そのこと自体には合理性が認められる以上，家族としての共同生活の成立が認められない非嫡出子との間には類型的な差異が生じているものといわざるを得ないのであるから，これらの非嫡出子との間に生じている区別を

不合理なものであって，憲法14条1項に違反すると断ずるだけの根拠はないとしている。やや分かり難い説明であるが，要するに3条1項は国籍の伝来的取得について，法律上の親子関係が生じたことに加えて，我が国との間に一定の結びつきが存することを求め，この結びつきの指標として家族としての共同生活の成立に着眼した規定であり，そのことには一応の合理性が認められるから，こうした3条1項の類型外である非嫡出子の国籍取得の問題は3条1項とは別の，むしろ立法論の問題であって，3条1項がそれらの者をも包含していないからといって，直ちに憲法違反とはいえないということであろう。

このように，準正子と準正子でない非嫡出子の一部,すなわち，父母が内縁関係にある非嫡出子との間の区別を違憲とするいささか特異な判決に対し，学説の多数は準正子と準正子でない非嫡出子一般の区別を違憲と捉える傾向が強いから,判決の違憲の結論はその意味ではマイルドであるが,ただ国籍の伝来的取得を準正子に限っている3条1項を違憲とする点では共通しているわけである。

したがってその限りでは学説の大勢と軌を一にした判決であるが，判決はさらに，こうして3条1項は，父母が法律上の婚姻関係を成立させ，準正子となった子と，父母が内縁関係にとどまる非準正子との間に不合理な区別を生じさせている点において憲法14条1項に違反するとすると，そのことは3条1項の規定やその解釈にどのような影響を生じるかと論を進めている。そしてその結果,「父母の婚姻及びその認知により嫡出子たる身分を取得した子」について，一定の要件の下に国籍取得を認めている3条1項のうちの「父母の婚姻」という文言については，今日，内縁関係も，法律上の婚姻関係と同様あるいはこれに準ずる関係として捉えられ，様々な場面において法律上の婚姻関係と同様あるいはこれに準ずる保護を与えられていることを考慮すると，法律上の婚姻関係に限定されず，内縁関係も含む趣旨であると解することは不可能ではないが，他方3条1項のうちの「嫡出子」という文言は，あくまでも父母の間に法律上の婚姻関係が成立していることを当然の前提とした文言であると解せざるを得ないから，「嫡出子」という文言のうち，「嫡出」の部分は一部無効と解するほかはないと結論する。

その結果3条1項は結局，内縁関係を含む父母の婚姻およびその認知により

嫡出子または非嫡出子たる身分を取得した子について，一定の要件の下に国籍取得を認めた規定と理解すべきことになり，原告はこれらの条件を満たす者として，国籍取得の届出をした日に国籍を取得したものというべきであるとされるのである。

　他方第2事件1審判決は，「国籍法3条1項が準正を国籍取得の要件とした部分は，日本国民を父とする非嫡出子に限って，その両親が婚姻をしない限り，法律上の親子関係が認められても，届出により日本国籍を取得することができないという，非嫡出子の一部に対する大きな区別と不利益をもたらすことになり」，「このような区別によって非準正子の被る不利益の深刻さや，区別の大きさ等にかんがみると，この区別は，合理的な根拠に基づくものであるとはいえず，憲法14条1項に反する不合理な差別であるといわざるを得ない」との結論が示すように，準正子と，準正子でない非嫡出子との間に，準正要件のみをもって国籍取得に差異を設けることに合理的な理由が認められるかどうかの検討を最後まで維持している。すなわち第1事件1審判決のように，それを準正による嫡出子と，父母が法律上の婚姻関係を成立させてはいないが，内縁関係にある非嫡出子との間の国籍取得の可否の区別の合理性の検討に収斂させてはいないのである。

　2つの判決でこうした違いが生じている原因は，3条1項の本来の趣旨とされる，生後認知された子のうち，日本国民と生活の一体化が生じている点において我が国との結びつきないし帰属関係がある子に限って国籍を付与しようとする考え方に対する評価の差である。第1事件1審判決は前述のように，この考え方に全面的に賛成するわけではないものの，一応の合理性を認め，それを家族関係・共同生活の成立と敷衍して，準正要件について判断し，上にみたように結論しているのであるが，それに対し第2事件1審判決は，「そもそも日本国籍の取得において，子が我が国と強い結び付きないし帰属関係を有していること，具体的には日本国民である親との家族関係や生活の一体化があることは，我が国の国籍法において，国籍の取得のための重要な考慮要素とされているということは困難であ」り，「国籍法の解釈上，このような我が国との強い結び付きないし帰属関係や，日本人の親との家族関係ないし生活の一体化等」

が，父母両系血統主義と並び立つような重要な理念と位置づけられているとは解し難いとするのである。

つまり第2事件1審判決によれば，3条1項の趣旨とされる考え方は，実は，国籍法の全体的構造や思想にマッチせず，十分に説得的ではないことになるのである（こうした評価の前提には，生後認知を受けた非嫡出子のうち，我が国との結びつきないし帰属関係の強い子に限って国籍を付与しようとする場合には，国籍法が父母両系血統主義に拠って立っていること，および日本国民の法律上の子であると認められながら国籍を取得することができないという不利益の深刻さと区別の大きさに照らすと，そのような別異の取扱いをする理由には，十分な合理性が認められなければならないという理解がある）。

その理由として判決は，国籍を保有していても，日本国民との生活の一体化や我が国との強い結びつきないし帰属関係がないケース，あるいは逆にそうした要素はあるものの，現行法下では国籍取得ができないケースをあれこれと挙げている。すなわち判決は，国籍を保有し，一体的な家族生活を営んでいることになっている場合でも，勤務上の必要性や不仲等のために別居していれば，実際には生活の一体化等は存せず，また日本国民である父の外国滞在中に外国人を母として生まれ，その後も海外に居住しているような子どもについては，日本国民である父との生活の一体化があり，国籍を保有していても，我が国との結びつきが強いとは必ずしもいえず，さらに，準正子の場合であっても，父母が婚姻届を提出した事実があれば足りるのであるから，父母が同居していないが，国籍を取得させるために婚姻届を提出したときや，あるいは婚姻届を提出した後に離婚したときも含まれること，他方，法律上の婚姻がなくても，日本国民である親を含む家族関係や生活の一体化が実現していたり，日本人を父とし，外国人を母とする子は，日本で生まれ，その後も継続して日本で育っていることが多く，この場合は日本国民である親との生活の同一化がなくても，日本人の親と緊密な親子関係があったりして，我が国との強い結びつきや帰属関係を肯定し得るときもあると予測できることなどを，縷々指摘するのである。

そしてこれらのことは当然，我が国との結びつきないし帰属関係の強い子に限って日本国籍を付与しようとする3条1項の趣旨とされる考え方の合理性の

乏しさのみならず，結びつきないし帰属関係の強さの指標として，父母の法律上の婚姻を掲げることの不合理さも示すものであるから，判決はこうした行論を受けて，「以上によると，認知による国籍取得の制度においては，現在では我が国との強い結びつきないし帰属関係を要求することの合理性は高いものと評価することはできず，かつ，そのような我が国との強い結びつきないし帰属関係があるものと認める指標として日本国民である親との生活の一体化を求め，これを父母の法律上の婚姻関係があることを一律に要求することによって法定化し，これをもって国籍を取得することができるか否かの区別を設けることは，…，それを裏付けるほどの合理性を有するものではないというべきである」とするのである。

　すなわち第1事件1審判決は，生後認知された子のうち日本国民と生活の一体化が生じている点において我が国との結びつきないし帰属関係が強い子に限って国籍を付与しようという3条1項の立法趣旨とされる考え方に合理性を認め，ただこうした立場からその掲げる準正要件をみると，それは，こうした条件をともに満たす子の間に国籍取得の可否の区別をもたらすことがあるとし，その限りで準正要件を不合理とし，3条1項を違憲とするのであるが，第2事件1審判決は，3条1項の立法趣旨とされる考え方には求められる十分な合理性がないとし，こうした評価を受けて，準正要件も不合理であり，結局準正子と準正子でない非嫡出子の区別そのものが，違憲な差別であるといわざるを得ないとするのである。

　前述のようにこうした第2事件1審判決の方が第1事件1審判決よりも学説の大勢に沿うものであるであるが，ただ，第2事件1審判決も，そこから国籍法3条1項全体を違憲無効とするわけではなく，3条1項のうち，準正要件とその余の要件は本来的，論理的には可分なものであり，そうすると，法律の規定はできるだけ合憲的に解釈すべきであるから，3条1項のうち，一部を違憲無効と解することで足りるのであれば，そのように解するにとどめるのが相当であるというべきであるとする。そして，「国籍法3条1項は，父母両系血統主義を採る同法2条1号による国籍の付与をさらに拡充する規定であり，同号は法律上の親子関係を要求するものの，父母の婚姻関係まで要求していないこ

とにもかんがみれば，同法3条1項における中核的要件は，…日本国民である父又は母から認知された子という部分（条文の文言としては，「認知により…（中略）…身分を取得した子」と同項後段の部分）であって，…準正要件は，重要ではあるものの，中核的なものではないと解するのが相当である」とし，「以上によれば，上記両部分が本来的に可分であり，準正要件については合理性が認められず，また，準正要件は中核的なものではないと解される以上，国籍法3条1項のうち，準正要件を定める部分（すなわち3条1項の文言に即していえば，「婚姻及びその」ならびに「嫡出」の部分—筆者）のみを違憲無効と解すべきである」とするのである。

　その結果，原告らは，違憲無効の準正要件以外の3条1項の国籍取得届出要件に欠けるところはないというべきであるとされ，その国籍確認の請求は認容されることになるのである。

　しかし2審判決は，第1事件のそれも，第2事件のそれも，ともに，上にみたような1審判決を取り消し，被控訴人（原告—以下引用文中を除いて「原告」で統一する）らの請求を棄却するものであった。

　そのうち第1事件2審判決は，そもそも原告の3条1項の違憲無効の主張と，国籍確認の請求は，原告のいうようには連動しないとする。つまり，「仮に同項（3条1項—筆者）の規定が無効であるとすれば，父母の婚姻及び父による認知要件を具備した子において日本の国籍を取得する規定の効力が失われるだけであって，そのことから，被控訴人の主張するような出生した後に父から認知を受けたが，父母が婚姻しないために嫡出子たる身分を取得しない子が日本の国籍を取得する制度が創設されるわけではないことも明らかといわざるを得ない」というのである。同判決はさらに念を押して，原告が主張するように，仮に3条1項が違憲無効とすれば，準正子でない非嫡出子のみならず準正子も，上述のように，国籍を取得することができなくなり，両者の間には国籍取得の可否の区別がなくなるから，原告は，両者の区別を不合理とする自らの主張を維持することができなくなることも明らかであるともいう。

　こうした説はかねてより存在し，そのため，第2事件1審判決は態々，「なお，仮に国籍法3条1項が憲法14条1項に違反して無効であるとしても，これま

で国籍法3条1項によって認められていた準正による嫡出子の国籍取得が認められなくなるだけのことであり，このことによって非嫡出子である原告らの国籍取得原因が発生することにはならないから，原告らの主張には理由がないのではないかとの懸念も生じ得る。しかしながら，原告らが主張しているのは，国籍法3条1項全体の違憲無効ではなく，届出による国籍の取得を認める同項のうち，『父母の婚姻』及び『嫡出子たる身分』の部分の違憲無効であり…，これが認められれば，同項によって，日本国民である父又は母の認知と届出のみによって日本国籍を取得することが可能となるから，原告らの主張，すなわち，準正要件の違憲性を判断することには，意味があるということができる」との前置きをしたうえで，準正要件の合理性を裏づけると被告国が主張する事情について，真に合理性が認められるか否かを検討するのであるが，第1事件2審判決も流石に上のような形式論のみで終ることにはちゅうちょがあったようで，原告の主張の真意を斟酌すると，3条1項の類推適用あるいは拡張解釈によって，父母は法律上の婚姻関係にないが，事実上の婚姻と同視し得る内縁関係にあるのであるから，日本人父による生後認知を受けた原告についても，国籍の取得を認めるべきであるとの主張とみる余地もないではないとして，検討を続ける。

　しかし判決は，国籍法については，規定する内容の性質上，元々法律上の文言を厳密に解釈することが要請されるものであり，立法者の意思に反するような拡張ないし類推解釈は許されないというべきであるとし，とくに3条1項については，「婚姻」，「認知」，あるいは「嫡出子」という概念によって立法者の意思が一義的に示されているうえ，同項が2条1号の適用のない者について日本国籍を認める例外的，補完的な性質を有する規定であって，本来むやみに拡張を許すべきものではないことを考えれば，その類推解釈あるいは拡張解釈によって，原告の国籍の取得を認めることはできないとする。こうして原告の主張するような，事実上の婚姻関係も3条1項が国籍取得の要件として規定している「婚姻」に含まれるとの拡張ないし類推解釈をすることは許されないとまとめるのである。

　さらにまた判決は，原告の3条1項の違憲無効の主張を，3条1項のうち「婚

姻」ないし「嫡出子」を要件とする部分だけを違憲無効とし、もって同項を原告の国籍取得を可能にするよう拡張ないし類推解釈すべきであるとの主張を解する余地もないではないとしても、こうした主張は、結局、裁判所に類推解釈ないし拡張解釈の名の下に国籍法に定めのない国籍取得の要件の創設を求めるものであって、裁判所がこのような国会の本来的機能である立法作用を行うことは許されないから、やはり認められないともいう。

　こうして第１事件２審判決は第１事件１審判決のような解釈法も、第２事件１審判決のような解釈法も、ともに否定して、原告の請求を退けるのである。

　なお第２事件２審判決も、「被控訴人らは、法３条１項のうち、『父母の婚姻』及び『嫡出子たる身分の取得』の要件のみが憲法14条１項に違反して無効であるから、被控訴人らは同条項の届出により日本国籍を取得する旨を主張する。しかしながら、法３条１項は、日本人父の子のうち、父の認知と父母の婚姻により嫡出子たる身分を取得したものに対する規定であって、非嫡出子は含まれないものとして成立したものであるから、上記要件を無効としたところで、同条項に基づき非嫡出子が法務大臣に対する届出により国籍を取得することができるものと解することはできない。仮に被控訴人らが主張するように法３条１項のうちの上記要件のみが憲法14条１項に違反して無効であるとして、そのことから非嫡出子が認知と届出のみによって日本国籍を取得できるものと解することは、法解釈の名の下に、実質的に国籍法に定めのない国籍取得の要件を創設するものにほかならず、裁判所がこのような国会の本来的な機能である立法作用を行うことは憲法81条の違憲立法審査権の限界を逸脱するものであって許されないというべきである。また、法３条１項の趣旨からすると、被控訴人ら主張の上記要件が憲法14条１項に違反して無効であるとすれば、法３条１項全体が憲法14条１項に違反して無効となると解するのが相当であるが、仮に３条１項が無効とされるとすれば、父母の婚姻及び日本人父による認知の要件を具備した子が日本国籍を取得できる根拠規定の効力が失われるだけであり、そのことから、出生した後に日本人父から認知を受けたものの、父母が婚姻しないために嫡出子たる身分を取得しない子が日本国籍を取得する制度が創設されるわけではないことも明らかであるといわざるを得ない」と、共通

するところの多い理由をのべて（両判決の裁判体は異なる），原告の請求を退けている。

このように 2 事件の 2 審判決はともに，3 条 1 項の合憲性については判断しないまま，原告らの請求を退けたのである。

2 最高裁判決

上記のように原告らの請求を退けた 2 つの 2 審判決についてはともに上告がなされたが，この上告事件はいずれも第 1 小法廷から大法廷に回付され，冒頭にのべたように，平成 20 年 6 月 4 日大法廷は 3 条 1 項の一部を違憲とする判決を言い渡したのである。

両事件の最高裁大法廷判決（以下単に「最高裁判決」ないし「判決」という）は当然同旨であるが，これも先にのべたように，以下ではそのうちの第 1 事件最高裁判決[14]をみていくことにしよう。

この最高裁判決はすでによく知られているように，5 名の裁判官の 2 つの反対意見があり，また 6 名の裁判官の 4 つの補足意見，1 名の裁判官の意見もあるため，最高裁の判決としては相当の長文になっているが，9 名の裁判官の多数意見そのものもかなり長く，それだけに簡単にはまとめ切れない内容になっている。

それを解きほぐし，判決の順に従って本節の検討に必要な限りで内容を紹介すると，判決は先ず，憲法 14 条 1 項は，事柄の性質に即応した合理的な根拠に基づくものでない限り，法的な差別的取扱いを禁止する趣旨であり，したがって，「日本国民たる要件は，法律でこれを定める」と定めた憲法 10 条は，国籍の得喪に関する要件を定めるについては立法府の裁量判断に委ねる趣旨の規定であると解されるとしても，立法府によって定められた日本国籍の取得に関する法律の要件によって生じた区別が，合理的理由のない差別的取扱いとなるときは，憲法 14 条 1 項違反の問題を生じることはいうまでもないとする。さらに判決は，「すなわち，立法府に与えられた上記のような裁量権を考慮しても，なおそのような区別をすることの立法目的に合理的な根拠が認められない場合，又はその具体的な区別と上記の立法目的との間に合理的関連性が認められ

ない場合には，当該区別は，合理的な理由のない差別として，同項に違反するものと解されることになる」と，いかなる点に着目して合理性を判断すべきかを，かなり具体的かつ明確にのべるのである。

しかもさらに，国籍は我が国の構成員としての資格であって，我が国において基本的人権の保障，公的資格の付与，公的給付等を受けるうえで意味をもつ重要な公的地位でもあり，一方，父母の婚姻により嫡出子たる身分を取得するか否かということは，子にとっては自らの意思や努力によっては変えることのできない父母の身分行為に係る事柄であるから，このような事柄をもって国籍取得の要件に関して区別を生じさせることに合理的な理由があるか否かについては，慎重に検討することが必要であると付け加えている。前述のように第2事件1審判決は，準正子と準正子でない非嫡出子との間で国籍の取得について別異の取扱いをする場合には，不利益の深刻さや区別の大きさ等からして，その理由に十分な合理性が認められなければならないとするが，表現こそ異なるものの，最高裁判決も一応の合理性があるとか，あるいは著しく不合理とはいえないとかいったレベルでは，区別の合理性を裏づけるものとはいえないことを示唆しているものと思われる。

判決はこうしておいて，続いて準正子と準正子でない非嫡出子との間で国籍取得の可否の区別（以下原則として「本件区別」という）を生じさせている3条1項の立法目的に合理的な根拠が認められるか否か，およびその具体的な区別と立法目的との間に合理的関連性が認められるか否かを論じるのであるが，この準正子と準正子でない非嫡出子の国籍取得の可否の区別の合理性を論じるという態度は第2事件1審判決同様，最後まで維持されている。

3条1項の立法目的については判決は，「同法の基本的な原則である血統主義を基調としつつ，日本国民との法律上の親子関係の存在に加え我が国との密接な結びつきの指標となる一定の要件を設けて，これらを満たす場合に限り出生後における日本国籍の取得を認めることとしたものと解される」という。そしてとくにくわしく理由をのべることなく（もっとも3条1項を設けた国籍法改正時には，父母両系血統主義を採用する国には，自国民である父の非嫡出子について認知だけでなく，準正のあった場合に限り，自国籍の取得を認める国が多かったことや，日

本国民を血統上の親として出生した子であっても，日本国籍を生来的に取得しなかった場合には，その後の生活を通じて国籍国である外国との密接な結びつきを生じさせている可能性があること等はのべられている），こうした立法目的自体には合理的な根拠があるというべきであるとする。この判断は最後まで変えられていない。

　また具体的な区別と立法目的との間の合理的関連性についても，3条1項が認知に加えて準正を国籍取得の要件としたことは，当時の我が国の社会通念や社会的状況，あるいは諸外国における国籍法制の傾向からすれば，立法時には，立法目的との間に一定の合理的関連性があったものということができるとして，それを肯定する。

　こうして3条1項は立法時にはその目的においても，認知に加え，準正を国籍取得の要件としたことにおいても，合理性が認められる規定であったとされるのである。

　しかし時代の進展につれ，認知に加えて準正を出生後における届出による国籍取得の要件としておくことについては，立法目的との間に合理的関連性を見出し難くなっていると判決は論を進める。すなわち3条1項について求められる2つの合理性のうち，第1の立法目的の合理性は依然維持されているとしても，第2の具体的な区別と立法目的との間の合理的関連性はもはや継続して認めるのが困難であるとするのである。

　判決がこのように判断する理由は2つあって，1つは我が国の社会通念・社会的状況の変化，あるいは国際化の進展・国際的交流の増大による日本人父と外国人母との間に出生する子の増加，等に伴う家族生活の実体や親子関係のあり方についての認識の複雑多様化である。具体的には，夫婦共同生活のあり方を含む家族生活や親子関係に関する意識が多様化したこと，出生数に占める非嫡出子の割合の増加等の家族生活や親子関係の実態も変化・多様化したこと，および両親の一方のみが日本国民である場合には，同居の有無などの家族関係の実態や法律上の婚姻あるいはそれを背景にした親子関係のあり方についての認識も，両親が日本国民である場合と比べてより複雑多様な面があり，その子と我が国との結びつきの強弱を両親が法律上の婚姻をしているか否かをもって直ちに測ることはできないこと，等が指摘されている。

要するに3条1項の立法当時と比べて現在では，家族生活に関する意識や実態も変化し，多様化していること，とくに両親の一方のみが日本国民である場合には，そのことが顕著であること，具体的には夫婦や親子の同居，あるいは法律上の婚姻の手続に往時ほど重きを置かない意識や実態がみられるようになったことがのべられているのであるが，判決はその結果，「これらのことを考慮すれば，日本国民である父が日本国民でない母と法律上の婚姻をしたことをもって，初めて子に日本国籍を与えるに足りるだけの我が国との密接な結びつきが認められるものとすることは，今日では必ずしも家族生活等の実態に適合するものということはできない」という。換言すれば，「血統主義を基調としつつ，日本国民との法律上の親子関係の存在に加え我が国との密接な結びつきの指標となる一定の要件を設けて，これらを満たす場合に限り出生後における日本国籍の取得を認める」という3条1項の立法目的，立法趣旨そのものは今日でもなお合理性を見出し得るが，「一定の要件」を「父母の法律上の婚姻」に限定することには，もはや合理性を見出すことはできないとするのである。
　こうした判断の根拠となると判決がするもう1つの理由は，かつて自国民である父の非嫡出子について準正を国籍取得の要件としていた多くの国において，今日までに，認知等により自国民との父子関係の成立が認められた場合にはそれだけで自国籍の取得を認める旨の法改正が行われているなどの，非嫡出子の差別解消に向けての国際的な動向である。
　重ねていえば，判決はこのような2つの理由を挙げて，「以上のような我が国を取り巻く国内的・国際的な社会的環境等の変化に照らしてみると，準正を出生後における届出による日本国籍取得の要件としておくことについて，前記の立法目的との間に合理的関連性を見いだすことがもはや難しくなっているというべきである」とするのである。
　ただ正確にいうと判決は，3条1項の掲げる準正要件が，その立法目的と合理的関連性を欠くことの指摘を，これだけでは終っていない。さらにそれに付け加えて判決は，現行国籍法の下では，日本国民である父または母の嫡出子はもとより，日本国民である父から胎児認知を受けた非嫡出子，および日本国民である母の非嫡出子も生来的に日本国籍を取得することになるところ，これら

の子と同じく日本国民を血統上の親として出生し、法律上の親子関係を生じた子であるにもかかわらず、日本国民である父から出生後に認知された子のうち準正により嫡出子たる身分を取得しない子に限っては日本国籍を取得することができないことになるが、このように日本国民である父から出生後に認知されたにとどまる非嫡出子のみが、日本国籍の取得について著しい差別的取扱いを受けていることは、国籍の取得が基本的人権の保障を受けるうえで重大な意味をもち、したがってその否定によって子の被る不利益が看過し難いものであることからすれば、立法目的との間に合理的関連性を見出し難いというのである。とりわけ判決は、日本国民である父から胎児認知された子と生後認知された子との間においては、我が国社会との結びつきの程度に一般的差異が存するとは考え難いこと、および、父母両系血統主義を採用する国籍法の下で、日本国民である母の非嫡出子が出生により日本国籍を取得するにもかかわらず、日本国民である父から出生後に認知されたにとどまる子は、届出による日本国籍の取得すら認められないことの不合理さをのべて（後者の区別は父母の地位をも区別するものであるから、両性の平等という観点からみてその基本的立場に沿わないところがあるともされている）、日本人を父とする非嫡出子についてのみ、準正要件を満たさない限り国籍取得を認めないとしていることは、今日においては、立法目的との間の合理的関連性を欠くにいたっていると判断する所以を補強している。

　ただ胎児認知を受けた非嫡出子や日本人母の非嫡出子との区別の存在はそのとおりであるとしても、この区別は3条1項を設けた当時から存在したわけであるから、こうした区別の不合理さの指摘が、準正要件が、時代の進展につれて立法目的との間の合理的関連性を欠くようになったという判決の行論の補強となるかは疑わしいであろう。どういう意味で補強となっているのか分かりづらいとの批判が寄せられるのも頷けるところである。[15]

　ともあれ判決はこうした行論を受けて、本件区別は遅くとも上告人が法務大臣あてに国籍取得届を提出した当時には、立法府に与えられた裁量権を考慮してもなおその立法目的との間において合理的関連性を欠くものとなっていたと解され、したがって上記時点において、本件区別は合理的な理由のない差別と

なっていたといわざるを得ず，国籍法3条1項の規定が本件区別を生じさせていることは，憲法14条1項に違反するものであったというべきであると結論するのである。

　この後判決は，しかしながら，本件区別による違憲の状態を解消するために3条1項の規定全体を全部無効として，準正子の届出による国籍の取得をもすべて否定することは，採り得ない解釈であるとし，そうすると準正子について届出による国籍の取得を認める3条1項の存在を前提として，本件区別により不合理な差別的取扱いを受けている者の救済をはかり，本件区別による違憲の状態を是正する必要があるとして，その是正の方法の検討に移るのであるが，ここでここまでの最高裁判決のポイントを，コメントを混じえ，また2つの事件の1審判決とも比較しながら，一応中間総括的にまとめると，次のようなことがいえるであろう。

　何よりも目につくのは，法の定める区別が憲法14条1項に違反するか否かは，合理的理由の有無によって決せられるとの従来の判例の立場を繰り返したうえで，その合理的理由の有無の判断方法を明確に示していることである。すなわち前述したように，「そのような区別をすることの立法目的に合理的根拠が認められ」るか否か，および，「その具体的な区別と…立法目的との間に合理的関連性が認められ」るか否かを検討し，そのいずれかが認められない場合には，当該区別は，合理的な理由のない差別として，14条1項に違反することになるとのべて，2つの判断基準を明示しているのである。

　もちろん最高裁は従来も実質的にはほぼ同様の判断方法をとってきた。例えばいわゆる尊属殺重罰規定違憲判決[16]で，刑法200条が尊属の殺害について通常の殺人より刑を加重していることをもってただちに合理的根拠を欠き，憲法14条1項に違反するということはできないが，法定刑を死刑または無期懲役のみに限っている点において，その立法目的達成のため必要な限度を遙かに超え，著しく不合理な取扱いをするものとして，憲法14条1項に違反して無効であるとしなければならないとしたり，非嫡出子相続分差別規定合憲決定[17]で，「現行民法は法律婚主義を採用しているのであるから，右のような本件規定の立法理由にも合理的な根拠があるというべきであり，本件規定が非嫡出子の法

定相続分を嫡出子の2分の1としたことが，右立法理由との関連において著しく不合理であり，立法府に与えられた合理的な裁量判断の限界を超えたものということはできない」としているのは，ほぼ同様の判断方法を表明したものといえるであろう。

　しかし今回の判決のように合理的理由の内容を，「立法目的の合理的根拠」と「具体的な区別と立法目的の合理的関連性」と明示し，しかも区別のもたらす影響の重大性や，その区別が当事者の意思や努力によっては如何ともし難いものからすれば，合理的理由の有無は慎重に検討されねばならないとしていること，すなわち合理的理由のレベルをかなり高くしていることは，やはり従来の判例よりも一歩進んだ印象を与えるのである。このことは尊属殺重罰規定違憲判決や非嫡出子相続分差別規定合憲決定が，合理的関連性の有無の判断に当たって，上述のように，「著しく不合理」というきわめて緩やかな基準を用いているようにみえるのに対し，今回の判決はただ「合理的関連性」という表現のみを一貫して用い，そのレベルを緩やかなものと受け取らせるような表現を終始避けていることからも窺われるであろう。

　このような前提からスタートして最高裁判決は前述のように，立法当時は立法目的にも，立法目的と具体的な区別との関連性にも合理性が認められたが，時代の進展につれ，後者の合理性は消失したとするのである。こうした展開を，これも実質的には立法目的の合理性，および立法目的と具体的な区別との合理的関連性に沿って判断している（ただしこの2つの区別を明言したうえで論じるほど徹底していないのは，尊属殺重罰規定違憲判決や非嫡出子相続分差別規定合憲決定の場合と同様である）2つの1審判決と比較すると，第1事件1審判決は，日本人父との間に法律上の親子関係が生じたことに加えて，我が国との一定の結びつきが存する子について国籍を付与するという3条1項の立法目的には合理的根拠があるとし，我が国との一定の結びつきをさらに日本人親との家族関係・共同生活の成立＝父母の広義の婚姻の成立と敷衍して3条1項をみると，それは父母の法律上の婚姻を要求し，その結果立法目的を逸脱して，準正子と父母が内縁関係にある非嫡出子との間で国籍取得の可否について区別を生じさせているから，その限りで合理性を欠くとし，第2事件1審判決はそれと断言してい

るわけではないが，実質的には，立法目的に合理的根拠がないとする判断をし，それと連動して，準正要件についてもそもそも合理性を認めていないから，最高裁判決は，一部重なるところはあるものの，2つの1審判決のいずれとも異なることになる。

　すなわち立法目的に合理的根拠があるとする点では第1事件1審判決と類似するものの，我が国との一定の結びつきの具体的理解およびその結果としての準正要件の評価の点では異なり，また一貫して準正子と準正子でない非嫡出子との国籍取得の可否の区別を判断対象としていることや，「父母の婚姻」を法律上の婚姻と解し，そうした過剰な要件が不合理な区別をもたらすと結論していることなどは，第2事件1審判決と類似しているが，後者が，それと明言はしていないものの，そもそも不合理さは3条1項を設けた昭和59年の国籍法改正時より認められるとするのに対し，最高裁は，これまで繰り返しみたように，時代の進展につれて不合理さが認められるようになったとする点で異なっているのである。

　おそらくここまでの最高裁判決の展開で最も評価が分かれるのは，この上の文章の最後でふれた，準正要件は立法時には，具体的な区別と立法目的との間の合理的関連性の要請を満たしていたが，時代の進展につれてそれを欠くにいたったという，第2事件1審判決とは異なる判断であろう。それはとりも直さず，最高裁がそのように判断する主たる理由についての評価が分かれるということであるが，そのことについて判決は前述のように我が国の社会通念・社会的状況の変化，あるいは国際化の進展・国際的交流の増大に伴う，家族生活の実態や親子関係のあり方についての認識の複雑多様化を挙げている。2つの1審判決でもこうしたことが断片的にふれられてはいるが，結論と直接には結びついていないのに対し，最高裁判決ではこのことが合理的関連性を欠くにいたったとする結論の決定的な理由になっているのである。

　周知のように，こうした見解は，平成14年の国籍法2条1号合憲判決[18]における梶谷裁判官と滝井裁判官の補足意見でものべられ，そこでも，「しかしながら，今日，国際化が進み，価値観が多様化して家族の生活の態様も一様ではなく，それに応じて子供との関係も様々な変容を受けており，婚姻という外形

を採ったかどうかということによってその子が国籍を取得することができるかどうかに差異を設けることに格別の合理性を見出すことは困難である」とのべられているが，家族生活の実態や親子関係のあり方についての認識の複雑多様化といっても，当然明確な物差しがあるわけではないから，必ずしも十分に説得的ではないのである。横尾，津野，古田の3裁判官の反対意見で，「しかしながら，家族生活や親子関係に関するある程度の意識の変化があることは事実としても，それがどのような内容，程度のものか，国民一般の意識として大きな変化があったかは，具体的に明らかとはいえない。実態の変化についても，家族の生活状況に顕著な変化があるとは思われない」とのべられているが，こうした批判は当然あり得るところであろう。筆者も実態や認識の複雑多様化という，多分に主観に左右される曖昧な基準が合理的関連性の否定の根拠にされることには，疑問を抱くのである。

　ただ上の3裁判官の反対意見はこうした指摘を経て，準正要件を憲法14条1項に違反するものではないとするのであるが，筆者はおおむね第2事件1審判決がのべるのと同じ理由で，やはり準正要件はその元になっている立法目的の点でも，目的との関連性でも，合理的理由を欠き，憲法14条1項に違反するものと考える。すなわち，3条1項の立法目的とされる，日本人を父とする非嫡出子のうち，我が国との結びつきの強い子について国籍を付与するという趣旨については，一応相重なる2つの説明が考えられるものの，結局そのいずれも合理的とは評価されず，そうすれば，そのような目的のために設けられたとされる準正要件も必然的に合理性を欠くことになると考えるのである。つまり3条1項の立法目的として考えられる2つの説明の1つは，そもそもはそうした我が国との強い結びつきは血統と並ぶ国籍法の国籍付与の条件とされているのであるが，日本人父または母の嫡出子，日本人母の非嫡出子，および日本人父より胎児認知を受けた非嫡出子の場合は，日本人父または母との出生時の明確な法律上の親子関係や，そうした場合の一般に予想される家庭生活の在り方からして，我が国との強い結びつきの存在は当然視されるから，2条1号はそのことを示す特段の指標を設け，その充足を求めていないのに対し，日本人父の非嫡出子の場合は我が国との結びつきは当然視されない（むしろ弱いことが

予想される）から，結びつきの存在を示す何らかの指標を設け，その充足を求める必要があるとして，3条1項は準正要件を掲げたという説明であるが，当然視されるとか，されないとかいうのは観念的な想定であって，第2事件1審判決もいうように，事実は，2条1号により国籍を取得した子でも，我が国との強い結びつきを欠く子，逆に3条1項の要件を欠くとして国籍取得ができない子でも我が国との強い結びつきをもつ子，等が存在することが稀ではないのである。

　第2の説明は，国籍法は国籍の取得については血統主義・生来的取得主義を原則としており（2条1号），血統主義の要請は満たすものの，2条1号の適用のない子について，その補完・拡充として伝来的取得を認めた3条1項の場合はそうした取得に伴う事情を考慮して，我が国との強い結びつきを求め，その指標として準正要件を設け，その充足を求めたとする説明である。こちらの方が通常の説明であるが，この伝来的取得に伴う事情として挙げられる，日本人を父とする非嫡出子は国籍国（ふつうは母の国籍国であろう）である外国との間に密接な結びつきを生じさせている可能性があるとの指摘についても，第1の説明の際にものべたように，そういう我が国よりも外国と強い結びつきをもっている可能性は2条1号により生来的に日本国籍を取得する子についても当然考えられるのであり，とくに日本人を父とする非嫡出子に特有の事情ではないこと，またそもそも日本人を父とする非嫡出子のうちには，準正要件に妨げられて日本国籍を取得できず，やむなく母の国籍国である外国を国籍国としている子も多いと考えられ，したがって日本人を父とする非嫡出子は外国を国籍国とし，その外国との結びつきが強いと考えられることを準正要件の合理性の理由とすることは論理的ではないこと，等からすれば首肯し難く，結局第2の説明も合理性に乏しいといわざるを得ないのである。

　このように立法目的に合理性が認められないとなれば，必然的にその目的に対応して設けられたとされる準正要件も合理性のない過剰な要件ということになろう。

　なお準正要件はその目的に対して過剰な要件を課すものとなっているとするものの，最後まで我が国との密接な結びつきがある子に国籍を付与するという

3条1項の目的自体は合理性をもつとしている最高裁は結局，3条1項が準正要件以外に課している，「父…が現に日本国民であるとき」等の要件を，こうした目的を具体化した指標とするが，このような，父が現に日本国民であれば子も我が国との密接な結びつきがあるものと認められるとする解釈は，逆に，我が国との密接な結びつきのある子に国籍を付与することを3条1項の目的と唱えることが，実質的にはほとんど無意味であることを示すものであろう。

　以上で中間的総括を一応終って再び最高裁判決の紹介・検討に戻り，その最後の部分の展開をみると，最高裁判決は，本件区別による違憲の状態を是正する方法の検討の結果として，「憲法14条1項に基づく平等取扱いの要請と国籍法の採用した基本的な原則である父母両系血統主義を踏まえれば，日本国民である父と日本国民でない母との間に出生し，父から出生後に認知されたにとどまる子についても，血統主義を基調として出生後における日本国籍の取得を認めた同法3条1項の規定の趣旨・内容を等しく及ぼすほかはない。すなわち，このような子についても，父母の婚姻により嫡出子たる身分を取得したことという部分を除いた同項所定の要件が満たされる場合に，届出により日本国籍を取得することが認められるものとすることによって，同項および同法の合憲的で合理的な解釈が可能となるものということができ」るとの論をのべる。

　そして判決は，このような解釈が相当である所以，あるいはその趣旨についてさらに説明を続けるが，それは3つにまとめられている。すなわち第1にこの解釈は，本件区別による不合理な差別的取扱いを受けている者に対して直接的な救済の途を開くという観点からみて，相当性をもつとされている。有効性においてこの解釈はすぐれているとするわけである。さらに第2に，この解釈は，本件区別に係る違憲の瑕疵を是正するため，国籍法3条1項につき，それを全体として無効とすることなく，過剰な要件を設けることにより本件区別を生じさせている部分のみを除いて合理的に解釈したものであって，その結果も，準正子と同様の要件による日本国籍の取得を認めるにとどまるものであるとされている。つまりこの解釈は，その操作が最小限度にとどまり，効果も従来の規定のそれを超えるものではない点でも，相当性をもつということであろう。さらにまた第3に，この解釈は，日本国民との法律上の親子関係の存在と

いう血統主義の要請を満たすとともに，父が現に日本国民であることなど我が国との密接な結びつきの指標となる一定の要件を満たす場合に出生後における日本国籍の取得を認めるものとして，同項の規定の趣旨および目的に沿うものであって，相当であり（ただし筆者自身はこのような理解に疑問をもつことについては前述した），この解釈によって裁判所が法律にない新たな国籍取得の要件を創設し，国会の本来的な機能である立法作用を行うものと評価することは，当を得ないとされている。当然こうした批判が上ることを予想して，そうではない所以をのべているわけである。

こうして改めていえば，判決は，「日本国民である父と日本国民でない母との間に出生し，父から出生後に認知された子は，父母の婚姻により嫡出子たる身分を取得したという部分を除いた国籍法3条1項所定の要件が満たされるときは，同項に基づいて日本国籍を取得することが認められるというべきである」との結論，つまり，「国籍法3条1項の規定は，準正要件を定める部分，すなわち条文の文言でいえば，『婚姻及びその』並びに『嫡出』の部分に限って憲法14条1項に違反し，違憲無効であるというべきである」とした第2事件1審判決と同様の結論をのべるのである。

前稿②でのべたように筆者は現行国籍法の下では，こうした解釈によって原告の救済をはかることはやむを得ないことと考えるので，このような最高裁の結論に賛成する。ただこうした解釈方法が全面的な賛成を得にくいと思われることも前稿②でのべたところであり，実際今回の判決においてもこの点につきいくつかの疑問や対立する意見，あるいは考え方がのべられている。

このことも含めて最後に，補足意見，意見，反対意見のうちから，とくに注目されるもののみをピックアップして紹介すると，甲斐中，堀籠の2裁判官は，すでに簡単ながら紹介した横尾，津野，古田の3裁判官の反対意見とは異なる反対意見をのべている。すなわち本件区別は，「3条1項が制定された当時においては合理的な根拠があり，憲法14条1項に違反するものではないが，遅くとも，上告人が法務大臣あて国籍取得届を提出した当時には，合理的な理由のない差別となっており，本件区別は同項に違反するものであったと考える」とし，上の3裁判官とは違ってこの点では多数意見に同調するのである。しか

し両裁判官は，多数意見は国籍法3条1項の規定自体を違憲とするが，違憲となるのは実は非準正子に届出により国籍を付与するという規定が存在しないという立法不作為の状態であるとして，結局，この点，およびその後の展開において多数意見と大きく分かれる。つまり2裁判官は，3条1項は準正子に届出により国籍を付与する旨の創設的・授権的規定であって，規定自体は何ら憲法に違反するところはないのであり，したがってまた3条1項の規定の解釈から非準正子に届出による国籍の取得を認めることはできないことになるところ，それを認める多数意見は，法律にない新たな国籍取得の要件を創設するものであって，実質的には司法による立法に等しいといわざるを得ないとするのである。

　この，問題は3条1項の規定自体ではなく，非準正子に届出により国籍を付与する規定が存在しないという立法不作為であり，3条1項の解釈により非準正子に届出による国籍の取得を認めることは，実質的には司法による立法措置であるとの批判は，横尾，津野，古田の3裁判官も同調するところであるが，筆者にはやはり疑問が感じられる。つまり上にみた立法不作為論は，国籍法は非準正子の届出による国籍の取得については何ら意思表示をしていないとの理解に立つものと思われるが，筆者はむしろ3条1項は，2条1号によって生来的に国籍を取得できない子，すなわち生後認知によって日本人父と法律上の親子関係が発生した子の伝来的な国籍の取得について検討した結果，そのうちの準正子については届出による国籍の取得を認めるが，非準正子には認めないという趣旨で提案され，成立した規定と解すべきであると考えるのである。重ねていえば，プロセスとしては，父母両系血統主義を踏まえつつ，日本人父より生後認知を受けた非嫡出子の国籍の問題にどう対応すべきかという問題意識が先ずあり，次いでそうした子全体ではなく，そのうちの準正要件を満たすにいたった子についてのみ届出による取得を認める（非準正子については認めない）という案の決定・成立があったのであり，したがって3条1項は，非準正子に対して日本国籍を届出によっては付与しない趣旨を含む規定であると解するのが，やはり自然であろうと考えるのである（今井裁判官の補足意見―那須裁判官，涌井裁判官同調―も同旨を強調している。また泉裁判官の補足意見でも，「国籍法3条1

項の趣旨は日本国民の子で同法2条の適用対象とならないものに対し日本国籍を付与すること」にあるが，同条項は，「『父母の婚姻』を要件とすることにより，父に生後認知され『父母の婚姻』がない非嫡出子を付与の対象から排除している」とのべられている）。甲斐中，堀籠両裁判官は，3条1項をこうした趣旨を含むものと解することに反対するが，このような，3条1項は2条1号によって生来的に国籍を取得しない子のうちからストレートに（非準正子の存在と関わりなく）準正子をピックアップして，国籍の取得を可能にした規定である（非準正子の国籍の取得について何らかの意思を示した規定ではない）との理解は，形式的にすぎるのではなかろうか。

なお横尾，津野，古田の3裁判官の立場からすれば，仮に非準正子に届出による国籍の取得を認めないことが違憲であるとしても，また，甲斐中，堀籠の2裁判官の立場からすれば，非準正子に対し届出による国籍付与のみちを閉じている立法不作為が違憲であることは認めるとしても，結局そのことから，届出により国籍を取得するという法的地位が非準正子である原告に発生するわけではないことは明らかであるとして，上告は棄却されることになるわけであるが，そうだとすれば，そもそも憲法判断をする必要があったのか，2つの2審判決のようにそれを回避しつつ，上告を棄却する方法もあったのではないか，と思われる。おそらく5人の裁判官は，多数意見の憲法判断に呼応して自らの憲法判断ものべたということであろうが，反対意見については，こうした疑問も指摘しておきたい。[19]

最後に補足意見や意見で展開されている興味ある見解で，これまでに未だふれていないものを簡単に紹介しておこう。

泉裁判官は補足意見で，3条1項が非準正子を適用対象から排除していることは，国籍の付与に関し，非嫡出子であるという社会的身分と，日本国民である親が父であるという親の性別により，非準正子を差別するものであって，それが憲法14条1項に違反しないというためには，差別の対象となる権益が日本国籍という基本的な法的地位であり，差別の理由が同条項に差別禁止事由として明示的に掲げられているものであることからして，強度の正当化事由が必要であるとする。そしてこのことは具体的には，「国籍法3条1項の立法目的

が国にとり重要なものであり、この立法目的と、『父母の婚姻』により嫡出子たる身分を取得することを要求するという手段との間に、事実上の実質的関連性が存することが必要である」ことを意味するとするのであるが、周知のように「社会的身分」の意義については、広狭さまざまな理解があり、また親の性別の差による子の取扱いの差を、ストレートに性別による子の差別的取扱いと評価することが妥当かも疑問があるから（このことにつき多数意見は前にものべたように、「父母両系血統主義を採用する国籍法の下で、日本国民である母の非嫡出子が出生により日本国籍を取得するにもかかわらず、日本国民である父から出生後に認知されたにとどまる非嫡出子が届出による日本国籍の取得すら認められないことには、両性の平等という観点からみてその基本的立場に沿わないところがあるというべきである」と、よりマイルドな評価をしている）、にわかには賛成し難い。ただこのように、近年の学説の説く差別的取扱いの合憲性の審査基準が反映されていることは注目すべきであろう。

　藤田裁判官の意見の論旨は独特のもので、現行国籍法の下、日本人である父と日本人でない母との間に生まれた子の間で、準正要件を満たすか否かの違いにより、日本国籍の取得に関し、憲法上是認し得ない差別が生じる結果となっていること、およびこの差別は3条1項を合理的に解釈することによって解消することが可能であり、また本件においてはそうすべきであるとすること等の点においては多数意見と同様であるが、3条1項の趣旨と本件における違憲状態の生じる所以の理解の点では反対意見と共通するものである。

　すなわち3条1項の趣旨については、「同項が準正要件を定めているのは、準正子でありかつ同項の定めるその他の要件を満たす者についてはこれを特に国籍取得の上で優遇する趣旨なのであって、殊更に非準正子を排除しようとする趣旨ではない」とするのであるが、筆者がこうした見解を採らないことについてはすでにのべた。またそれと連動して、違憲状態が生じているのも3条が準正要件のみを設けて、非準正子にも適用され得る要件を置いていないという立法府の不作為によるとするのであるが、筆者のように3条1項の趣旨について藤田裁判官のような見解を採らない立場からすれば、当然この立法府の不作為という見解もとり得ないことは、これまた前述したところである。

ただ藤田裁判官は原告の請求を棄却すべしとする反対意見の5裁判官と異なり，それを認容すべきであるとするのであるが，それは，「立法府がすでに一定の立法政策に立った判断を下しており，また，その判断が示している基本的な方向に沿って考えるならば，未だ具体的な立法がされていない部分においても合理的な選択の余地は極めて限られていると考えられる場合において，著しく不合理な差別を受けている者を個別的な訴訟の範囲内で救済するために，立法府が既に示している基本的判断に抵触しない範囲で，司法権が現行法の合理的拡張解釈により違憲状態の解消を目指すことは，全く許されないことではないと考える」という判断によるものである。

　具体的には国籍法の諸規定の基盤に，少なくとも，日本国民の子である者の日本国籍の取得については，国家的公益的見地からして問題がないと考えられる限り優遇措置を認めようとする政策判断が存在することは,否定し得ないし，また3条1項の存在を前提とする以上，現に生じている違憲状態を解消するためには，非準正子についても準正子と同様の扱いとすることが，ごく自然な方法であるということができる等の判断によるものであるが，繰り返していえば，筆者はそもそも3条1項を準正子について優遇措置を定めたものとする見解を採らないので，そうした見解を前提とした以上のような藤田裁判官の行論にはやはり賛成することはできない。

註
14)　最大判平成20・6・4民集62巻6号1367頁。
15)　「〔鼎談〕国籍法違憲判決をめぐって」（ジュリストNo.1366）における高橋教授の発言。
16)　最大判昭和48・4・4刑集27巻3号265頁。
17)　最大決平成7・7・5民集49巻7号1789頁。
18)　最判平成14・11・22判時1808号55頁。
19)　長谷部恭男「国籍法違憲判決の思考様式」（ジュリストNo.1366）も同旨をのべている。

【追記】
　いうまでもないことであるが，本節は平成20年度6月4日の大法廷判決から間もない時期に執筆され，この大法廷判決を受けたその後の国籍法の改正は視野に入っていない。なお国籍法の改正の経緯については，秋山実「国籍法の一部を改正する法律の概要」（ジュリストNo.1374）と澤村智子「認知された子の届出による国籍取得が可能に」（時の法令1828号）がくわしい。

第4章　思想・良心の自由関係判例
――君が代訴訟――

はじめに

　近年卒業式や入学式等の儀式的な学校行事（以下単に「学校行事」という）における君が代の斉唱やその前段階としての国旗に向かっての起立（以下両者を合せて単に「君が代（の）斉唱」という場合もある），あるいは君が代斉唱に際してのピアノ伴奏をめぐる紛争が顕著であるが，学校行事に際しての君が代の斉唱をめぐっては以前から争いがあり，現在までにいくつかの判例がみられる。そのなかには，例えば京都君が代訴訟のように，そもそも学校行事における君が代斉唱の実施に反対し，それを阻止するための運動の一環としてなされたケースもあるが，最近の訴えは，学校行事において教職員に国旗に向かって起立し，君が代を斉唱することや，その斉唱に際してピアノ伴奏をすることなどを命じる校長の職務命令に従わなかったとしてなされた懲戒処分や再雇用職員の採用選考の合格の取消しにつき，その取消しや地位の確認を求めるもの，あるいはこうした国旗に向かっての起立や君が代の斉唱，あるいはピアノ伴奏をする義務のないことの確認，およびこれらの義務違反を理由とする処分の事前差止めを求めたりするものなどが主である。
　学校行事において君が代を斉唱すること自体に反対することから，学校行事における君が代の斉唱の実施率が高まるに伴い，そうした斉唱への非協力を理由とする懲戒処分やその他の不利益処分の救済や予防へと，訴えの内容や意義が変質しているわけであるが，いずれの場合でも，学校行事における君が代の斉唱の実施と強制が憲法 19 条（以下単に「19 条」という）の保障する思想，良心の自由を侵害するとの違憲論が，原告の主張の柱をなしている。とくに最近の訴えの場合は，かつてのそれが，上述のように，学校行事における君が代の

斉唱の実施そのものを争い，未だ個々の教職員への参加や協力の強制を争うものではなかったため，19条違反の主張も比較的一般的な形で展開されたのに比べ，個々の教職員に対して直接なされた君が代の斉唱やピアノ伴奏の命令の19条適合性を争うものであるだけに，19条違反の主張は個別具体的になっており，その分裁判所に否応なしに19条違反の有無の判断を迫るものになっている。

　本章ではこうした最近の君が代をめぐる紛争の代表例であり，上にもその内容の一端を紹介した3事件の5判決，すなわち市立小学校の音楽専科の教諭が，入学式の君が代斉唱の際にピアノ伴奏をすることを内容とする校長の職務命令に従わなかったことを理由になされた戒告処分の取消しを求めたピアノ伴奏職務命令拒否戒告処分事件（以下「戒告処分事件」という）の最高裁判決までの3判決，都立学校の401名の教職員が学校行事の際に国旗に向かって起立し，君が代を斉唱する義務やピアノ伴奏をする義務のないことの確認，ならびにこれらの義務違反を理由とする処分の事前差止めなどを求めた君が代の斉唱・ピアノ伴奏義務不存在確認等訴訟（以下「確認等訴訟」という）1審判決，および都立学校の教諭等であった原告らが校長の職務命令に反して，卒業式における君が代斉唱の際に国旗に向かって起立せず，また斉唱しなかったことを理由に，再雇用職員の採用選考の合格を取り消されたことにつき，再雇用職員の地位の確認等を求めた再雇用職員採用選考合格取消事件（以下「合格取消事件」という）1審判決を検討することにする。

　なお学校行事における君が代斉唱をめぐる紛争は，文部（科学）省や自治体教育委員会による強い実施の指導に端を発するものであるが，そこにはいうまでもなく，そのことを求める政治勢力の圧力も絡んでいる。このことが事態をより深刻にし，また紛争の法的考察を複雑にしているが，こうした政治勢力の動向も対象としつつ，なお問題を憲法論的に正確に検討することは筆者には手に余る作業なので，ここではこうした問題の政治的側面には立ち入らず，また他の法的問題にも深くはふれずに，主として従来の19条をめぐる裁判例と比較しながら，上記の3つの紛争をみるというやり方で論述を進めることにする。そういう意味で本章には，君が代訴訟の一側面のみを扱うという限界があるこ

とを初めに断っておきたい。

註
1) 京都地判平成4・11・4判時1438号37頁，大阪高判平成8・1・25判タ909号125頁，最判平成11・1・29判例集未登載。
2) もっとも刑事事件もないわけではない。筆者が目にした最近の例としては，元教諭が来賓として訪れた以前の勤務校の卒業式において，開式前に保護者らに君が代斉唱時起立しないように呼び掛けたなどとして，威力業務妨害罪で起訴され，罰金刑が言い渡された例がある（東京地判平成18・5・30判例集未登載）。なおこのいわゆる都立板橋高校事件1審判決は2審でも維持されている（東京高判平成20・5・29判時2010号47頁）。

第1節　従来の19条に関する判決

　19条をめぐるこれまでの事件で，本節で扱う3つの君が代訴訟と類似しているのは，謝罪広告請求事件，陳謝を内容とする労働委員会のポストノーティス命令事件（以下単に「ポストノーティス命令事件」という），勤評長野方式事件の3つであろう。すなわちそこでも，裁判所，労働委員会，県教育長等による謝罪状の掲載，不当労働行為についての陳謝や反省を記した文書の掲示，自己観察の結果の勤務評定書への表示等の命令が，それを命じられた者の思想，良心の自由（筆者は19条をめぐる紛争例をみると，多くの場合，比較的明確に思想ないし信条の自由の侵害が争われているケースと，良心の自由の侵害が争われているケースに分けることができるから，本来，思想と良心を一体とせず，それぞれ，内心の作用のうちの論理的側面・部分と倫理的側面・部分を指すと区別した方が判例の理解や検討の便宜に適うと考えており，従来の判例の説明の際は原則として両者を区別してのべるが，君が代訴訟では原告はとくに両者を区別することはしていないので，その検討に際しては両者を区別せずに論述することにする）を侵害するか否かが問題とされており，君が代の斉唱やピアノ伴奏等を教職員に命じる職務命令の19条適合性が問題となっている本章の対象の3事件と基本的な構図は似ているのである。

　そこで先ず謝罪広告請求事件，ポストノーティス命令事件，勤評長野方式事件の各最高裁判決についての筆者の見方を簡単にのべ，次いでそれをいわば物差しにしながら，最近の3つの君が代訴訟をみることにしたい。

謝罪広告請求事件は, 周知のように, 衆議院議員総選挙に立候補した上告人(被告・控訴人)が選挙運動中に同一選挙区から立候補した被上告人(原告・被控訴人)について, その県副知事在職中に県の発電所建設のための発電機購入に絡んで業者より周旋料をとる汚職をなした旨をラジオの政見放送や新聞紙上で公表したことが発端であった。被上告人がこうした上告人の行為を名誉毀損とし, 新聞紙上への謝罪状の掲載と民放ラジオでの同文の放送を請求したところ, 1審は被告は調査もせず, 単なる風評を事実として公表し, 原告の名誉を毀損したなどとして, 謝罪状の放送の請求は認めなかったものの, 新聞紙上へのその掲載の請求は認容し, 被告に対し, 「謝罪広告」のタイトルで, 原告を宛先とする被告名の, 「…右放送及び記事は真実に相違して居り, 貴下の名誉を傷け御迷惑をおかけいたしました。ここに陳謝の意を表します」との文書の掲載を命じ, 2審もそれを支持したのである。

そこで被告が上告したのであるが, 19条違反をその上告理由の1つとし, 最高裁判決も他の上告理由は簡単に退け, もっぱらこの謝罪広告掲載命令と19条との関わりの有無を論じ, しかもこれが19条に関する最高裁の初めての本格的判断であったため, 謝罪広告請求事件は今日まで19条のリーディングケースとして扱われているのである。

謝罪広告掲載命令を19条違反とする上告人の主張は, 「上告人は現在でも演説の内容は真実であり上告人の言論は国民の幸福のために為されたものとの確信を持っているのであって, かかる上告人に上告人の全然意図しない言説を上告人の名前で新聞に掲載せしむる如きは, 上告人の良心の自由を侵害するものである。上告人にとってはある場合には自分の良心に反して『ここに陳謝の意を表します』等と自分の名で新聞に掲載することは10年20年の懲役刑に処せられるよりも堪えがたいことであるかも判らないのである。国民が良心から自分の是とする考え方を判決で以てその訂正を強制することは即ち憲法第19条の規定の趣旨に反するのである」とするものであった。

敷衍すれば, 本件謝罪広告掲載命令は上告人がなお是と信じていることを非と認め, 善と信じていることを悪と認め, 謝罪する意思もないのに謝罪することを強制するものであり, ひとの倫理的判断(「意思」といってもいいであろうが,

以下「判断」で統一する)の自由＝良心の自由を侵害するとするものであろう。さらにいえば上告理由がそこまで意識していたかはともかく、良心の自由とは、良心に係る事項—典型的には是非善悪—の判断の自由そのものとともに、それを外部に表明することを強制されない自由も含むところ、本件謝罪広告掲載命令は、単に倫理的判断の表明を強制するだけでなく、上告人が是とし、善としていることを、その意に反し、非であり、悪であると認めて、そのように表明することを強制するものであり、したがって倫理的判断の表明を強制されない自由を侵害するのみならず、倫理的判断の自由自体をも損なうとするものであるということにもなろう。

　こうした上告人の主張に対する最高裁の判断が必ずしも明快ではなかったため、判決当時から現在までリーディングケースとされながら、謝罪広告請求事件最高裁判決については様々な見方があるのであるが、本章の以後の展開に必要な限りで、筆者なりのまとめをしておくと、最高裁は、本件謝罪広告掲載命令がはたして倫理的判断の表明を強制するものか否かに重点を置いて判断している。すなわち倫理的判断そのものの自由と倫理的判断の表明を強制されない自由のうち、後者に即して判断しているのである。より具体的にいえば、本件謝罪広告掲載命令が是の判断を非に変え、善の判断を悪に変えるよう強制するものかではなく、そもそも是非善悪の判断の表明を強制するものか、とりわけ、「謝罪広告」の「謝罪」や「ここに陳謝の意を表します」の「陳謝」にそのような意義があるかを検討するのである。

　そして最高裁は結局謝罪広告の掲載の命令が、倫理的判断の表明の強制であるとは認めない。いうなれば、本件謝罪広告命令は19条違反というような大げさな負担を上告人に課すものではないとするのである。ただそう判断する理由がはっきりしないようにみえるため、上述のようにこの判決の理解については、様々な論議があるのであるが、判決のいわんとするところは、謝罪広告の命令が真にその相手方の精神に深刻な打撃を与えたり、倫理的判断の表明の強制になる場合は確かに19条違反となることもあるが、本件謝罪広告命令にはそのようなおそれはなく、したがってそもそも19条適合性の問題—19条適合性を論じる必要性—は生じないとするものであろう。すなわち判決は、謝罪広

告のねらいは，上告人に「謝罪」や「陳謝」をさせることによって，上告人が選挙運動中に公表した事実は虚偽であったと発表・周知させることにあるとするのである。

「時にはこれ（謝罪広告—筆者）を強制することが債務者の人格を無視し若しくはその名誉を毀損し意思決定の自由乃至良心の自由を不当に制限することとなり，いわゆる強制執行に適さない場合に該当することもありうるであろうけれども，単に事態の真相を告白し陳謝の意を表明するに止まる程度のものにあっては，これが強制執行も代替作為として民訴733条の手続によることを得るものといわなければならない。そして原判決の是認した被上告人の本訴請求は，上告人が判示日時に判示放送，又は新聞紙において公表した客観的事実につき上告人名義を以て被上告人に宛て，『右放送及記事は真相に相違しており，貴下の名誉を傷け御迷惑をおかけいたしました。ここに陳謝の意を表します』なる内容のもので結局上告人をして右公表事実が虚偽且つ不当であったことを広報機関を通じて発表すべきことを求めるに帰する。されば少なくともこの種の謝罪広告を新聞紙に掲載すべきことを命ずる原判決は，上告人に屈辱的若くは苦役的労苦を科し，又は上告人の有する倫理的意思，良心の自由を侵害することを要求するものとは解せられないし，また民法723条にいわゆる適当な処分というべきであるから所論は採用できない」（傍点筆者）との判決の中心部分を注意して読めば，判決が上にのべたような趣旨であることが読み取れるであろう。

要するにタイトルに「謝罪」なる語が用いられ，文中にも「陳謝」の語がみられるものの，それは実質的意義をもつものとして用いられているわけではなく，本件謝罪広告の掲載命令はむしろことの真相を発表することを求めるものにすぎないから，本件謝罪広告の掲載命令からは直接19条に関わる問題は発生しないとするのである。繰り返していえば，判決は，「謝罪」や「陳謝」が文字どおりそれとして要求されるのであれば19条違反の可能性があるが，本件ではそれは上告人による汚職の事実の公表が虚偽，不当であったことの発表,周知をいわば補強するといった程度のウェイトしかもっておらず,したがって19条適合性を論じる必要性はないとしているものと理解される。

最高裁判決が「謝罪」や「陳謝」の語の実質的意義をこのようにほとんど認めない根拠は，謝罪状の掲載やその文中の「謝罪」あるいは「陳謝」といった語は客観的な受け取り方としては，そのように解されるとの判断である。

　筆者は謝罪広告やそこで用いられる「謝罪」あるいは「陳謝」という語はやはり通常は客観的にも，その広告の名義人の倫理的判断の表明と受け取られるであろうと考えるので，判決のこうした判断には賛成できないのであるが，ただ命ぜられた外部的行為を行うことは自らの良心の自由を侵害するとの当事者の主張について判断するに際して，その外部的行為が真に良心に係る事柄の表明であり，あるいはそれを推知する手掛りを与えるものであると客観的にも受け取られるか否かを先ず考察するという態度そのものは，妥当であると考える。法的判断としては当事者の主張を客観的レベルに照らして判断すべきは当然だからである。

　こうした最高裁の態度がより直截に示されているのが，ポストノーティス命令事件である。

　この事件は労働委員会が，労働組合法7条により使用者がなすことを禁止されている不当労働行為（その結成等，労働組合に係る行為をしたことを動機にする労働者の解雇等の不利益取扱い，正当な理由のない団体交渉の拒否，労働組合の切崩し等の支配介入，など）があったとして労働組合あるいは組合員から救済申立てがあり，労働組合法，労働委員会規則等所定の手続によって審査した結果，申立てを認容する場合に発する救済命令に関わるものである。すなわち救済命令は当然行われた不当労働行為の是正，具体的には不利益取扱いの取消し，団体交渉の開催，支配介入の禁止等を命ずるが，こうした主たる命令に加えて，使用者の労働組合や組合員に対する行為が労働委員会により不当労働行為と認定されたこと等を知らせる文書（notice）を，使用者の名義で，会社の正門付近や事務室等人目につき易い場所に掲示する（post）ことを命じることがあるのである。関係者は救済命令のこの部分のことをポストノーティス命令と通称するが，上にのべたところからも示唆されるように，ポストノーティス命令は，労働委員会が，単なる不当労働行為是正の命令では済まないような悪質性が使用者の行為にあると判断した場合に発せられる傾向があるので，労働委員会自身

が指示する掲示文の内容も，ときには，使用者の行為が不当労働行為と認定されたことを知らせる以上のものになることがある。

その典型が掲示文の表題を「陳謝文」とか，「誓約書」とかし，本文中に，自己の行為が不当労働行為と認定されたことに加えて，こうした行為について，「深く反省する」，「深く陳謝する」，「深く陳謝致します」等の文言を記すよう使用者に命じるポストノーティス命令であるが，このように，「反省」や「陳謝」等の表明が命じられるため，謝罪広告請求事件同様，救済命令取消訴訟において使用者から良心の自由の侵害の主張がなされることがあるのである。

このことについて最初に判断した平成2年の最高裁判決は，「右掲示文には『深く反省する』，『誓約します』などの文言が用いられているが，同種行為を繰り返さない旨の約束文言を強調する意味を有するにすぎないものであり，上告人に対し反省等の意思表明を要求することは，右命令の本旨とするところではないと解される。してみると，右命令は上告人に対し反省等の意思表明を強制するものであるとの見解を前提とする憲法19条違反の主張は，その前提を欠くというべきである」とのべている。これは表現こそ異なるものの，上にみた謝罪広告請求事件最高裁判決と基本的な構図は同じである。つまりこのポストノーティス命令事件最高裁判決を登載した判例時報の無名判批もいうように，謝罪広告請求事件最高裁判決同様，反省等の文言の意義は形式的，修辞的なものにとどまり，使用者に真に反省等の倫理的判断の表明を強制するものではないと解釈されているのである。違いは，謝罪広告請求事件では，「陳謝」が修辞的意義しかもたないことが示唆されるにとどまり，明言はされていないのに対し，ポストノーティス命令事件ではそれと明言されていることである。

翌平成3年にも最高裁は，この平成2年判決を引用しつつ，「本件救済命令の主文第2項のポストノーティス命令は，…上告人の行為が不当労働行為と認定されたことを関係者に周知徹底させ，同種行為の再発を抑制しようとする趣旨のものであって，掲示を命じられた文書中の『深く陳謝する』との文言は措辞適切さを欠くが，右は同種行為を繰り返さない旨の約束文言を強調する趣旨に出たものというべきであり，上告人に対し陳謝の意思表明を要求することは，右命令の本旨とするところではないと解される…。してみると，右命令は

上告人に対し陳謝の意思表明を強制するものであるとの見解を前提とする憲法19条違反の主張は，その前提を欠くというべきである」と同旨を繰り返しているが，ただここでは，「深く陳謝する」との文言が，「措辞適切さを欠く」と指摘されているという違いがある。おそらくそれは，そうした文言の使用は，ポストノーティス命令の本来の趣旨を離れて，実際にも真に陳謝していると受け取られかねないこと，逆にいえば陳謝そのものを労働委員会が強制していると解される懸念がないわけではない——さらにいえば，真に陳謝を命じた場合は19条違反のおそれがある——ということであろう。

しかしポストノーティス命令を素直に読む限り，むしろそこでは不当労働行為を今後繰り返さない旨の誓約と，これまでの不当労働行為についての「反省」ないし「陳謝」という2つの行為が求められていることは明らかであるから，これら2つの最高裁判決のように，「反省」や「陳謝」を誓約のなかに組み込み，約束文言の強調とすること（そのことによって「反省」や「陳謝」を実質的意義のない単なる修辞とすること）は相当に強引な解釈であり，筆者はこうした行論に賛成することはできないが（なお同様に「陳謝」の文字を入れることを求めたポストノーティス命令についての平成7年の最高裁判決は，結論は以上の2つの判決と同じであるものの，「措辞適切さを欠く」との表現は残しつつ，「約束文言を強調する意味（趣旨）」という表現は消して，ことさらな意義づけは控え，「右命令は，全体として，その摘示に係る上告人らの行為が不当労働に該当すると認定されたこと及び将来上告人らにおいて同種行為を繰り返さない旨を表示させる趣旨に出たものとみるべきである」（傍点筆者）としていて，謝罪広告事件判決にニュアンスが近くなっている），ただ重ねていえば，表見的には倫理的判断の表明を命じているかにみえ，また当事者もそう主張する事例についても，直ちにそれが19条違反か否かを問題にするのではなく，このように先ず客観的にみて，真に倫理的判断の表明が求められているかどうかを問うという判断方法自体は妥当であると考える。

勤評長野方式事件は上の例との対比でいえば，当事者は命じられた行為が思想，良心の自由（謝罪広告請求事件とポストノーティス命令事件では上述のように当事者はもっぱら良心の自由を主張しているが，勤評長野方式事件では思想の自由と良心の自由が区別されることなく，合せて内心の自由として主張されている）を侵害する

と主張するが，本件には表見的にすらそのような思想，良心の自由に関わる要素はないとして，請求が退けられた事例である。

すなわち勤務評定書中の，「職務について」，「勤務について」，「研修について」，および「その他」の欄に，「学校の指導計画が的確に実施されるよう工夫しているか」，「児童，生徒の性格，環境，希望，悩み等を理解して指導しているか」，「分掌した公務を積極的に処理しているか」等の添付の観察内容等を参考にして，自己観察＝自己評価の結果をつとめて具体的に記入することを教職員に命じる県教育長の通達は，自己観察＝自己評価とは，各自がそれぞれの価値観に基づき，自己の行為等の是非善悪，当不当を弁別して積極的なものを肯定すると同時に消極的なものを否定することであり，また行為の原因となった自己の思考（信条）の誤り，欠陥を承認し，さらには人格的欠陥の自認の可能性を含むものであり，さらに将来に向かって自認された諸欠陥に対し改善の意見を形成することであるから，これの表示を命じることは自己観察者その人の価値観の表示，報告を強制することとなり，19条の内心の自由の保障に反するとの主張に対し，最高裁は内容に立ち入ることなく，それを否定するのである。通達の，「その文言自体，これを最大限に拡大して解釈するのでなければ，記入者の有する世界観，人生観，教育観等の表明を命じたものと解することはできない。してみれば，本件通達によって記載を求められる事項が，上告人らの主張するような内心的自由等に重大なかかわりを有するものと認めるべき合理的根拠」はないというのがその理由である。

重ねていえば，謝罪広告請求事件やポストノーティス命令事件においては，当事者の主張は独自なものではなく，「謝罪」や「陳謝」等が命じられているため一般的にみても，少なくとも表見的には，確かに倫理的判断の表明の強制とみなされる余地があり，したがって判決も命じられている「謝罪」や「陳謝」等が実際にはどのような意義・意味をもつかを論じ，あるいは措辞としては適切でないとするなど，一定程度謝罪広告掲載命令やポストノーティス命令と19条との関わりについて判断しているのであるが，勤評長野方式事件においては，通達の命じる義務は客観的にみれば，表見的にすら，倫理的判断や論理的判断の表明を強制するものではなく，したがって何らことを19条の問題と

して論じる余地はないと一蹴するのである。

　ポストノーティス命令事件では最高裁は上述のように,「反省」や「陳謝」という倫理的判断の表明が強制されているようにみえるが,実は命令は実際には「反省」や「陳謝」を求めているわけではないとし,したがって命令が陳謝等の意思の表明を強制するものであるとの見解を前提とする19条違反の主張はその前提を欠くとし,謝罪広告請求事件の判旨もそのように明言はしていないものの同旨であるが,勤評長野方式事件では最高裁は,いわばそうした前提を欠くことは一見して明らかであり,その所以をことさらのべる必要はないとして,より簡単に違憲の主張を退けているのである。

　いずれにせよ,このように3事件では裁判所,労働委員会,および県教育長の命令が倫理的判断や論理的判断の表明を強制し,したがって19条に違反するとの主張に対し,先ず,客観的にみて,命令が実際にそうした内心の表明を求める趣旨のもの,あるいはそうした結果になるものとみなされるかどうかが判断され,それが否定されると,19条違反の主張はその前提が成り立たないとして退けられるのである。これまでにのべたように,最高裁のこうした前提が不成立との結論には賛成できないケースもあるが,繰り返していえば,先ず前提が成り立つか否かを客観的に判断するという方法自体は妥当というべきであろう。

　最初にものべたように,こうした最高裁判決を軸にしながら,以下で君が代訴訟3事件5判決をみることにしよう。

註
3）　最大判昭和31・7・4民集10巻7号785頁。
4）　最判平成2・3・6判時1357号144頁。
5）　最判平成3・2・22判時1393号145頁。
6）　最判平成7・2・23民集49巻2号393頁。
7）　最判昭和47・11・30民集26巻9号1746頁。

第2節　君が代訴訟判決

　君が代訴訟を19条に関わる部分を主に検討する場合,最初に浮ぶ疑問は,

いかなるコンテクストで学校行事における君が代の斉唱やピアノ伴奏の拒否が思想，良心の自由の保障の対象になるのかということである。それはいい換えれば，君が代の斉唱や伴奏がいかなる意味で思想，良心の自由と関わるのかということであるが，原告側はそのことにつき，君が代は過去の日本のアジア侵略と密接に結びついており，また軍国主義思想を鼓吹する役割を果たしたなどとし，こうした評価による学校行事における君が代の斉唱の際の斉唱や伴奏の拒否は19条の保障を受けるなどと主張する。要するに明治憲法下で我が国が行ったアジア諸国への侵略や軍国主義的抑圧を支え，促進したものとして，またそうした我が国の過去の歴史を規定した天皇制を讃えるものとして君が代を捉え，そうした認識からする斉唱や伴奏の拒否は，認識それ自体とともに思想，良心の自由を保障する19条の保護の対象となるとするのである。

　しかし明治憲法下で我が国が内外で行った行為やその源にあった天皇制，あるいは天皇に対する評価は確かに歴史観，国家観，世界観，あるいは道徳観等として，思想あるいは良心といえようが，君が代はそうしたかつての我が国の行為やその源泉と等置されるようなものではない。君が代自体に力があり，それによって我が国の侵略主義や軍国主義が生み出され，促進され，強化されたわけではないのである。むろんこうした侵略主義や軍国主義の発生や展開の理由を簡単にまとめるのは不可能であるが，それは政治，経済，軍事，外交等の様々な要因に由来するものであり，君が代が果たした役割はそうした侵略主義や軍国主義の一部というより，むしろその装飾であったというべきであろう。したがって君が代に対する否定的な思いは，上述のような歴史観や国家観等に基づく不快感や嫌悪感，あるいは拒絶感といったレベルのものと捉えるのが妥当ではなかろうか。換言すると，君が代自体はその詞や曲が議論の対象となり，また好悪の対象となることはあっても，それを超えて，19条レベルの論理的・倫理的評価や価値観の対象になるわけではなく，そうした対象になるのはあくまでもそれを装飾として用いながら行われた国家の行為であるということである。

　むろん原告の立場からすれば，そうして行われた国家の行為と君が代は不可分一体であるとか，あるいは仮に可分であるとしても，君が代に対する不快感

や嫌悪感，あるいは拒絶感もやはり思想，良心と評価されるべきであるということになるのであろう。

しかし筆者は上述のように，君が代を装飾としながらなされた国家の行為についての否定的な論理的・倫理的評価と君が代に対する思い，あるいはその斉唱や伴奏は次元を異にすると考えるし，また当事者が命令による行為の強制について思想，良心の自由の侵害を主張すれば，直ちに命令の19条適合性の検討の必要性が生じるわけではなく，従来の最高裁判決の説明の際に再三のべたように，そうした行為が客観的にも思想，良心を吐露するものとみなされる場合にはじめて，命令が19条に違反するか否かの検討の必要が生じると考えているので，原告側のそうした主張にそのまま賛成することはできない。

このような君が代訴訟についての筆者の基本的立場や従来の最高裁判決の理解からすれば，君が代訴訟3事件5判決のうちで最もスムーズに理解できるのは戒告処分事件最高裁判決[8]である。最高裁は上告人（原告－以下では引用文中以外は原則として「原告」という）の前述のようなピアノ伴奏職務命令がその思想，良心の自由を侵害し，19条に違反するとの主張について，先ず，原告の，君が代が過去の日本のアジア侵略と結びついており，これを公然と歌ったり，伴奏したりすることはできない等の考えは，「『君が代』が過去の我が国において果たした役割に関わる上告人自身の歴史観ないし世界観及びこれに由来する社会生活上の信念等ということができる」とする。しかしそこから直ちに職務命令の19条適合性を論じるのではなく，「しかしながら，学校の儀式的行事において『君が代』のピアノ伴奏をすべきでないとして本件入学式の国歌斉唱の際のピアノ伴奏を拒否することは，上告人にとっては，上記の歴史観ないし世界観に基づく一つの選択ではあろうが，一般的には，これと不可分に結び付くものということはできず，上告人に対して本件入学式の国歌斉唱の際にピアノ伴奏を求めることを内容とする本件職務命令が，直ちに上告人の有する上記の歴史観ないし世界観それ自体を否定するものと認めることはできないというべきである」というのである。

ただこの判旨には，いささか分かり難いところがある。ふつうに読むと，君が代が過去に果たした役割の否定的評価が「歴史観」ないし「世界観」とされ，

第4章 思想・良心の自由関係判例

そうした「歴史観」ないし「世界観」に由来する（基づく），君が代を公然と歌ったり，伴奏したりすることはできないとの考えが「社会生活上の信念」とされていると理解されるが，後者の「社会生活上の信念」という語は1回使われたきりで，その後は改めて言及されることはないため，「歴史観」ないし「世界観」と同じレベルのものか，あるいは別次元のものか，いい換えると思想，良心のうちに含まれるのか（「歴史観」ないし「世界観」が思想，良心に含まれると判決がしていることは明らかである），あるいはその外にあるものか，その位置づけがはっきりしない印象を与えるのである。

　そのことを筆者なりに解きほぐしてみると，判決の基本的な考え方は，君が代が過去の日本のアジア侵略と結びついているという原告の捉え方は，確かに，原告の歴史観，世界観として思想，良心といえるが，個々の具体的状況下で君が代を斉唱したり，その伴奏をしたりするかどうかの判断とその判断に基づく斉唱・伴奏の実行あるいは拒否といった実際の行為は一応それとは別問題であるというものであろう。「一応」というのは，当の具体的状況によって両者が連動している場合もあるが，逆に分けて考えられる場合もあり，したがって判断や行為の制限の法的評価は一律ではないとの意である。すなわち君が代が過去に果たした役割に対する否定的評価という思想，良心からすれば，斉唱・伴奏の拒否という判断・行為しかないと思われる不可分の結びつきが両者の間に認められる状況の場合は，その拒否という判断や行為を制限することは思想，良心の自由の侵害となるが，そうした思想，良心からしても，判断や行為について斉唱・伴奏の実行，あるいは拒否のいずれも選択の余地があると思われるような状況の場合は，拒否という判断や行為の自由の制限は直ちに思想，良心の自由の侵害となるわけではないとする見解が土台になっているものと思われるのである。原告は君が代の果たした歴史的役割についての否定的評価という思想，良心からすれば，必然的にあらゆる場合に斉唱や伴奏を拒否することになり，したがって後者も思想，良心の一環となるとするわけであるが，最高裁はそのように考えないのである。

　そしてこうした基本的な考え方に立って，判決は，君が代が果たした役割に関する歴史観，世界観と本件のピアノ伴奏拒否という判断・行為が上のような

意味での不可分の関係にあるのか，それとも可分の関係にあるのかを検討するのであるが，この際判決は2つのことを手掛りとする。

1つは本件で命じられた伴奏は，例えば君が代の元来の趣旨の称揚を目的とする会合や，あるいは自己の思いや芸術的関心を披露する演奏会でのそれではなく，入学式という「学校の儀式的行事」におけるものであるということである。つまり判決は，入学式は「学校の儀式的行事」であるから，厳粛ではあるが，形式的，儀礼的なセレモニーであって，特段の思想性はなく，したがってその式次第への参加，協力を求めることも，とくに深刻な精神的影響をもたらすわけではないとしているようにもみえる。いわば「学校の儀式的行事」であることを手掛りに，論理的に，本件においては君が代の果たした評価に関わる歴史観や世界観とピアノ伴奏をするかどうかの判断・行為は可分であるとするわけである。

もう1つの手掛りは——判決の表現上はもっぱらこちらが前面に出ているが——上述のような歴史観，世界観とピアノ伴奏の関係について，「一般的には」どのように考えられるかを推認することである。つまり判決は，君が代が過去に果たした役割について否定的評価をもつ者が学校の儀式的行事において伴奏を求められた場合，学校に勤務する者の行動として，原告のように否定的評価を理由にそれを拒否するのが常態であるか，あるいは，否定的評価はそれとして，協力するのが常態であるかを考察し，後者の態度がふつうであろうとして，この点からも，君が代が過去に果たした役割についての評価と，本件において実際に伴奏するかどうかの判断・行為は可分であるとするのである。

むろんこのような最高裁の結論については当然批判も予想されるが，前述したように，当事者の主張をそのまま受けて直ちに19条適合性を論じるのではなく，当事者の主張をいわば一般的なレベルに置き直してみて，それでもなお，19条適合性を論じる必要性があるかどうかを先ず判断するというのが，19条違反の主張に対する最高裁の伝統的態度であり，本件でもそうした従来のスタイルが踏襲されているのである。

なお筆者のように，明治憲法下の天皇制国家の国内外における行為についての評価や価値判断が思想や良心であり，君が代に対する否定的な思いはむしろ

そうした思想や良心からする不快感，嫌悪感，拒絶感といった類のものと捉えるべきであるとする立場からすれば，なおさらピアノ伴奏の職務命令は上告人の精神状態に影響を与えることは確かであるが，その思想や良心に関わるようなものではないということになる。その意味で行論は異なるが，不可分か可分かという問題についての結論は筆者の場合も最高裁と同様ということになる。

以上の最高裁の判旨はいわばピアノ伴奏を行為者の立場からみた場合の評価であるが，次いで最高裁はピアノ伴奏という行為を第三者の立場からみて，第1の判旨と同じ結論をのべる。すなわち，「客観的に見て，入学式の国歌斉唱の際に『君が代』のピアノ伴奏をするという行為自体は，音楽専科の教諭等にとって通常想定され期待されるものであって，上記伴奏を行う教諭等が特定の思想を有するということを外部に表明する行為であると評価することは困難なものであり，特に，職務上の命令に従ってこのような行為が行われる場合には，上記のように評価することは一層困難であるといわざるを得ない」というのである。

いうまでもなく，これまでに何度も繰り返しのべたように，こうした命ぜられた行為が客観的にみても当事者の主張するような思想，良心の表明という意義をもつかどうかの考察が，最高裁のこれまでの19条に関わる事例の判断の起点であり，また中心点でもあったわけであるから，本件でもむしろこのような客観的考察をもっと判旨の中心に置いた方がよかったのではないかと思われるが，この，君が代のピアノ伴奏という行為は，第三者からはもっぱら技術的作業とみなされて，その伴奏者が君が代の果たした役割について何らかの評価をもつものとみなされることはなく，したがって入学式における君が代斉唱の際のピアノ伴奏は思想，良心の表明という意義をもつものではないという判断は自然であり，頷けるものがある。少なくとも筆者には，謝罪広告請求事件やポストノーティス命令事件における，命ぜられた「謝罪」，「陳謝」，「反省」等の意の表明は，倫理的判断という良心の表明を求めるものではないという判旨よりも，はるかにスムーズに理解できるように思われるのである。

判決は結論として，「本件職務命令は，上告人の思想及び良心の自由を侵すものとして憲法19条に反するとはいえないと解するのが相当である」とする

が，以上のような判旨の理解からすれば，その意は，本件職務命令はそもそも思想，良心の自由を制限するものではないとするもの，従来の判決のいい方に倣えば，「19条違反の主張は，その前提を欠く」とするものと解されることになる。

なお判決は上にみた判旨1と判旨2に加えて，さらに職務命令の目的および内容の合理性の検討をも行っている。

そして憲法15条2項の，「すべて公務員は，全体の奉仕者であって，一部の奉仕者ではない」との規定，および地方公務員法30条，32条の，「すべて職員は，全体の奉仕者として公共の利益のために勤務し，且つ，職務の遂行に当っては，全力を挙げてこれに専念しなければならない」，「職員は，法令，…に従い，…上司の職務上の命令に忠実に従わなければならない」等の規定からして，原告は法令等や職務上の命令に従わなければならない立場にあることをのべた後，入学式等において音楽専科の教諭によるピアノ伴奏で国歌斉唱を行うことは，学校教育法の小学校教育の目標に関する規定や，学校教育法・同施行規則に基づいて定められた小学校学習指導要領の規定の趣旨に適うものであること等を説明して，本件職務命令は，その目的および内容において不合理であるということはできないというべきであるとする。

要するに本件職務命令には法的な根拠があり，その内容にもとくに問題となるところはないから，原告は憲法，地方公務員法等の規定からして，それに従うべきであったとするのである。本件は職務命令に従わなかったことを理由としてなされた戒告処分の取消しを求める訴訟であり，職務命令の合憲性のみならず，その根拠と妥当性，あるいはそれに対する服従義務の存否等を検討することも当然必要な作業ではある。その意味で最高裁の上にみたような判旨3もそれとしては理解できるのであるが，ただこの判旨3は本件職務命令の19条適合性の判断と直接結びつくものではないであろう。判旨3が19条と関わるとすれば，それはむしろ，本件職務命令は確かに上告人の思想，良心の自由を制限はするが，そうした制限は判旨3の理由により許容されるという展開においてであろう。

しかし判決はそもそも本件職務命令は思想，良心の自由を侵すものではない

としており，こうした結論のためには判旨1と2で充分なのであるから，19条との関わりでさらに判旨3をのべる必要も余地もなかったはずである。にもかかわらず判決は実際には，判旨1,2とともに，判旨3も本件職務命令が思想，良心の自由を侵すものとし19条に反するとはいえない理由として挙げているが，むしろ以上にのべたところからして，判旨1と2で本件職務命令が思想，良心の自由を侵すものとして19条に反するものではないとの結論を導き，その後に，その他の関係法令上も本件職務命令に違法はないとして，判旨3をのべ，さらなる上告棄却の理由とするのが適切だったのではないかと思われる。

ともあれ，最高裁はこうしてピアノ伴奏職務命令は19条に違反しないとするのであるが，この判決と基本的な構図を同じくしているのが，合格取消事件1審判決[9]である。

この事件は先にも紹介したように，都立学校の教諭であった原告らが，都教育長より発せられた「入学式，卒業式等における国旗掲揚及び国歌斉唱の実施について」と題する通達に基づく校長の職務命令に反して，君が代斉唱の際に国旗に向かって起立せず，斉唱をしなかったとして，再雇用職員の採用選考の合格を取り消されたことにつき，再雇用職員の地位の確認等を求めたものである。

1審判決の19条に関わる部分をみると，判決は先ず，原告らの本件行為の理由・動機を，①日の丸や君が代が明治憲法下で天皇制に対する忠誠のシンボルとして用いられ，またそれらが第2次世界大戦において大きな役割を果たしたことに対する抵抗感や嫌悪の情，②第2次世界大戦時において時の為政者により教育が支配され，そのためにほかならぬ教育が多くの生徒を戦場に送り込むことに寄与する結果となったことに対する反省の念，③本件通達をめぐる都教委の一連の動きが，学校の教育自治の原理を一切否定する強権的なものであり，是認し難いという職業的な信念，の3つに大別する。そしてそのことを受けて，「以上のような全原告らの感情，信念，信条は，それぞれの人生体験，我が国の過去についての歴史認識や職業意識などにより個々の全原告につきそれぞれ多元的に形成されたものであり，これらは社会生活上の信念を形成しているとみられるから，このような精神活動それ自体を公権力が否定したり，精

神活動それ自体に着目して，その内容の表明を求めたりすることは，憲法19条が保障する思想及び良心の自由を侵害するものとして許されないことはいうまでもない」と論を展開する。

前述のように戒告処分事件最高裁判決においても，「社会生活上の信念」という語が用いられているが，そこではそれは歴史観，世界観等の思想，良心と一応区別されているようにみえる。しかしここでは「社会生活上の信念」という語は，むしろ戒告処分事件最高裁判決のいう歴史観や世界観と同じレベルで用いられている。

こうして語の用法という点では異なるところもあるが，しかしこのように本件職務命令に係る19条違反の具体的態様は，それがこうした精神活動それ自体を否定したり，その内容表明を求めたりする場合であるとし，続いて命じられた行為（戒告処分事件では君が代のピアノ伴奏，本件合格取消事件では国旗に向かって起立し，君が代を斉唱すること）がこうした19条に反する行為に当たるか否かを検討して，結局そのことを否定する点では，合格取消事件1審判決は戒告処分事件最高裁判決をほぼそのまま踏襲しているのである。

すなわち，上にみた，精神活動それ自体の否定やその内容の表明の強制は19条に反するとの判示を受けて，合格取消事件1審判決は先ず，「本件につきみると，全原告らが教育公務員として参加した学校行事である卒業式において，国旗に向かって起立をし，国歌を斉唱することを拒否することは，全原告らにとっては，上記のような社会生活上の信念に基づく一つの選択ではあり得るものの，一般的には，これと不可分に結び付くものではないから，本件職務命令が全原告らの上記のような精神活動それ自体を否定するものとはいえない」というが，この部分はいうまでもなく，戒告処分事件最高裁判決の判旨1に相当するのである。ここでも命じられた国旗に向かっての起立や君が代の斉唱という実際の行為と，原告らが抱く社会生活上の信念は不可分の関係にはないとされ，その理由としては，その場が全原告らが「教育公務員として参加した学校行事である卒業式」であること，および，「一般的には」，両者を分けて捉え，行動するのが常態と思われることが挙げられている。

判決は次いで，「また，卒業式において，国旗に向かって起立し，国歌を斉

唱することも，卒業式という式典の場において，何らかの歌唱を行う際に歌唱を行う者が起立し，また，起立する際，会場正面に向けた体勢をとること自体は，儀式・式典において当然されるべき儀礼的行為であり，しかも，これが…，全原告らの勤務校に所属する教職員全員に発せられた職務命令によりなされたものであることを勘案すると，本件職務命令のとおりの行為をすることが，その者が所有する特定の思想などの精神活動自体の表明となるものではないというべきである」という。

これまたいうまでもなく，この部分は，「客観的に見て」，入学式の君が代の斉唱の際にピアノ伴奏をするという行為自体は，それを行う者が特定の思想を有するということを外部に表明する行為であると評価することは困難なものであるとした，戒告処分事件最高裁判決の判旨2に相当する。ただ合格取消事件1審判決では，「客観的に見て」という語は用いられていないが，実際はそういう趣旨の判断がなされていることは明白である。さらにまた合格取消事件1審判決は戒告処分事件最高裁判決の判旨3と同じく，憲法15条2項，地方公務員法30条・32条，学校教育法・同施行規則，高等学校学習指導要領にふれながら職務命令について論じているが，職務命令の19条との関わりという論点からすれば，さして重要ではないので，この部分については省略する。

ただこうした3つの判断を受けた結論については若干ふれておく必要がある。何故なら，戒告処分事件最高裁判決が，判旨1，2，3をまとめて，「以上の諸点にかんがみると，本件職務命令は，上告人の思想及び良心の自由を侵すものとして憲法19条に反するとはいえないと解するのが相当である」としているのに対し，合格取消事件1審判決は同じような3つの判断をまとめて，「してみれば，本件職務命令は，公務員の職務の公共性に由来する必要かつ合理的な制約として許容されるものと解され，全原告らの思想及び良心の自由を侵害するものとして憲法19条に反するとはいえない」としているのである。

つまり戒告処分事件最高裁判決は簡単であるが，19条だけにふれていることからして，先にのべたように，職務命令はそもそも原告の思想，良心の自由を制限するものではないとしているものとの結論が導き出し易いのに対し，合格取消事件の上に示した結論は，ふつうに読めば，職務命令は全原告らの思想，

良心の自由を制限するが，それは必要かつ合理的な制約であり，したがって職務命令は19条に違反しないとしているようにみえるのである。しかし1番目の判断と2番目の判断はむしろ職務命令がそもそも思想，良心の自由を制約するものではないという結論につながる判断であるから，こうした合格取消事件1審判決の結論は混乱あるいは矛盾しているような印象を受ける。

いわば戒告処分事件最高裁判決は判旨3をのべつつ，結論は判旨1と2のみで導いていて，結論は比較的分かり易いが，その分判旨3がのべられている理由が判然としないのに対し，合格取消事件1審判決は3つの判断の全部を結論に取り込んでいて，その分一応行論としては整合性があるようにみえるものの，今度は結論に不明確さが残る結果になっているのである。前にものべたように，結局，職務命令の19条以外の法令に係る判断の判決文における位置が，両判決とも，適当ではないということであろう。

こうしたいくつかの問題点はあるものの，筆者はこれまでにのべたように，上にみた戒告処分事件最高裁判決と合格取消事件1審判決の判断に基本的には賛成するが，むろん両判決には強い批判があり，また実際に戒告処分事件1・2審判決と確認等訴訟1審判決は異なる判断を示している。以下批判の代表例として先ず，戒告処分事件最高裁判決の那須裁判官の補足意見と藤田裁判官の反対意見にふれ，次に異なる判断をしている3判決をみることにしよう（なお筆者が戒告処分事件最高裁判決や合格取消事件1審判決に賛成しているのは，その職務命令と19条との関わりについての判断の部分に関してのことであって，戒告処分や合格取消しの措置の適法性はそれと切り離して考えられる余地があり，むしろ違法と判断されるべきであると考えているが，そのことは末尾の「おわりに」の箇所でのべる）。

那須補足意見は，「一般的には」，学校の儀式的行事において君が代斉唱の際にピアノ伴奏を拒否することは原告の有する君が代に関する特定の歴史観ないし世界観と不可分に結びつくものということはできず，君が代斉唱の際にピアノ伴奏を求めることを内容とする職務命令を発しても，その歴史観ないし世界観を否定することにはならないこと，および，「客観的に見て」，入学式の君が代斉唱の際にピアノ伴奏をするという行為自体は，音楽専科の教諭等にとって通常想定され，期待されるものであって，その伴奏を行う教諭等が特定の思想

を有するということを外部に表明する行為であると評価することが困難であることは多数意見のいうとおりであるとしつつ，しかし本件の核心問題は，こうした，「一般的」，「客観的」な評価が当てはまらないと上告人自身が考える点にあるとする。すなわち原告の立場からすると，職務命令により入学式における君が代の斉唱の際のピアノ伴奏を強制されることは，原告の歴史観や世界観を否定されることであり，さらに特定の思想を有することを外部に表明する行為と評価され得ることにもなるのではないかと思われるとするのである。

しかしこの行論はいささか理解し難い。原告は職務命令が自らの歴史観や世界観を否定し，自らのそれとは異なる思想を有することの表明と受け取られる行為を強制すると考えたからこそ提訴し，違憲を主張しているわけで，そのことを態々本件の核心問題という必要はないであろう。本件の核心問題はあくまでも，原告のそうした主張が一般的なレベルに置き直してみてもなお認められるかというところにあるのであって，多数意見はまさにそういう判断をしているのである。いい換えると，多数意見は原告の主張とは別に，一般論として，ピアノ伴奏の職務命令と19条の関わりを論じているのではなく，原告の主張を受けて，それへの回答として，本件のピアノ伴奏の職務命令は原告主張のように，その歴史観や世界観を否定したり，特定の思想を有するということを外部に表明する行為を求めるものではないとしているのであるから，こうした多数意見を是認する限り，さらに原告の立場に立って検討を続ける必要はないはずである。

しかしながら那須補足意見は，本件職務命令は原告にとっては心理的な矛盾，葛藤を生じさせる点で，同人が有する思想，および良心の自由との間に一定の緊張関係を惹起させ，ひいては思想および良心の自由に対する制約の問題を生じさせる可能性があるとし，こうした事態を原告がなぜ甘受しなければならないのかということについて敷衍してのべる必要があるとして，原告が本件職務命令に従い入学式における君が代の斉唱に協力する義務を負うことを，憲法15条2項，地方公務員法30条，同32条等に拠りつつ詳細にのべるのである。

合格取消事件1審判決の説明の際にも示唆したように，確かにこのように職務命令が思想，良心の自由を制約する可能性を指摘しながら，他方で職務命令

の必要性や合理性を認めて、結局職務命令を違憲、違法とはいえないとする立場はあり得る。後にみるように本件1・2審判決は基本的にはそのパターンであるが、それはそもそも職務命令は思想、良心の自由の制約には当たらないという多数意見とは異なる合憲論である。したがって那須補足意見は正確には、むしろ、補足意見としてではなく、意見としてのべられるべきであったのではなかろうか。なおこうした合憲論についてのコメントは、後に本件1・2審判決についてふれる際に簡単にのべる。

　それに対し藤田反対意見の中核になっているのは、本件において問題とされるべき原告の思想、良心としては、君が代が果たしてきた役割に対する否定的評価という歴史観ないし世界観それ自体もさることながら、それに加えてさらに君が代の斉唱をめぐり、学校の入学式のような公的儀式の場で、公的機関が、参加者にその意思に反しても一律に行動すべく強制することに対する否定的評価（したがって、また、このような行動に自分は参加してはならないという信念ないし信条）といった側面が含まれている可能性があるのであり、また、後者の側面こそが本件では重要なのではないかという捉え方である。そして本件ではこのように君が代が過去に果たした役割に対する否定的評価という歴史観ないし世界観の意味での思想、良心と、上記のような信念ないし信条の意味での思想、良心と、2つの思想、良心の問題が含まれている可能性があるのであるから、本件において本来問題とされるべき原告らの思想、良心とは正確にはどのような内容のものであるかについて、さらに詳細な検討を加える必要があること等を指摘して、原判決の破棄差戻しを説くのである。

　こうなると結局19条にいう思想、良心の意義をどう定義するかという基本的な問題に立戻ることになるが、その点についていえば、筆者は、ひとの私的・社会的生活や行動の土台となり、判断基準となる人生観、歴史観、世界観、価値観等を意味するものと理解している。ただいわゆる信条説のように、そこに、「宗教上の信仰に準ずべき」というような限定をつける必要はなく、要するに19条の思想、良心とは、ひとの私的・社会的生活や行動の仕方、方針を規定するものの見方や考え方、あるいは価値判断を意味するとすればよいと考えている。

こういう理解から本件をみると、やはり多数意見のいうように、上告人の思想、良心と評価されるのは、君が代が果たした（筆者のいい方でいえば、君が代を装飾として天皇制国家が行った）侵略や弾圧についての批判や反省であり、君が代の斉唱の際の伴奏拒否は「その派生的ないし付随的行為」（藤田反対意見は多数意見のピアノ伴奏拒否の捉え方をこう表現している）であるということになろう。この「派生的ないし付随的行為」は筆者のいい方では、上にのべたように、ひとの私的・社会的生活や行動の仕方・方針ということになるが、ここまで（本件について具体的にいえば、学校行事における君が代の斉唱に反対し、ピアノ伴奏を拒否することまで）思想、良心の自由の保障を及ぼすことは、余りにもその保障の範囲を拡大し、19条をめぐる訴訟を誘発することになるのではなかろうか。むろん19条に関する訴訟が生じること自体は何ら問題ではないが、その場合、おそらく判決のほとんどはありきたりの公共の福祉論による合憲判決となるであろう。そしてそのことは結果としては当然、訴え提起者の意図に反して、思想、良心の自由の保障は容易に制限できるものとの印象を積み重ねるおそれがあろう。また藤田反対意見は、君が代が過去に果たした役割についての否定的評価という歴史観ないし世界観と、学校行事において君が代の斉唱を強制することに対する否定的評価（したがって、また、このような行動に自分は参加してはならないという信念ないし信条）とは一応区別されるとするが、むしろ前者の歴史観ないし世界観の1つの発露として後者があるのであって、両者は連動しており、別物ではないとみるのが自然ではなかろうか。

　なお藤田反対意見は、公的儀式の場で、公的機関が参加者に君が代の斉唱を強制することや、それに参加しないとの信念ないし信条をもつ者にピアノ伴奏を強制することが、憲法違反とならないかどうかは、多数意見の考えを前提とするにしても改めて検討する必要があるとし、その例証として、「例えば、『君が代』を国歌として位置づけることには異論が無く、従って、例えばオリンピックにおいて優勝者が国歌演奏によって讃えられること自体については抵抗感が無くとも、一方で『君が代』に対する評価に関し国民の中に大きな分かれが現に存在する以上、公的儀式においてその斉唱を強制することについては、そのこと自体に対して強く反対するという考え方もあり得るし、また現にこのよう

な考え方を採る者も少なからず存在するということからも，いえることである」という。しかし君が代を国歌として素直に受容しつつ，公的儀式においてその斉唱を強制することには反対する者が真に少なからず存在するか甚だ疑問であり，さらにいえば，少なくとも原告の立場はこうした，国民の間に君が代の評価について大きな相違がある以上，その斉唱に反対するという類のものではないことは明らかであるから，このような藤田反対意見の説明は説得力を欠くように思われる。

　戒告処分事件1審判決[10]はごく要約していえば，原告の，君が代は過去の日本のアジア侵略と密接に結びついており，これを公然と歌ったり，伴奏したりすることはできないとの思いは，19条の保障の対象である思想，良心であるとしつつ，こうした思想や良心の自由も公務員の職務の公共性に由来する内在的制約を受けることからすれば，原告は本件職務命令を受忍すべきであるとして，19条違反の主張を退けるものである。

　前者の点についての判決文を示せば，「本件職務命令は，本件入学式において音楽専科の教諭である原告に『君が代』のピアノ伴奏を命じるというものであり，そのこと自体は，原告に一定の外部的行為を命じるものであるから，原告の内心領域における精神活動までも否定するものではない。もっとも，人の内心領域における精神活動は外部的行為と密接な関係を有するものといえるから，『君が代』を伴奏することができないという思想，良心を持つ原告に『君が代』のピアノ伴奏を命じることは，この原告の思想，良心に反する行為を行うことを強いるものであるから，憲法19条に違反するのではないかが問題になる」とされている。

　このようにここではとくに何の説明や限定もなく，君が代の伴奏をすることができないという原告の思いは，19条がその自由を保障する思想，良心に含まれるとされている。そのため判決は一見すると原告の主張に理解を示し，思想，良心の自由の保障を促進する立場に立っているようにみえる。しかし実態はそうではない。上記の判決の要約の後半でのべているように，これまで人権の制約を合憲としてきた多くの判決と同様，公共の福祉論によって比較的簡単に職務命令による原告の君が代に係る思想，良心の自由の制限を合憲として容

認するのである。

　この点についての判決文を示せば，「しかし，原告のような地方公務員は，全体の奉仕者であって（憲法15条2項），公共の利益のために勤務し，かつ，職務の遂行に当たっては，全力を挙げて専念する義務があるのであり（地方公務員法30条），思想，良心の自由も，公共の福祉の見地から，公務員の職務の公共性に由来する内在的制約を受けるものと解するのが相当である（憲法12条，13条）」とされているのである。

　そして具体的に職務命令の目的や手段を検討し，それが合理的な範囲内のものであることを認めて，原告は君が代のピアノ伴奏という思想，良心の自由の制約を受忍すべきであるとするのであるが，こうしてみると，判決が，原告の君が代の伴奏についての否定的な思いを思想，良心としたことには実は特段の積極的意義はなく，敢えていえば，ただ原告のそうした主張を一応そのまま受けて判断をスタートさせたという程度の意義しかないことが分かる。したがって本判決は，19条に関わる判決としてはとくに重要性をもつものではないといえよう。また，戒告処分事件最高裁判決は君が代のピアノ伴奏についての否定的判断や行動を思想，良心の自由の保障の対象とせず，1審判決は逆に君が代のピアノ伴奏についての否定的判断や行動を対象としたというような対比も，実際には，無意味であることも明らかである。

　なお戒告処分事件2審判決[11]も基本的にはこうした1審判決を踏襲しているので，同様のコメントが当てはまるであろう（この2審判決は公共の福祉による思想，良心の自由の制約を一般的に説いた後，さらに，「控訴人のように公教育に携わる公務員は，学校教育法等の法規の定めるところによって教育を行うことが義務付けられているというべきであるから，その限りでは自ずから思想，良心の自由も制約されることがあり得る。例えば法規によりあることを教えることとされている場合に，公教育に携わる公務員がその個人的な思想や良心に反するからといってそのことを教えないというわけにはいかないのである。このような意味での思想，良心の自由の制約は，公共の福祉にかなうものとしてやむを得ないものであって，公教育に携わる公務員として受忍せざるを得ず，このような受忍を強いられたからといって憲法19条に違反するとはいえない」とのべるなど，1審判決よりもさらに強く，また具体的に，教育公務員の思想，良

心の自由が公共の福祉による制約を受けることを説いている)。

　以上の4判決のいずれとも行論を異にするのが,確認等訴訟1審判決である。違いは主として2つあって,その1は学校行事において君が代斉唱の際に国旗に向かって起立し,君が代を斉唱することやピアノ伴奏をすることと,19条の関わりについての判断である。確認等訴訟1審判決は結論としては,こうした行為についての拒否感は19条の保障の対象となるとしているので,その限りでは戒告処分事件1・2審判決と同様なのであるが,その理由についてくわしくはふれていない後者に比べて,かなり詳細にその点にふれているのである。

　少々長くなるが原文をそのまま引用すると,「ところで我が国において,日の丸,君が代は,明治時代以降,第2次世界大戦終了までの間,皇国思想や軍国主義思想の精神的支柱として用いられてきたことがあることは否定し難い歴史的事実であり,国旗・国歌法により,日の丸,君が代が国旗,国歌と規定された現在においても,なお国民の間で宗教的,政治的にみて日の丸,君が代が価値中立的なものと認められるまでには至っていない状況にあることが認められる。このため,国民の間には,公立学校の入学式,卒業式等の式典において,国旗掲揚,国歌斉唱をすることに反対する者も少なからずおり,このような世界観,主義,主張を持つ者の思想,良心の自由も,他者の権利を侵害するなど公共の福祉に反しない限り,憲法上,保護に値する権利というべきである。この点,確かに,入学式,卒業式等の式典において国歌斉唱の際に起立しないこと,国歌斉唱をしないこと,ピアノ伴奏をしないことを選択する理由は様々なものが考えられ,教職員に対して,入学式,卒業式等の式典において国歌斉唱の際に,国旗に向かって起立し国歌を斉唱すること,ピアノ伴奏をすることを命じたとしても,特定の思想,良心を抱くことを直接禁止するものとまではいえない。しかし,前記日の丸,君が代に関する現在の状況に照らすと,宗教上の信仰に準ずる世界観,主義,主張に基づいて,入学式,卒業式等の式典において国歌斉唱の際に国旗に向かって起立し,国歌を斉唱することを拒否する者,ピアノ伴奏をすることを拒否する者が少なからずいるのであって,このような世界観,主義,主張を持つ者を含む教職員らに対して,処分をもって上記行為を強制することは,結局,内心の思想に基づいてこのような思想を持って

いる者に対し不利益を課すに等しいということができる。したがって，教職員に対し，一律に，入学式，卒業式等の式典において国歌斉唱の際に国旗に向かって起立し，国歌を斉唱すること，ピアノ伴奏をすることについて義務を課すことは，思想，良心の自由に対する制約になるものと解するのが相当である」とされている。

もっともこの判旨は必ずしもその趣旨が判然としないきらいがないではないが，およそのところをいえば，学校行事において国旗を掲揚し，君が代を斉唱することに反対する態度や立場を世界観等として思想，良心とするとともに，それに基づいて現実の行事の場で，自分は，国旗に向かって起立したくない，あるいは君が代の斉唱やピアノ伴奏をしたくないという思いを抱くことも思想，良心としている。そして判決はそのうえでひとの内心領域の精神的活動と外部的行為は密接な関係をもち，これと切り離して考えることは困難かつ不自然であるから，学校行事における国旗の掲揚，君が代の斉唱・ピアノ伴奏等に否定的考えをもつ者にこれらの行為を命じることは，結局これらの者の思想，良心の自由を侵害することになるというべきであるとするのである。

ただ筆者は藤田反対意見にふれた際にのべたように，19条にいう思想，良心はとくに狭く限定する必要はないにしても，反面日常の私的・社会的生活や行動の仕方・方針にまで拡大することは妥当ではないと考えているので，確認等訴訟1審判決の上に紹介した部分には賛成することができない。

また思想，良心の定義において態々「宗教上の信仰に準ずる」という厳しい限定を付しながら，簡単に不起立，不斉唱，伴奏拒否といった行為が思想，良心の自由の保護を受けるとすることも，通常の理解からすればいささか納得し難いところである。これでは「宗教上の信仰に準ずる」という語は，思想，良心の自由の保護を受ける「世界観，主義，主張」の内容を規定するのではなく，むしろ思いの強さを意味する語として用いられているのではないかという印象すら受けるのである。

もう1つの違いは，このように職務命令により国旗に向かって起立し，君が代を斉唱すること，ピアノ伴奏をすることについて義務を課すことが思想，良心の自由の制約になるとして，それは，公共の福祉による必要かつ最小限度の

制約，または教職員の地位に基づく制約として，許されるかどうかという検討の内容とその結論である。上述のように戒告処分事件1・2審判決はこのことをいささか図式的に論じ，原告は職務命令を受忍すべきものとしており，他の2判決もこうした義務を課す職務命令を合理的としているのであるが，確認等訴訟1審判決は逆に職務命令を違法とするのである。

その理由は多岐に亘っているが，ごく要約していうと，高等学校学習指導要領の，「入学式や卒業式などにおいては，その意義を踏まえ，国旗を掲揚するとともに，国歌を斉唱するよう指導すること」という国旗・国歌条項は，法的効力を有しているが，同条項から，原告ら教職員が入学式，卒業式等の式典において君が代の斉唱の際に国旗に向かって起立し，斉唱する義務，ピアノ伴奏をする義務までを導き出すことは困難であること，本件紛争の源になっている平成15年の都教育長による都立学校の各校長あての，「入学式，卒業式等における国旗掲揚および国歌斉唱の実施について」という通達やそれに関する指導等は，入学式，卒業式等の式典における国旗掲揚，君が代斉唱の実施方法等，教職員に対する職務命令の発令等について，都立学校の各校長の裁量を許さず，これを強制するものと評価することができるうえ，原告ら教職員に対しても，都立学校の各校長の職務命令を介して，入学式，卒業式等において君が代斉唱の際に起立して斉唱すること，ピアノ伴奏をすることを強制していたものと評価することができ，そうだとすると都教育長の通達等は（旧）教育基本法10条1項所定の「不当な支配」に該当するものとして違法と解するのが相当であり，ひいては，原告ら都立学校の教職員の入学式，卒業式等の式典において国歌斉唱の際に，国旗に向かって起立しない自由，国歌を斉唱しない自由，国歌をピアノ伴奏しない自由に対する公共の福祉の観点から許容されている制約とはいい難いこと，国旗・国歌法も教職員に対し，国旗掲揚および君が代斉唱の義務を課したものと解することはできないこと，また原告ら教職員が国旗に向かって起立することや君が代を斉唱することを拒否したとしても，格別，式典の進行や君が代斉唱を妨害することはないうえ，生徒らに対して君が代斉唱の拒否をことさら煽るおそれがあるとまではいえず，仮に音楽科担当教員がピアノ伴奏を拒否したとしても，他の代替手段も可能と考えられること等から

すれば，原告らの拒否行為を制約することは必要かつ最小限度の制約を超えるものであり，各校長が通達に基づき，国旗に向かって起立し，君が代を斉唱せよとの職務命令を発することには重大かつ明白な瑕疵があること，等がそれである。

その結果判決は，「原告ら教職員は，…違法な本件通達に基づく各校長の職務命令に基づき，上記行為を行う義務を負うことはないものと解するのが相当である。そうすると，被告都教委が，原告ら教職員が本件通達に基づく各校長の職務命令に基づき，入学式，卒業式等の式典において国歌斉唱の際に国旗に向かって起立しないこと，国歌を斉唱しないこと，ピアノ伴奏をしないことを理由として懲戒処分等をすることは，その裁量権の範囲を超え若しくはその濫用になると認められるから，在職中の原告らが上記行為を行う義務のないことの確認のほかに，被告都教委が上記懲戒処分等をしてはならない旨命ずるのが相当である」とするのである。

この部分のうち，後半の教職員の不起立や君が代斉唱・ピアノ伴奏の拒否によってさしたる実害が生じるわけではないことや，懲戒処分の違法性を説く部分はそれなりに説得力があり，19条に関する判断部分とは別に，その限りでは筆者も同感である。他の4判決もこの点をもっと意識して判断すべきではなかったかと考える。いい換えると，君が代訴訟を19条訴訟としてのみ捉えずに，学校行政における紀律違反行為について，どのような，あるいはどの程度の処分が妥当かが問題になる事例として捉えることも必要ではないか，従来その視点がやや乏しかったのではないかと考えるのである。

註
8) 最判平成19・2・27民集61巻1号291頁。
9) 東京地判平成19・6・20判時2001号136頁。
10) 東京地判平成15・12・3判時1845号135頁。
11) 東京高判平成16・7・7民集61巻1号457頁。
12) 東京地判平成18・9・21判時1952号44頁。

おわりに

　したがって以上の筆者の考察をまとめていえば，学校行事における君が代の斉唱やピアノ伴奏の拒否そのものは19条の保障の対象になるとはいい難いが，しかしそうした斉唱や伴奏を命じる職務命令に従わないことが，直ちに懲戒処分を正当化するものではなく，職務命令自体は違憲，違法ではなくても，その違反を理由とする懲戒処分はケースによっては裁量権の逸脱，濫用，あるいは比例原則違反として違法になることがあるのではないかということである。その意味では，その君が代の斉唱・ピアノ伴奏等の拒否と19条との関係についての考察には基本的に賛成する戒告処分事件最高裁判決や合格取消事件1審判決も含めて，以上にみた5判決はいずれも筆者の考えるところと合致しないが，最近判例集に登載された再雇用採用選考不合格事件判決[13]は，こうした筆者の考えと比較的近いので，最後にそれについて簡単にふれておくことにする。

　この事件は東京都の教職員であった原告らが，定年後（一部は勧奨退職後）嘱託員（再雇用職員の職名）としての再雇用を希望したところ，卒業式等において国旗に向かって起立をし，君が代を斉唱するよう命じた校長の職務命令に違反したことを理由に不合格とされたことにつき，違憲，違法な職務命令違反を理由に不合格としたのは違法であるとして，東京都に国家賠償法に基づき損害賠償を請求したものである。要するに，先にみた合格取消事件が嘱託員の選考に一旦合格とされながら，職務命令違反を理由にその後合格が取り消された事例であるのに対し，本件はそもそも当初の選考で職務命令違反を理由に不合格とされた事例である。このように事案の内容は若干異なるが，基本的な構図は他の事例と共通するため，本件でも，国旗に向かっての起立や斉唱を命じた職務命令と19条，職務命令の基になった都教育長の通達と（旧）教育基本法10条1項にいう「不当な支配」，不合格という判断と裁量権の逸脱，濫用，等の関係が争われているのである。

　職務命令が19条に違反するかという最初の問題について判決は先ず，原告

らは，戦前の日本の軍国主義やアジア諸国への侵略戦争とこれに加功した日の丸，君が代に対する反省に立ち，平和を志向するという考えや，国民主権，平等主義等の理念から，天皇という特定個人または国家神道の象徴を賛美することに反対するという考えなどを有していることが認められるとする。そして原告らの主張は，本件職務命令が命じる行為はこのような原告らの考えとは根本的に相容れないものであるから，これらの行為を行うことができないという信念を有しているというものであるとまとめる。

続いて判決は，これらのことを受けて，「原告らのこのような考えは，『日の丸』や『君が代』が過去に我が国において果たした役割に係る原告らの歴史観ないし世界観又は教職員等としての職業経験から生じた信条及びこれに由来する社会生活上の信念といえるものであり，このような考えをもつこと自体は，思想及び良心の自由として保障されていることは明らかである」とのべる。ここでは一見すると，国旗に向かっての起立や国歌の斉唱の拒否の前提になっている基本的な考え方（「信条」と表現されている）のみならず，起立や斉唱をしない，あるいはすることができないとの考え（「信念」と表現されている）も思想，良心とされているようにみえるが，その後の展開をみると思想，良心として扱われているのはもっぱら「信条」であって，「信念」は思想，良心の自由の直接の保障の対象とはされていない。その意味ではこの判決の思想，良心の捉え方は，戒告処分事件最高裁判決と類似しているといえよう（「信念」については，判決は後に，「原告らは，『国歌斉唱をしない』という信念を思想として有しているとも主張するようである。このような考えを持つこと自体が保障されることは明らかであるが，一般的には，このような考えが思想の核心部分とは解されない」としている）。

こうしておいて判決はさらに続けて，「もとより，人の思想や良心は外部行為と密接な関係を有するものであり，思想や良心の核心部分を直接否定するような外部的行為を強制することは，その思想や良心の核心部分を直接否定することにほかならないから，憲法19条が保障する思想及び良心の自由の侵害が問題になるし，そうでない場合でも，思想や良心に対する事実上の影響を最小限にとどめるような配慮を欠き，必要性や合理性もないのに，思想や良心と抵触するような行為を強制するときは，憲法19条違反の問題が生じる余地があ

るといえるが，これらに該当しない場合には，外部行為が強制されたとしても，憲法19条違反とはならないと解される」という。

こうなると当然次に，職務命令が命じる，国旗に向かっての起立や君が代の斉唱という行為は上の思想や良心の核心部分を直接否定する外部行為とそうでない外部行為のうちのいずれに該当するかという検討に進むことになるが，この点につき判決は，「本件職務命令は，卒業式等において国歌斉唱時に国旗に向かって起立し，国歌を斉唱することを命じるものであって，原告らに対して，例えば，『日の丸』や『君が代』は国民主権，平和主義に反して天皇という特定個人又は国家神道を賛美するものであるという考えは誤りである旨の発言を強制するなど，直接的に原告らの歴史観ないし世界観又は信条を否定する行為を命じるものではないし，また，卒業式等の儀式の場で行われる式典の進行上行われる出席者全員による起立及び斉唱であることから，前記のような歴史観ないし世界観又は信条と切り離して，不起立，不斉唱という行為には及ばないという選択をすることも可能であると考えられ，一般的には，卒業式等の国歌斉唱時に不起立行為に出ることが，原告らの歴史観ないし世界観又は信条と不可分に結びつくものということはできない」という。

こうして具体的な例を挙げながら，戒告処分事件最高裁判決同様，本件では，「一般的には」，原告らの思想，良心と君が代斉唱に際しての不起立，不斉唱は不可分に結びつくものということはできないとするのである。

加えてこれも戒告処分事件最高裁判決同様，「客観的にみて」，「卒業式等の国歌斉唱の際に『日の丸』に向かって起立し，『君が代』を斉唱するという行為は，卒業式等の出席者にとって通常想定され，期待されるものということができ，一般的には，これを行う教職員等が特定の思想を有するということを外部に表明するような行為であると評価することは困難である。校長の職務命令に従ってこのような行為が行われる場合には，これを特定の思想を有することの表明であるとすることは一層困難であるといわざるを得ない」(傍点筆者)という。

ただここで「客観的に」みた場合の評価のなかにも，「一般的には」という表現が用いられていることにはそれなりの意味が込められている。というの

は，判決はこうして，「以上によれば，本件職務命令は，原告らの思想及び良心の核心部分を直接否定するものとは認められない」としつつも，それで終らず，とはいうものの，本件職務命令が命じる行為が原告らの歴史観ないし世界観または信条と緊張関係にあることは確かであり，一般的にはそうではないとしても，原告ら自身は，本件職務命令が原告らの歴史観ないし世界観または信条自体を否定し，思想および良心の核心部分を否定するものであると受け止めて不起立，不斉唱の行動をとったとも考えられるとし，そうだとすると，本件職務命令は，原告らの思想および良心の自由との抵触が生じる余地があるとするからである。

　しかし判決は結局，憲法15条2項，地方公務員法30条，同32条，国旗・国歌法，高等学校学習指導要領等の規定や，本件職務命令が卒業式等の儀式を行うに際して発出されたものである等の諸事情を総合すると，本件職務命令には，その目的および内容において合理性，必要性が認められるとし，「以上のとおり，本件職務命令は，その内容において合理性，必要性が認められるのであるから，原告らの前記のような歴史観ないし世界観または信条と緊張関係にあるとしても，あるいは，原告ら自身としては思想及び良心の核心部分を直接否定するものであると受け止めたのだとしても，そのことによってただちに，本件職務命令が原告らの思想及び良心の自由を制約するものである，あるいはその制約は許されないものであるということはできない」とする。

　この後半の展開は那須補足意見を想起させるものがあり，こうしてみると，判決は，戒告処分事件最高裁判決の多数意見に那須補足意見を巧妙に接合したものになっている。筆者は先に戒告処分事件最高裁判決の多数意見の憲法15条2項や地方公務員法30条，同32条，学校教育法等に照らした職務命令の検討の位置が妥当ではないのではないかとの疑問を呈したが，本判決はそうした疑問に対する1つの回答にもなっている。ただしある行為が一般的には思想，良心の自由を侵害するものとはみなされないとしても，本人の立場からすれば，思想，良心の自由を侵害するものと受け止められることがあるという形の議論を展開すべきではないと筆者が考えていることも，これまた前述したとおりである。

第2の都教育長の通達やその後の指導が(旧)教育基本法10条1項にいう「不当な支配」に該当するか否かの問題については，結論のみを紹介しておくと，それまでの君が代斉唱等の実施状況に照らせば，高等学校学習指導要領に基づく卒業式等を実施するよう改善・充実をはかるという本件通達の目的には合理性があるといえるし，その内容も必要性があったとされ，また本件通達は卒業式等における君が代斉唱および君が代斉唱に関する実施指針のみを定めるものであって，教職員が生徒に対して君が代等に関する歴史的事実等を教えることを禁止するものではなく，君が代等について一方的に一定の理論を生徒に教え込むことを強制するものとも認められないから，その点からも合理性を欠くとはいえないことなどがのべられ，「以上によれば，本件通達は，旧教育基本法10条1項にいう『不当な支配』に該当するとは認められない」と結論されている。

　このように判決は2点においては原告らの主張を退けるが，しかし第3の，原告らに対する不合格という措置の妥当性の問題については，一転原告らの主張を認める。

　すなわち判決は，再雇用制度が教職員の定年後の雇用を確保するという意義をもつことや，平成12年から14年まで再雇用職員の申込者は全員選考に合格し，その後も圧倒的多数は合格していたこと等を認定したうえで，「原告らの職務命令違反行為は，起立をしなかったことと国歌を斉唱しなかったことだけであって，積極的に式典の進行を妨害する行動に出たり，国歌斉唱を妨げたりするものではなく，現に，原告らの職務違反行為によって，具体的に卒業式等の進行に支障が生じた事実は認められない。そして本件職務命令は，…多数の出席者が集まる卒業式における行為であるという以外には，教育指導に関して教職員に対して発せられる他の職務命令と異なるものではなく，本件職務命令が，他の職務命令と比較して，とりわけ重大なものとはいえないし，これのみで教職員の勤務成績を決定的に左右するような内容のものとも解されない。…現に，過去においては卒業式等において起立をせず，国歌斉唱をしなかった教職員も嘱託員として採用されていたのであるから，不起立と国歌斉唱をしなかったという行為自体が，その性質上，直ちに嘱託員としての採用を否定すべ

き程度の非違行為というのは疑問である」とするのである。

そしてさらに原告らの君が代の斉唱等に関する職務命令違反は1ないし2回であって，処分や指導を繰り返し受けたにもかかわらず，同種行為を何度も繰り返したといった事実はないことや，過去に争議行為で2度の停職処分を受けた職員が嘱託員に採用された事例もあったのに，本件の原告らはそれよりも軽い戒告処分や減給処分を受けたにとどまるのに不合格とされたというのは公平さに疑問があり，したがって都教委が本件職務命令の違反のみをもって，原告らの勤務成績を良好でないとした判断は，本件職務命令と卒業式等における不起立，国歌不斉唱という行為を，極端に過大視したものといわざるを得ないこと，他方原告らは定年または定年近くまで職務を遂行していたものと認められるが，都教委が本件職務命令違反のほかに，原告らの勤務成績に関する事情を総合的に考慮して再雇用の合否を判断した形跡は全くみられないこと等をのべ，結論として，「本件不合格は，従前の再雇用制度における判断と大きく異なるものであり，本件職務命令違反をあまりにも過大視する一方で，原告らの勤務成績に関する他の事情をおよそ考慮した形跡がないのであって，客観的合理性や社会的相当性を著しく欠くものといわざるを得ず，都教委はその裁量を逸脱，濫用したものと認めるが相当である」とのべるのである。

こうして判決は本件職務命令は違憲，違法とはいえないが，本件不合格は，都教委がその裁量を逸脱，濫用したものであり，不法行為であるとするのであるが，筆者にはこの判決がこれまでの君が代訴訟判決のなかでは最も納得のいくものである。

従来の判決は，君が代の斉唱・ピアノ伴奏等の職務命令の合憲性や適法性の判断に重点を置き，また原告側の主張もその点が中心であった。その結果実際に訴訟で争われている職務命令違反を理由とする懲戒処分や再雇用職員選考の合格の取消しの適法性自体が詰めて論じられ，判断されることはなかった。この問題は原告の主張において付随的に取り上げられる程度であったのである。いわば職務命令が合憲，適法であれば，当然懲戒処分や合格の取消しも適法，逆に職務命令に違憲，違法が認められれば，当然懲戒処分や合格の取消しも違法という図式で処理されがちだったのである。しかし君が代の斉唱等に関する

職務命令で命じられた行為は直接生徒と向かい合い、生徒に対して行う教育活動ではなく、儀式的な学校行事における儀礼的行為である。最高裁はそうした厳粛ではあるが、形式的なセレモニーの場における儀礼的行為であるからこそ、その行為の命令はとくに命じられた者の思想、良心を侵すものではないとするのであるが、そうであれば、その命令への不服従もとくに大きな害を生じさせる非違行為ではないということになろう。この程度の非違行為、ふつうは教育への実害を発生させるとは思えない非違行為について、都教委は、職務命令違反の1回目は戒告、2回目および3回目は減給、4回目は停職という基準で懲戒処分を行うこととし、またこうした懲戒処分歴を再雇用職員の選考の決定的な消極的資料としているのであるが、これらのことに、さらに、懲戒処分が昇給延伸や勤勉手当のカット等の給与上の不利益措置とも連動すること等も合せて考慮すれば、このような都教委の対応はきわめて異常にすぎ、そのこと自体の違法性が、職務命令の合憲性、適法性の問題とは別に、もっと深刻に認識されるべきであろう。

　筆者には案外このことが君が代訴訟の最も重要な論点であるように思われるのである。[14]

註
13) 東京地判平成20・2・7判時2007号141頁。
14) 君が代訴訟については周知のようにかなり多くの文献があるが、筆者の分析視角はそれらのほとんどと異なっているので、本節では文献の引用はしなかった。文献の詳細については参照、渡辺康行「『思想・良心の自由』と『国家の信条的中立性』(1)」(法政研究73巻1号)、同「公教育における『君が代』と教師の『思想・良心の自由』」(ジュリスト No.1337)、淺野博宣「君が代ピアノ伴奏職務命令拒否事件」(平成19年度重判解)、等。

【追記】
　最後の「おわりに」の箇所でふれている再雇用採用選考不合格事件については、平成22年1月28日に東京高裁で、原告らは職務命令に違反して戒告処分を受けており、低い評価を受けざるを得ないとし、都教委の判断は裁量権の逸脱には当たらないとした逆転判決(判例集未登載)が言い渡された。
　また合格取消事件についても、東京高裁は平成22年2月23日原告らの請求を棄却した1審判決を支持し、控訴を棄却した(判例集未登載)。
　さらに本文ではふれていない関連判決として、卒業式での国歌斉唱時に国旗に向かって

起立し，国歌を斉唱するよう命じた校長の職務命令に違反し戒告処分を受けたことを理由に，定年退職後の再雇用職員，再任用職員の採用選考に不合格となったことにつき，都立高校の前教諭が不合格処分の取消し，再雇用職員または再任用職員としての採用の義務づけ，国家賠償法に基づく損害賠償等を求めた事件について，上記再雇用採用選考不合格事件1審判決同様，都教委の裁量権の逸脱，濫用を認定し，都に損害賠償を命じた東京地裁判決（東京地判平成21・1・19判時2056号148頁）と，これまた上記再雇用採用選考不合格事件東京高裁判決同様，戒告処分から採用選考まで3年も経過していないことや，原告の行為は影響力の大きい重い非違行為というべきものであることなどを理由に，都教委の判断は裁量権の逸脱，濫用とまではいえないとして，こうした1審判決を取り消し，原告の請求を棄却した東京高裁判決がある（東京高判平成21・10・15判時2063号147頁）。

さらにまた戒告処分事件最高裁判決の判旨を踏襲して，公立学校の式典において国歌斉唱およびピアノ伴奏を命じる校長の職務命令およびこれに違反したことを理由とする懲戒処分が憲法19条等に違反しないとした判決として，東京地判平成21・3・26判タ1314号146頁がある。

第5章　信教の自由関係判例

第1節　小泉首相靖国神社参拝違憲訴訟

　周知のように小泉純一郎元首相は首相在任中合計6回靖国神社に参拝した（以下では原則として，こうした小泉元首相の首相在任中の靖国神社参拝を単に「参拝」という。また小泉純一郎元首相については，以下では，「小泉首相」で統一する）。それは平成13年8月13日，14年4月21日，15年1月12日，16年1月1日，17年10月17日，18年8月15日と毎年1回，期日を違えて行われたが，これらの参拝についてはこれも周知のように，各地で多くの訴訟が提起された。その類型は，国，小泉首相個人，靖国神社に対して国家賠償法および民法による損害賠償を求めるもの，国，国の機関としての小泉首相，小泉首相個人，靖国神社に対して参拝したことの違憲確認を求めるもの，国の機関としての小泉首相に対して参拝の差止めを求めるもの，靖国神社に対して国の機関としての小泉首相の参拝受入れの差止めを求めるもの，国に対して公人として，または公務として参拝することを禁止する法律を制定しなかった立法不作為の違憲確認を求めるもの，等多岐に亘っているが，いうまでもなく，それらの訴えの究極のねらいは，参拝が憲法20条3項（以下憲法の条文については，「憲法」は省略し，条項数のみを示す）が定める政教分離原則に反するとの判断を引き出すことである。こうした訴えに対して現在（平成21年3月）までにすでにかなりの数の判決が言い渡されているが，ここではこうした判決のうち平成18年6月23日の最高裁判決までの13の判決を対象とし，またそのうちの損害賠償請求に係る部分を中心として，小泉首相靖国神社参拝違憲訴訟を概観することにしたい。むろん平成18年6月23日の最高裁判決以後も判決の言渡しは続いているが，参拝をめぐる主たる論点とその判断の仕方はこの最高裁判決までで出尽しているし，また，こうした論点や判断方法は損害賠償請求との関連で展開されるの

がふつうだからである。

　予め対象とする13の判決とその登載誌をまとめて示しておくと，次のとおりである。

①大阪地判平成16・2・27判時1859号77頁。
②大阪地判平成16・2・27判時1859号102頁。
③松山地判平成16・3・16判時1859号117頁。
④福岡地判平成16・4・7判時1859号125頁。
⑤大阪地判平成16・5・13判時1876号70頁。
⑥千葉地判平成16・11・25訟月52巻9号2801頁。
⑦那覇地判平成17・1・28訟月52巻9号2851頁。
⑧東京地判平成17・4・26訟月52巻9号2895頁。
⑨大阪高判平成17・7・26訟月52巻9号2955頁（①の控訴審）。
⑩東京高判平成17・9・29訟月52巻9号2970頁（⑥の控訴審）。
⑪大阪高判平成17・9・30訟月52巻9号2979頁（⑤の控訴審）。
⑫高松高判平成17・10・5訟月52巻9号3045頁（③および松山地裁に係属した同種の3事件判決に対する控訴を併合して判断したもの）。
⑬最判平成18・6・23判時1940号122頁（⑨の上告審）。
（なお④は控訴がなされず，傍論で参拝を違憲としたこの地裁判決が確定した。また⑩については平成18年6月27日，上告棄却および上告不受理の決定があり，⑫についても同日，同様の決定があったが，⑪については上告がなされず，④と同様，この傍論で参拝を違憲とした高裁判決が確定した）

　ただ上にのべたように，これらの訴訟は，参拝は20条3項が禁止する国の機関の「宗教的活動」に当たる違憲の行為であるとの判断を得ることを目的に提起されたものであるが，判決の多くは，参拝が国家賠償法1条1項にいう「職務を行うについて」という要件に該当する行為であるか（以下「職務行為該当性」という），および（ないし），参拝によって原告らの法的利益の侵害があったか（以下「被侵害利益の存否」という）を先に判断し，かつ，その判断で終っていて，2

判決を除いては参拝の合憲性の判断にはいたっていない。すなわち参拝の違法性の判断を行って参拝を違憲とした2判決以外は，参拝が職務行為に該当しないことや，参拝によって損害の発生があったわけではないことを認定すると，「その余の点につき検討するまでもなく，…損害賠償請求はいずれも理由がない」として，参拝の合憲性を論じることなく判断を終っているのである。こうして小泉首相靖国神社参拝違憲訴訟では否応なしに，参拝の合憲性よりも，職務行為該当性と被侵害利益の存否が判決の主たる論点となっているので，以下ではそれぞれの職務行為該当性論，および（ないし），被侵害利益の存否論に着目して，これらの13の判決を概観することにしよう。なお2判決の違憲論については，職務行為該当性論についてのべる際に併せて簡単に言及することにする。

1　職務行為該当性

13の判決のうち，職務行為該当性を検討しているのは，①④⑤⑥⑩⑪の6つであるが，そのうち職務行為該当性を認めたのは，①④⑥⑪の4つであり，⑤と⑩はそれを否定している。ただ職務行為該当性を認めた4つの判決も，その後の判旨の展開は同一ではない。すなわち①と⑥は職務行為該当性を認めた後，違法性ではなく，被侵害利益の存否の判断（＝否との結論）に移っているのであり，④と⑪のみが続いて違法性の判断に移り，上に示したようにともに参拝を違憲とし（これが13の判決のうち合憲性判断を行った2判決として先に言及した判決である），最後に被侵害利益の存否の判断（＝否との結論）を行っているのである。

このことは2つのことを意味する。つまり1つは，職務行為該当性を判断することが，必ずしも国家賠償法1条1項の文言の順序どおり，職務行為該当性，違法性，被侵害利益の存否という順で判断することを意味するわけではなく，むしろそれは損害賠償請求を判断するのは国家賠償法に拠るべきか，あるいは民法に拠るべきかという，いわば適用法の確定のための作業としてなされることがあるということであり，もう1つは参拝の合憲性が判断されるにいたれば，違憲の結論となるのが通例であるということである。筆者は後者の点に関

しかつて拙著で、「靖国神社というまぎれもない宗教団体に対し、国家機関の資格において参拝という宗教行為を行うことは、むしろ宗教的活動性を否定することのほうが困難である」と書いたことがあるが、こうしてみると、判例も同様に考えているといってよいであろう。

　これらのことを前置きとしたうえで、先ず①④⑥⑪（以下この4つの判決についてまとめていう場合は「4判決」という）をみることにしよう。

　①は、参拝等に関する事実経過を縷々のべた後、最高裁昭和31年11月30日第2小法廷判決（以下単に「31年判決」という）を引用して、国家賠償法1条1項の「職務を行うについて」に関しては、公務員が主観的に権限行使の意思をもってする場合に限らず、客観的に職務執行の外形を備える行為がこれに該当すると解すべきであるとし、参拝がこのような意味での「職務を行うについて」という要件を充足するか否かを検討する。そして、公用車を用い、内閣総理大臣秘書官を同行させて靖国神社に向かい、参集所で「内閣総理大臣　小泉純一郎」と記帳し、献花の名札には「献花内閣総理大臣　小泉純一郎」と記載させていたという参拝の態様、自民党総裁選の討論会において、内閣総理大臣に就任したら、いかなる批判があろうとも8月15日には必ず参拝するとのべたり、8月13日の参拝直前に官房長官に参拝に関する自らの信念や日程変更の理由を説明し、理解を求めた「小泉内閣総理大臣の談話」を発表させたりした参拝前の状況、および、参拝後も私的参拝であることを明確に示したことがなかったことなどの参拝後の状況、等を総合して、これを外形的・客観的にみれば、参拝は小泉首相が内閣総理大臣の資格で行ったものと認めるのが相当であり、したがって、参拝は、国家賠償法1条1項の「職務を行うについて」に該当するとする。④も叙述に繁簡の差はあるが、ほぼ同様の参拝の態様や参拝前後の状況の指摘により（また、やはり31年判決を引用して、国家賠償法1条1項の「職務を行うについて」とは、当該公務員が、その行為を行う意図目的はともあれ、行為の外形において職務の執行と認め得る場合をいうと解するのが相当であるとしている）、参拝は行為の外形において内閣総理大臣の職務の執行と認め得るものというべきであり、「職務を行うについて」に当たると認められるとする。

　⑥は、私人としての参拝であることを明言したか否かをポイントとして判断

して，職務行為該当性を結論している点で，これらの判決とはやや行論を異にしている。すなわち，「内閣総理大臣の地位にある者は，その行為が社会に与える影響も自然と大きくならざるを得ないため，それが純粋な私人としての行為であるか否かを明確に決することは，困難な場合も多く，その職務の性質上，仮にその意思がなくとも，職務執行の外形を備えうる場合が多くなる立場にあるといえる。そして，国家賠償法上の職務行為該当性については，前記…のとおり（この前記の箇所ではやはり31年判決が引用されている―筆者），公務員が主観的に権限行使の意思をもってする場合に限らず，客観的に職務執行の外形を備える行為も含まれると解すべきであるから，内閣総理大臣の地位にある者が私的行為を行う際，その行為が客観的，外形的に職務行為に該当するか否かにつき疑義を生じさせ得る性質を有する場合には，それが国家賠償法上の職務行為に該当しないことを明らかにするよう配慮して行動しなければならない立場にあるといえる。ところが，本件参拝において，被告小泉は，参拝前から靖国神社を参拝する旨公言し，参拝後も，8月15日に靖国神社に参拝することは公約であった旨発言した上，平成16年4月までは本件参拝が私人としての参拝であることを窺わせる発言をしたことは一切なく…，本件参拝の態様を見ても，被告小泉は，公用車を使用し，秘書官及びSPを同行させた上，記帳，献花にあえて「内閣総理大臣」との肩書きを付して，外形上，本件参拝とその職務とに関連があるように見受けられる記載をした一方，前記…認定事実をみる限り，被告小泉において，本件参拝が，客観的，外形的に内閣総理大臣としての職務行為に該当しないことが明らかになるように配慮して行動した跡も窺えないことからすれば，本件参拝は，客観的に職務執行の外形を備えた，国家賠償法上の職務行為に該当するものと認めるのが相当である」とするのである。

　ただこの，内閣総理大臣の行為は職務行為か私的行為かを明確に決することが困難な場合も多く，したがって私的行為を行う際にはそれが国家賠償法上の職務行為に該当しないことを明らかにするよう配慮して行動しなければならないところ，参拝においては私人としての参拝であることを発言するなど，そのように配慮して行動した形跡がないから，職務行為に該当するという⑥の判断も，結局は，参拝時およびその前後の事実からすれば参拝には私的行為ではな

く，職務行為と思わせる要素が多分にあったことを主たる理由にしているのであるから，その点では①④と軌を一にしているとみてよいであろう。

また⑪も，参拝は，靖国神社に祀られた祭神に対し畏敬崇拝の気持を表すというものであるから，個人の行為として行われるのが本来であるとしつつ，しかし参拝が公的な立場において内閣総理大臣としてなされたと評価されるものであれば，その職務を行うについてなされたものと認められることになるとして，それがこのような意味での公的行為であるか否かを検討する。なおその前提として，上記の3判決同様「職務を行うについて」とは，当該公務員が主観的に権限行使の意思をもってする場合に限らず，私的な目的や意図をもってする場合でも，客観的に職務行為の外形を備えている場合には，これに該当するものと解するのが相当であり，また職務行為の外形を備えた行為であるか否かについては，当該行為のみならず，その前後の状況等をも総合して判断すべきことが説かれている（ただし31年判決の引用はない）。そしてこれまでにすでにのべた公用車の使用や，「内閣総理大臣　小泉純一郎」との記帳等の参拝の態様，参拝が内閣総理大臣就任前の公約の実行として行われたという参拝にいたる経緯，参拝後も私的参拝とは明言せず，むしろ公的な参拝であることを表明していると受け取られる発言をしていること，動機ないし目的も日本の為政者としての政治的な動機ないし目的が主たるものであることを示す発言や談話を表していること等の事情を総合すると，参拝は，少なくとも行為の外形において，内閣総理大臣としての「職務を行うについて」なされたものと認めるのが相当であると結論するのである。

4判決はこうしてみると，つまるところ，参拝は内閣総理大臣という資格や立場で行われたため，少なくとも外形上は内閣総理大臣の職務の遂行と認められ，国家賠償法1条1項の「職務を行うについて」に該当するとするものといえよう。より端的にいえば，4判決は，参拝は内閣総理大臣としての行為であるから，当然職務行為であるとするのである。そして上述したように，こうした認定方法はすでに31年判決が宣明するところであるとしている。この31年判決が示した認定方法は一般に外形標準説といわれるが，こうした外形標準説に立って参拝をみれば，そこには職務行為性が認められるというわけである。

しかし筆者はこのように昭和31年判決の事案と参拝を同列にみることには賛成できない。

よく知られた31年判決の事案は，東京都警視庁巡査が自己の経済的苦境を切り抜けるため，通行人に対して不審尋問を行ってその所持品を証拠品名義で取得することを思い立ち，警察官の制服，制帽，外套を着し，同僚から窃取した拳銃を携帯して川崎市に赴き，買物の際多額の札束を所持しているのを知った男性を追尾して川崎駅ホームで呼び止め，駅長室に連行して不審尋問のうえ所持品検査をし，その際自ら予め用意した金銭入りの封筒を秘かに所持品のなかにまぎれ込ませてスリの嫌疑をかけ，さらに男性を駅前派出所に連行して現金その他の所持品を証拠品として預かると称して受け取り，同所を出て連行中隙をみて逃げようとしたところ，「どろぼう」と大声で連呼されたため，所携の拳銃により同人を殺害して金品領得の目的を遂げたというものであるが，最高裁はこうした巡査の行為について，「けだし，同条（国家賠償法1条―筆者）は公務員が主観的に権限行使の意思をもってする場合にかぎらず自己の利をはかる意図をもってする場合でも，客観的に職務執行の外形をそなえる行為をしてこれによって他人に損害を加えた場合には，国または公共団体に損害賠償の責を負わしめて，ひろく国民の権益を擁護することをもって，その立法の趣旨とするものと解すべきである」として，東京都の賠償責任を認めた原判決を支持したのである。

この判決の正確な理解のため巡査の行為や行為時の事情を分解して整理してみると，(a)行われた不審尋問，連行，所持品検査等の行為自体は警察官の適法な（法に根拠をもつ）職務の遂行とみなされるものである，(b)行為をなした時の当人の地位は，当該行為を適法になし得る公務員（警察官）であった，ただし，(c)当人の当該行為の目的は自己の利をはかるものであり，権限行使をはかるものではなかった，(d)当人にとって行為時は非番の日に当たっており（勤務割では，午後5時から翌朝9時まで勤務したときは，これを終えて自宅に帰り休息する定めとなっており，当日はこの休息すべき日に当たっていた），また所為の現場のほとんどは東京都警視庁の管轄区域外であった，との4点にまとめられるが，31年判決は，(b)を当然の前提としつつ，何よりも(a)を受けて，職務行為

該当性を認めているのである。すなわち(c)(d)からすれば巡査の行為の内実は私利私欲をはかるための仮装の職務行為であって，到底職務行為といえるものではないが，(a)からして客観的には職務執行の外形を備えた行為とみなされるものであり，こうした場合も国や公共団体は賠償責任を免れないとしているのである。この判決ではなによりも(a)の，行為自体は一応適法な職務行為とみなされるものであるということが基本的なポイントとされ，当人の目的や行為時の勤務割，場所等は措いて，こうした外形によって職務行為該当性を認め，国民の利益を擁護するのが，国家賠償法1条1項の趣旨であるとするのである。これが31年判決のとった外形標準説である。

　ところが小泉首相の参拝においては，31年判決で基本となっている(a)に相当する部分が存在しないのである。むしろ(a)の要素が認められるかどうか，そのこと自体が争われているのであるから，31年判決の外形標準説は適用し難いケースなのである。にもかかわらず，4判決，あるいは少なくともそのうちの3つが31年判決と同様な立場によって判断した結果として，参拝を内閣総理大臣の職務行為としているのは，上にみたように31年判決の事案でいう「外形」とは何よりも行われた行為（不審尋問，連行，所持品検査，等）の職務行為性に着目してのことであることをよく認識せず，31年判決を単に，公務員の行為らしくみえれば，「職務を行うについて」という要件に該当するものとした判決と読んだためであろう。こうした読み方を受け，内閣総理大臣という資格や立場で行われた以上，参拝は内閣総理大臣の職務遂行の様相を帯びるから，職務行為該当性が認められるとされるのである。こうした内閣総理大臣という資格や立場で行われた行為という「外形」によって，当該行為の職務行為該当性を認めるやり方を外形標準説と称することは，用語の問題としてはとくに異を唱える必要はないとしても，それは31年判決の外形標準説とは異なる外形標準説であることは認識しておく必要があるであろう。

　要するに繰り返していえば，4判決の立場は，参拝時およびその前後の状況をあれこれ検討して，それが内閣総理大臣としての資格や立場で行われたか否かを判断し，そのことが肯定されれば，それ以上参拝という行為自体の性質は分析することなく，参拝は内閣総理大臣の職務としてなされたものとするので

ある。

　しかし内閣総理大臣という公的な立場で行われたならば，必然的に当該行為は内閣総理大臣の職務として行われたものとみなされるというのは，いささか短絡的な行論であって，やはり行為の性質も検討して職務行為か否かを判断すべきであろう。そして行為の性質も踏まえて判断すれば，内閣総理大臣という資格や立場でなされたが，内閣総理大臣の職務行為とはいえない行為も存在すると考えるべきであろう。例えば現実にもみられる，経済団体や労働団体等の民間団体の会合におけるスピーチやあいさつがそれである。それは内閣総理大臣という地位とは無関係になされるものではなく，内閣総理大臣という地位に在る者として，その意味では内閣総理大臣という資格や立場によってなされるものである。いうまでもなくそうした行為は内閣総理大臣により，内閣総理大臣としてなされることによってのみ意味をもつものとなるのであり，実際にも当人も団体側も内閣総理大臣が個人的な資格や立場でスピーチしたり，あいさつしているとは毛頭考えないであろう。

　しかしふつうにみれば，そうしたスピーチやあいさつはいわばインフォーマルな行為であって，直接，間接に法に基づいてなされる内閣総理大臣の職務行為とはいい難いであろう。このことが示すように，内閣総理大臣という資格や立場で行われる行為と職務行為は，必ずしも同義語ではないと考えるべきではなかろうか。むろんこうしたケースについても，それは公的な立場に基づくものではないとか，あるいは逆に，そうした行為もその性質からして職務に付随する行為とみなされるとかすることによって，公的な立場に基づく行為＝職務行為という図式を維持することがはかられるかもしれないが，それはやはり強引で不自然な立論であろう。

　筆者はこのように，内閣総理大臣という公的な立場でなされるが，その行為の性質からして，職務行為とはいえない行為の領域が存在すると考える。そして参拝はまさにこうした行為の1つであると考えるのである。

　4判決は前述のように参拝について，それが内閣総理大臣という資格や立場でなされたことを様々な事実を挙げて論証しようとするが（判決の論理からすれば上にのべたような理由で，この論証が確かであればあるほど，職務行為性も強固にな

るのである），そのように縷々説明するまでもなく，当人が内閣総理大臣になったら8月15日に必ず参拝するとしていた公約を受けてなされたものであることや，官房長官に談話を発表させ，態々マスコミに知らせて取材の便宜をはかるなどしたことだけからでも，参拝は内閣総理大臣という資格や立場で行われたことは明白である。しかし宗教施設や類似の施設への参拝は本来はパーソナルなものであり，例えば首脳との会談のため訪問した外国で彼地の国立の戦死者の追悼施設に参拝するような，外交という職務に付随してなされる参拝の場合とか，あるいは国内のある施設についてそこを国の戦死者の追悼施設とするとの政府の決定がなされ，そのことを受けてなされる参拝の場合のような，特段の事情のある参拝でない限り，やはりパーソナルなものにとどまり，職務行為，あるいはそれに付随する行為とはいえないであろう。そして小泉首相の参拝は，自己の内閣総理大臣になる前の公約に基づく，あるいは自己の政治的な信念に基づく，一宗教法人の宗教施設への参拝にすぎないのであって，そこにはこうした特段の事情＝職務行為性を窺わせるものは何もないのである。したがって小泉首相の参拝は内閣総理大臣としての資格や立場でなされたものであることは主観的にも，客観的にも明らかであるが，国家賠償法1条1項にいう，「職務を行うについて」なされたものとはいえず，国家賠償法による賠償請求の対象となるものではないと考えるべきであろう。

　ただしこのことは参拝が合憲性判断の対象から外れることを意味するわけではない。職務行為ではなくても，参拝は内閣総理大臣としての資格や立場で＝内閣総理大臣の地位に在る者として行われたことは確かであるから，やはりそれは国家機関としての行為とみなされ，国家機関の地位にある者が守るべき法的義務が及ぶのであり，20条3項が禁じる国家機関の宗教的活動に当たるのではないかと問う余地は充分にあるのである。そしてそのことを問うならば，筆者はすでにのべたような理由によって，参拝は明らかに政教分離原則に反するものと考える。もちろん被侵害利益の存否の問題も含めて，現行法の下ではこうした参拝の違憲性を司法的に確定することは困難であるが，職務行為ではないことが，そのまま参拝を合憲性判断の対象外とすることを意味するわけではないことは，強く指摘しておきたい。このことについては後にも若干ふれる。

以上のような筆者の理解と実質的にはほぼ重なるのが⑤である。⑤は先ず，「ところで，本件各参拝（この事件では平成13年，14年，15年の3回の参拝が対象になっている—筆者）は，靖国神社への参拝という行為であり，その行為自体としては，私人の神社・仏閣などへの参拝と異なるところはなく，個人の宗教的動機によってなされる行為である」とし，「したがって，被告小泉が内閣総理大臣の地位にある人物であるということのみから，靖国神社への参拝が内閣総理大臣の職務行為としてなされたものとみなすことはできない」として，「本件各参拝が，個別的な法令の根拠や閣議決定等に基づいてなされたものではない以上，本件各参拝が外形的にも内閣総理大臣の職務行為自体を構成したり，職務執行の手段として行われることは考えられないところである」とまとめる。筆者も上にほぼ同旨をのべたところである。
　しかし⑤はそれで終らず，内閣総理大臣の地位にある人物による行為には，そうした地位にあることから，職務行為に該当する行為でなくても，単なる私的領域にとどまるとはいえない社会的影響力を生じ得るものがあることもまた疑いのないところであると続ける。そしてこのような，いわば内閣総理大臣としての地位に伴う行為として社会的な影響力を生じるものは，大別すると，私人としての行動として扱うべきもの（その性質からプライバシーの支配する私的領域にとどまる行為として扱うべきもの），政治家としての行動として扱うべきもの，および国の行政活動と関連するものと認められ，国の機関としての内閣総理大臣の職務と関連するものと扱うべきものの3つに分けられ，最後者の場合，すなわち，「私人あるいは政治家としての行動にとどまらず，…国の機関として行動したといえるだけの…国とのかかわり合いが当該行為について認められる場合」には，「客観的に…国の機関としての内閣総理大臣の職務の内容と密接に関連し職務行為に付随してなされる行為として，国賠法1条1項の対象となるものと解するのが相当である」とする。
　筆者もこの結論にはほぼ同意するが，上述したところから明らかなように，こうした結論にいたる筆者の道筋は異なっている。すなわち筆者は内閣総理大臣という資格や立場で，より一般的にいえば，内閣総理大臣という地位に在る者として行う行為のなかにも，行為の性質からして直接，間接に法に基づく職

務行為とはみなし難い行為が存在すると考え，こうした行為を国家機関としての内閣総理大臣が行う行為ではあるが，職務行為とはいえない行為とし，それは特段の事情がない限り，国家賠償法 1 条 1 項にいう，「職務を行うについて」という要件に該当する行為ではないとするのである。つまり⑤が，「いわば内閣総理大臣としての地位に伴う行為として社会的な影響力を生じるもの」としている行為を，筆者は国家機関としての内閣総理大臣の行為ではあるが，職務行為とはいえない行為とし（このようにいう前提としては，⑤のように，「内閣総理大臣としての地位」と「国の機関としての内閣総理大臣」を区別するのは不自然だという思いがある），⑤がそうした行為を，私人としての行動として扱うべきもの，政治家としての行動として扱うべきもの，および国の機関としての内閣総理大臣の職務と関連するもの（国家賠償法 1 条 1 項の対象となるもの）に分ける三分法をとるのに対し，そのまま国家機関としての内閣総理大臣の行為ではあるが，職務行為とはいえない行為にとどまるものと，にもかかわらず，特段の事情が認められるため，国家賠償法 1 条 1 項の対象となるものに分ける二分法をとるのである。

　こうして参拝が内閣総理大臣の職務行為に該当するか否かは，判決のような理解では，「国の機関として行動したといえるだけの…国とのかかわり合いが認められるかどうか」によることになり，筆者のような理解では，職務行為とみなすべき特段の事情が認められるかどうかによることになるのである。結論として筆者が参拝にはこうした特段の事情は認められないとし，したがって参拝は職務行為とはいえないと考えていることについてはすでにのべたが，判決もこうした国との関わり合い（「国の関与」といういい方もしている）を否定し，「本件各参拝は，…内閣総理大臣としての地位に伴う行為ではあっても，国の機関としての内閣総理大臣の行為と客観的外形的にみるべきものではないと認められる」としている。つまり参拝をめぐる状況をみても，精々国の関与を窺わせる事実としては，公用車を利用させ，内閣総理大臣秘書官を同行させているという，国の機関としての内閣総理大臣の行為であるとの評価の重要な要素とはならない事実が挙げられるのみであるとするのである。こうして行論は異なるが，筆者の理解と⑤の論旨は実質的にはほぼ重なるのである。ちなみに⑤の論

旨に筆者がこれまでに挙げた例を当てはめると，経済団体や労働団体等の民間団体におけるスピーチやあいさつは，私人としての行動として扱うべきもの，本件参拝は政治家としての行動として扱うべきものとなり，いうまでもなく，首脳会談のため訪問した国の国立の戦死者追悼施設への参拝や，政府の国の戦死者の追悼施設とするとの決定を受けた参拝が国の機関としての内閣総理大臣の行為ということになる。

　なおこうして参拝について国家賠償法によりなされた国への賠償請求を棄却した⑤は，次いで民法709条に基づく小泉首相個人への請求に関して判断し，「被告小泉は内閣総理大臣であって，その行為は内閣総理大臣としての地位に伴う社会的な影響力を内外に対して持つものであるから，国の機関としての行為と認められない行為についても，憲法を尊重し，また国民全体の利益を考慮すべき職責があることは当然である」としつつ，参拝によって原告らの法的利益は侵害されていないとして，やはり請求を棄却している。すなわち参拝の違法性の判断を飛ばして被侵害利益の存否の判断に移っているのであるが，上の引用文は，「国の機関としての行為と認められない行為についても」という部分を，「国家機関としての行為ではあるが，職務行為とはいえない行為にとどまるものについても」と読み替えれば，前述したところから明らかなように，筆者の見解でもある（ただし判断の順序は別の問題である）。そして重ねていえば，違法性の判断が行われれば，参拝について違憲の判断が示される可能性が大であるし，またそのように判断するのが，政教分離原則からすれば当然であると考えるのである。そのことはいい換えれば，現行法の下で参拝の合憲性を争うとすれば，民法709条によって参拝した首相個人に損害賠償の訴えを提起し，その違法性の立証において参拝の違憲性を主張するのが，相対的にせよ，また被侵害利益の存否の問題は残るにせよ，最も適切な手段ではないかということである。

　最後に⑩をみると，縷々参拝時の事実にふれ，結論として，「これらによれば，被控訴人小泉が同月13日に靖国神社に赴いて本件参拝を行った一連の行為は，被控訴人小泉の判断，意思（内閣総理大臣の立場においてその職務行為として参拝する趣旨であると受け取られることを避けるために，同月15日に靖国神社に赴く

ことを断念して同月13日に参拝を私的に行うこととしたこと），被控訴人小泉が靖国神社の本殿に昇殿して戦没者の例を拝礼した行為の目的，性質等（専ら個人的な信条に基づく宗教上の行為であって，元来純然たる私的行為として被控訴人小泉個人が憲法第20条第1項により保障されるべき信教の自由の範疇に属するものであること），政府の主催する公式行事との関係等の客観的状況（本件参拝が政府の主宰する「戦没者を追悼し平和を祈念する日」の行事として政府によりその実施が決定されていたものではないこと）等に照らし，上記の行為のうちに内閣総理大臣の職務行為として行われたものがあるとはいい難く，本件参拝は，被控訴人小泉が自己の信条に基づいて行った私的な宗教上の行為であるか，又は個人の立場で行った儀礼上の行為であるというべきであるから，いずれも個人的な行為の域を出るものではなく，本件参拝が内閣総理大臣の職務行為として行われたものであるとは認め難いものといわなければならない」としている。

　しかし結論は筆者も同じではあるが，主観的にも，客観的にも，参拝が内閣総理大臣という資格や立場で行われたとみるのが自然であるにもかかわらず，8月15日の参拝であれば内閣総理大臣の職務行為とみなされるおそれがあったが，8月13日の参拝であれば，それが避けられ，私的な参拝として扱われる見込みがあったとするかのような強引な立論によって，全体を私的な宗教上の行為，あるいは個人の立場で行った儀礼上の行為に矮小化している点で，その行論には賛成できない判決である。こうした把握では不法行為による損害賠償請求の途すら閉ざされ，参拝の合憲性を争う司法上の手段は皆無ということになりかねないのである。

　ただ⑩は，「靖国神社が，国家のために戦没した軍人，軍属等の霊を慰めるためにお社（やしろ）を建立して戦没者の招魂慰霊の祭を行うことを目的としており，このようにして軍人，軍属等の霊を祭って宗教上の活動である祭祀を行う施設であることは公知の事実であることに照らすと，本件参拝は，仮に内閣総理大臣の職務行為として行われたとすれば，全体として，信教の自由に対する制度的保障である政教分離規定とされる憲法第20条第3項において国及びその機関が行うことを禁止されている『宗教的活動』に当たる可能性があるということができる」ともしているから，いわばこうした認識の裏返しとして，

ことさらに参拝を私的な宗教上の行為，あるいは個人的な儀礼上の行為としているとみることもできよう。

　なお最初にのべたように，参拝の職務行為該当性を認めた4判決のうち，④と⑪は次いでその合憲性の判断を行い，ともに違憲としているが，その理由はほぼ同じである。ここでは⑪に沿って両判決の違憲の理由を簡単に紹介すると，それは，「宗教的活動」の意義について，津地鎮祭事件最高裁判決が示した目的効果基準による定義を採用することをのべることから始まっている。

　すなわち，「憲法20条3項にいう宗教的活動とは，およそ国及びその機関の活動で宗教とのかかわり合いを持つすべての行為を指すものではなく，そのかかわり合いが上記相当とされる限度を超えるものに限られるというべきであって，当該行為の目的が宗教的意義を持ち，その効果が宗教に対する援助，助長，促進又は圧迫，干渉等になるような行為をいうものと解すべきである」とし，参拝がこうした行為に当たるかどうかを検討するのである。

　そして靖国神社が宗教法人法にいう宗教団体であり，同法に基づき設立された宗教法人であること，参拝は客観的にみてきわめて宗教的意義の深い行為というべきであること（参拝の核心部分は，靖国神社の本殿において，祭神と直に向き合って拝礼するというきわめて宗教的意義の深い行為であるとされている），態様もいわゆる正式参拝ではないが，本殿での拝礼によっており，宗教的意義が浅いとみることはできないこと，小泉首相の参拝実施の意図は強固であり，また小泉首相が靖国神社以外の宗教団体，神社，仏閣等に公的参拝したことを認めるに足りる証拠はないことなどからすれば，参拝が，国またはその機関が靖国神社を特別視し，あるいは他の宗教団体に比べて優越的地位を与えているとの印象を社会一般に生じさせ，靖国神社という特定の宗教への強い社会的関心を呼び起こしたことは容易に推認されるところであること，等を指摘して，参拝は20条3項の禁止する宗教的活動に当たると認められるとするのである。

　重複するが，⑪の「まとめ」を引用して，その論旨を正確に紹介すれば，「本件各参拝は，極めて宗教的意義の深い行為であり，一般人がこれを社会的儀礼に過ぎないものと評価しているとは考え難いし，被控訴人小泉においても，これが宗教的意義を有するものと認識していたものというべきである。また，こ

れにより，被控訴人国が宗教団体である被控訴人靖国神社との間にのみ意識的に特別の関わり合いをもったものというべきであって，これが，一般人に対して，被控訴人国が宗教団体である被控訴人靖国神社を特別に支援しており，他の宗教団体とは異なり特別のものであるとの印象を与え，特定の宗教への関心を呼び起こすものといわざるを得ず，その効果が特定の宗教に対する助長，促進になると認められ，これによってもたらされる被控訴人国と被控訴人靖国神社との関わり合いが我が国の社会的・文化的諸条件に照らし相当とされる限度を超えるものというべきである」ということである。

　広く事実を拾ってなされた丁寧な論証ではあるが，筆者はすでにのべたように，内閣総理大臣という地位に在る者として，一宗教法人の宗教施設に対して参拝という宗教的行為を行うことで，すでに国家機関の宗教的活動になっていると考えるので，⑪のこのような行論は不必要に仰々しいものにみえる。また参拝が靖国神社という特定の宗教への強い社会的関心を呼び起こしたことは容易に推認されることや，参拝の行われた平成13年8月には靖国神社に例年より多くの参拝者があり，またそのホームページへのアクセスが急増していることをもって，参拝の効果が特定の宗教に対する助長，促進になったことが認められる証左とされているのをみると，こうした曖昧な推認や一時の現象的な事実に頼っている分，論証は却って強引と受け取られるおそれさえ感じるのである。

2　被侵害利益の存否

1でみた6つの判決以外の職務行為該当性について判断していない7つの判決はもちろんのこと，先ず職務行為該当性について判断した6つの判決も，参拝の職務行為該当性を否定し，国家賠償請求は，「その余の点について判断するまでもなく，理由がないといわざるを得ない」として棄却し，小泉首相個人に対する損害賠償請求についても，原告らは，小泉首相が参拝は違法な職務行為であることを充分承知しながらこれを行ったものであり，個人としても損害賠償責任を負うと主張するところ，この職務行為との主張は前記のように採用することはできず，したがって請求は前提を欠くものであって失当であるとい

わざるを得ないとして，同様に被侵害利益について論じることなく請求を棄却した⑩を除く5つは，被侵害利益の存否についても判断している。もっともそれぞれの判決が被侵害利益の存否について判断する順序やコンテクストは当然必ずしも同一ではないが，いずれにしろ本節の対象である13の判決のうち，こうして被侵害利益の存否について判断した12の判決は，結論してはすべて被侵害利益の存在を否定している。

　いうまでもなくこのことが，2つの判決しか合憲性判断にいたっていないことにつながっているのであり，参拝について違憲判断を求める原告側からすれば，大きな障害となっているわけである。そのためこうした壁を克服し，裁判所に違憲判断を迫る工夫として不法行為責任の有無は侵害行為の態様と被侵害利益の種類との相関関係によって決定されるべきである（侵害行為の違法性が大であれば，被侵害利益が重大でなくても不法行為責任が成立する）という、不法行為法上のいわゆる相関関係説的主張が国家賠償請求訴訟でも展開されたりすることもあるが，これも，「被侵害利益なるものが存在しないと判断される以上，侵害行為の態様との相関関係を考察することは無意味であ」るとか，「およそ法律上の権利ないし利益といえないものが，他人の行為の違法性ないし違憲性によって，権利ないし利益に昇格し得るなどといった場合があり得るとは考えがたく，この理は，本件参拝が違法であるかどうかによっても，左右されるものではない」（⑨）とされるなど，現在のところ判決の容れるところではない。

　このように損害賠償請求によって参拝の違憲判断を引き出そうとする原告側からすれば被侵害利益の問題は大きなネックとなっているのであるが，それが原告らからどのような形で主張され，裁判所によってどう判断されて否認されているかを，以下簡単に紹介することにしよう。

　原告らの被侵害利益についての主張は多岐に亘っており，簡単に一括りにはできないが，そのくわしさから代表的な主張とみなしても差し支えないと思われる①③⑥⑧等における主張をみると，原告らは，「戦没者が靖国神社に祀られているとの観念を受け入れるか否かを含め，戦没者をどのように回顧し祭祀するか，しないかに関して（公権力からの圧迫，干渉を受けずに）自ら決定し，行う権利ないし利益」あるいは，「日常の市民生活において，平穏かつ円満な宗

教的生活を享受する権利」・「個人が国家によって一定の宗教的意味付けをされない権利」＝「宗教的人格権」を有しているとし（⑨が，戦没者をどのように回顧し，祭祀するか，しないかに関して，自ら決定し，行う権利ないし利益なるものは，いわゆる殉職自衛官合祀訴訟最高裁判決のいう，「原審が宗教上の人格権であるとする静謐な宗教的環境の下で信仰生活を送るべき利益なるもの」と表現こそ異なるものの，その範疇に含まれるものというべきであるというように，両者は実質的には重なるものと思われる），その具体的な実定法上の根拠として，13条の幸福追求権，19条の思想・良心の自由，20条1項前段の信教の自由，20条3項の政教分離等の保障を挙げている。

　さらに事案によっては，加えて，前文や9条によって保障される平和的生存権等をも上記の一般的な被侵害利益を基礎づけるものとして挙げ（平和的生存権にふれている主張はかなりある），またいわば冠となる権利，利益として，上の2つの他に，「平和に対する思いを巡らす権利」が言及されることもあるし，逆に冠となる一般的な権利，利益を挙げずに，ダイレクトに上記の信教の自由等の個別的な権利，利益のみを被侵害利益として挙げている例もあるが（この場合は宗教的人格権もこうした個別的な権利，利益の1つとして言及されることになる），概観すると，上述のような，戦没者の回顧や祭祀に関して自ら決定し，行う権利ないし利益，あるいは宗教的人格権といった一般的な権利，利益を先ず被侵害利益として措定し，その具体的な実定法上の根拠として，13条，19条，20条（1項前段および3項），さらに場合によっては前文および9条（が保障する権利）を挙げるのが，比較的よくみられる例といえよう。

　したがってまた判決の判断方法のなかでは，先ずそうした原告ら主張の一般的な権利，利益が法的救済の対象となるそれであるかを検討し，次いでさらにそれらの根拠とされる個別的な権利，利益から原告ら主張のように真に上記の一般的な権利，利益が導き出されるか，また併せて参拝によってそうした個別的な権利，利益の侵害があったといえるかについて検討するのが，比較的多くみられるパターンということになる。

　戦没者の回顧や祭祀に関して自ら決定し，行う権利ないし利益，あるいは宗教的人格権の主張とは，戦没者が靖国神社に祀られているとの観念を受け入れ

るか否かを含め、戦没者をどのように追悼するか、あるいは祀るか、祀らないか、またその死をどう評価するかということは、生き残ったものの世界観、信条、人生観、宗教、等、人格の根本にふれるデリケートな問題であって、私人間においてすら、この問題に関して自己の考えや行いを正統として他人に押しつけることは許されず、ましてや公権力がこの問題に関する一定の考え方、態度、行動が正当であると吹聴宣伝し、かつ、その吹聴宣伝するところに従って行動し、その絶対的な影響力をもって国民の考え方、態度、行動に圧迫、干渉を加え、もって実質的に「正統」を押しつけることが許されるはずがないとか（①）、そもそも、宗教は、高度に個々人の評価と判断に委ねられる事柄であるから、国家が個人の「生」「死」「魂」のあり方に対して宗教的意味付けをしたり、特定の宗教に優劣などの評価を加えたりすることは許されないというべきであるとかするもの（⑧）である。

　しかし判決は、「人が、自己の信仰生活や戦没者の回顧の在り方を決定する行為の静謐を他者の宗教上の行為によって害されたとして、そのことによって不快の感情を持ち、そのようなことがないよう望むことのあるのは、その心情として理解できるところではあるが、このような宗教上の感情は、法律上保護された具体的権利ないし利益とは認め難いから、上記のような宗教的感情を被侵害利益として、直ちに損害賠償を請求する等の法的救済を求めることはできないと解すべきである」とか（①）、原告らが宗教的人格権の内容として主張する権利は、「実定法上の根拠を欠くものである上、その内容は、保護の対象面においても、侵害の態様及び結果の面においても、主張それ自体においてきわめて漠然としたものであり、神社への参拝という、もともと第三者に対する直接的・物理的な強制や干渉を伴わない行為による侵害行為に対して法的保護の対象とし、第三者の行為の差止めや、賠償責任を負わせるには、余りにも抽象的かつ主観的にすぎるものといわざるを得ないから、上記原告らの主張する内容の宗教的人格権は、実定法上の人権として保障されているとはいえないというべきである」とかして（⑧）、その法的権利性ないし利益性を否定する（判決のなかには、戦没者の回顧や祭祀に関して自ら決定し、行う権利についても、それ自体概念として曖昧で、その適用されるべき範囲を画し難く、不明確なものであるうえに、

戦没者および靖国神社に関する認識の程度や思い入れの大小等の個人的主観的要因によって，その内容に大幅な差異を来すことが明らかで，保護すべき場合を一律に確定することが困難であるなど，法律による保護になじむものとはいい難いとするものもある－⑨)。また先にも若干ふれたように，判決はしばしばこのような判断に関連する先例として，「人が自己の信仰生活の静謐を他者の宗教上の行為によって害されたとし，そのことに不快の感情を持ち，そのようなことがないよう望むことがあるのは，その心情として当然であるとしても，かかる宗教上の感情を被侵害利益として，直ちに損害賠償を請求し，又は差止めを請求するなどの法的救済を求めることができるとするならば，かえって相手方の信教の自由を妨げる結果となるに至ることは，見易いところである。信教の自由の保障は，何人も自己の信仰と相容れない信仰をもつ者の信仰に基づく行為に対して，それが強制や不利益の付与を伴うことにより自己の信教の自由を妨害するものでない限り寛容であることを要請しているものというべきである。このことは死去した配偶者の追慕，慰霊等に関する場合においても同様である。…原審が宗教上の人格権であるとする静謐な宗教的環境の下で信仰生活を送るべき利益なるものは，これを直ちに法的利益として認めることができない性質のものである」とした殉職自衛官合祀訴訟最高裁判決を引用する。

　そしてこの，原告らの主張する権利，利益は宗教的感情にすぎないものであって，法的救済の対象となる被侵害利益とはいえないとか，実定法上の根拠を欠くのみならず，漠然としており，抽象的，主観的であって実定法上の人権として保障されているとはいえないとか，参拝には第三者に対する強制や干渉の要素は認められないとかいう一般的な権利，利益の主張に対する判断の基本部分が，個別的な権利，利益の主張に対する判断に際しても用いられて，やはりそうした個別的な権利，利益の主張も全面的に退けられるのである。

　すなわち19条の思想・良心の自由や20条1項前段の信教の自由については，これらの自由は国家から公権力によってその自由を制限されることなく，またいかなる不利益をも課せられないとの意味を有するものであり，したがってそれらの自由が侵害されたといい得るためには，少なくとも，思想・良心，あるいは信教を理由とする不利益な取扱い，または強制・制止の存在が必要である

ところ，参拝によってそのような結果がもたらされたとは認められないから，参拝が思想・良心の自由，あるいは信教の自由を侵害したということはできないし，また原告ら主張の戦没者の回顧や祭祀に関して自ら決定し，行う権利ないし利益，あるいは宗教的人格権とは，戦没者をどのように回顧し祭祀するか，しないかに関して自ら決定し，行うことに対して，国家から圧迫，干渉といった間接的な影響さえも及ぼされない利益，あるいは宗教事項に関して干渉されない自由をいうものと解されるところ，上記のようなその性質からして，思想・良心の自由や信教の自由は，そうした間接的な影響力を及ぼす行為からの自由まで保障しているとは解し難いから，戦没者の回顧や祭祀に関して自ら決定し，行う権利，あるいは宗教的人格権が，19条や20条1項前段によって保障されるとは認め難いとされるのである。

　20条3項の援用についても，政教分離規定は国による宗教教育，その他の宗教的活動からの自由を人権として保障している規定であり，このような人権の内容として個人は，国の宗教的活動（例えば靖国神社への公式参拝）により，自分自身および肉親が，特定の宗教に対して宗教的意味付けをされない自由，宗教事項に関しては干渉されない自由，すなわち宗教的人格権を有していると解すべきであるとの主張は，人権としての政教分離の具体的内容が明らかではなく，政教分離原則から原告らが主張するような主観的かつ抽象的な権利内容が導き出せるともいえないうえ，信教の自由との関係も不明確であるから，原告らの主張は採用できないとして退けられる。

　さらに13条が根拠となるとの主張についても，13条は憲法の人権規定には列挙されていなくても，人格的生存に不可欠な利益を総体として含むものであるところ，戦没者の回顧や祭祀に関して自ら決定し，行う権利ないし利益なるものは人格的生存に不可欠なものといえるか否か疑問があり，未だ利益として充分強固なものとはいえないから，13条によって保障される法的利益とは認め難いとされる。

　前文や9条に基づく平和的生存権による主張も，これらの条文にいう平和とは，理念あるいは目的というような抽象的概念であって，それ自体から国民各個人に対して法律上保護される具体的な権利ないし法的利益を導くことは困難

であるとして退けられている。

　判決のうちでややニュアンスを異にしているようにみえるのは,「信教の自由に関する憲法20条1項は, 単に同条2項に例示された強制的行為のみならず, 国家による宗教的活動がもたらすべき個人に対する宗教上の圧迫, 干渉をも禁止しているものというべきであるから, 人は, 信教の自由の内容として, 公権力による強制のみならず, 圧迫, 干渉を受けない権利ないし利益をも有するものと解すべきである」として, 強制にとどまらず, 圧迫, 干渉にまで信教の自由の保障の範囲を拡げているかにみえる⑪である。とくにこれを上述のように, 「直接的・物理的な強制や干渉」のみが禁止されているとしているかのような⑧と比較すると, そのように受け取られかねないが, ⑪が圧迫, 干渉といっているのは, 小泉首相の参拝が控訴人らに対して参拝を奨励したり, 自らの行為を見習わせるなどの意図, 目的があった場合, すなわち控訴人らに靖国神社への信仰を奨励したり, 靖国神社の祭祀に賛同するよう求めるなどの働き掛けをした場合との謂であり, こういう場合は他の判決の基準でも信教の自由等による保護の対象にされるであろうから (⑧も別の箇所では, 「強制」には「心理的強制」もあり得ることを明言している), 結局⑪も他の判決と被侵害利益についての判断を異にするものとはいえないであろう。

　こうして繰り返していえば, 判決は, 原告らが参拝により侵害されたとする権利や利益は実際には, 宗教的事柄について抱いた不安感, 圧迫感, 不快感, 強い憤り等の感情であって, それは未だ法的救済の対象となる権利や利益のレベルに達しているものとはいえないとし, また同じことの裏返しの表現として, 19条や20条等は, そうした宗教的感情まで保障の対象にするものではないとし, さらにまた参拝は小泉首相限りの行動であって, 第三者に強制や働き掛けをする行為ではないから, 第三者の権利, 利益の侵害をもたらすものではないなどとして, 参拝に関する被侵害利益の存在や, 参拝による権利, 利益の侵害を全面的に否認するのである。

　先にものべたように, こうした事態を克服しようとする工夫もみられないわけではないが, 判決のこのような被侵害利益に関する判断そのものはとくに異を唱えられるようなものではない。損害賠償法理をそれ自体のレベルでみれ

ば、原告らの侵害されたとする権利や利益は賠償の対象となるものではないという判断は、むしろ通常のもの、あるいは妥当なものとして承認されるのである。その意味では判決にはとくに問題はないし、またこうした判決を覆すのはきわめて困難と思われる。

　しかしそれでことを終えるには大きな問題が残るというべきであろう。何故なら判決の行論には、このように損害賠償論としては当然の法理をのべている側面とともに、訴訟の本旨はいうまでもなく、損害賠償という形式を採りながらも、実は損害賠償請求訴訟ではなく、参拝違憲訴訟であり、そのことは裁判所にも自明のことであるところ、合憲性判断を避けるために、損害賠償請求という形式でなされたことを利用しているという側面も窺えるからである。いい換えれば、判決には、損害賠償の請求はそれを真のねらいとしてなされたわけではなく、現行法の下では参拝の違憲判断を求める方法が他にないため、やむなく採られた手段にすぎないという事情を十分に弁えつつ、そのことを敢えて無視して、損害賠償請求訴訟という形式のレールに沿って、しかも合憲性判断の手前でことの処理を終えようとしている意図が窺えるのである。

　むろん形式論としては、「被告国に国家賠償責任を負わせるには、私人の具体的な権利ないし法的利益が侵害されたことが前提として必要であり、本件においては、原告らの主張するいかなる具体的な権利ないし法的利益に対する侵害の事実も認めることができないのであるから、当裁判所が本件参拝の客観的違法性を判断する必要はなく、原告らの…主張を採用することはできない」とか、「不法行為の成否に関し、侵害行為に関する判断を先にし、被侵害利益に関する判断を後にしなければならない法的根拠は見いだしがたい。被侵害利益なるものが存在しないと判断される以上、侵害行為の態様との相関関係を考察することは無意味であり、侵害行為について判断しなかったとしても、それをもって判断遺脱の瑕疵があるとはいえない」とかいういい方で一応の説明はつくであろう。しかしそれが核心をはずした説明であることは、裁判所自身がよく認識しているはずである。

　むしろこういう場合、すなわちいわゆる統治行為のような政策的・政治的決定行為ではなく、法的判断になじむ国家機関の個別具体的な行為（あるいは国

家機関の個別具体的な行為と疑われる行為）があり，しかもそれが憲法の国民の人権保障のための明文の制限と抵触する，あるいは抵触するおそれがあるにもかかわらず，そのことを争う最適の訴訟手段がない場合には，やむを得ず採られた訴訟手段の形式ではなく，その含意に対応する法的判断を下すべきであり，そのことは決して裁判所の役割を超えるものではないと考えるべきではなかろうか。逆に訴訟の真の争点を知りつつ，また，それが重大な憲法問題であることを認識しつつ，訴訟の形式に藉口して，そうした争点についての判断を避けることの方が裁判所の在り方としては疑問が呈されるであろう。

　このことに関して，参拝が内閣総理大臣の職務行為に該当し，また20条3項に反するとしたうえで，被侵害利益が存在しないから，損害賠償請求は理由がないとした④は，こうした判断方法の理由を，「現行法の下においては，本件参拝のような憲法20条3項に反する行為がなされた場合でもあっても，その違憲性のみを訴訟において確認し，又は行政訴訟によって是正する途もなく，原告らとしても違憲性の確認を求めるための手段としては損害賠償請求訴訟の形を借りるほかなかったものである。一方で，靖国神社への参拝に関しては，前記認定のとおり，過去を振り返れば数十年前からその合憲性について取り沙汰され，『靖国神社法案』も断念され，歴代の内閣総理大臣も慎重な検討を重ねてきたものであり，元内閣総理大臣中曽根康弘の靖国神社参拝時の訴訟においては大阪高等裁判所の判決の中で，憲法20条3項所定の宗教的活動に該当する疑いが強く，同条項に違反する疑いがあることも指摘され，常に国民的議論が必要であることが認識されてきた。しかるに，本件参拝は靖国神社参拝の合憲性について十分な議論も経ないままなされ，その後も靖国神社への参拝は繰り返されてきたものである。こうした事情にかんがみるとき，裁判所が違憲性についての判断を回避すれば，今後も同様の行為が繰り返される可能性が高いというべきであり，当裁判所は，本件参拝の違憲性を判断することを自らの責務と考え，前記のとおり判示するものである」と説明している。

　筆者がのべたのとほぼ同じ問題意識に立って合憲性判断に踏み込んでいるわけであるが，ただ筆者は，内閣総理大臣の靖国神社参拝の合憲性が過去から取り沙汰され，論議され，違憲の疑いを指摘する判決もあり，国民的議論の必要

性が認識されていたところ,本件参拝がこうした経緯を受けた十分な議論も経ないままなされ,繰り返されているという事情を理由にするのではなく,先にものべたように,国家機関の行為,あるいはそのように受け取られる行為があり,しかもそれが有権者の審判によって是非を決すべき政治的・政策的決定行為ではなく,むしろ法的判断になじむ(あるいは法的判断の方がふさわしい)個別具体的行為であり,しかもまた当該行為が国民の人権を保障するための憲法の条項に違反するか否かが実質的な争点となり,違憲の主張に十分合理性が認められる場合には,たとえ法的救済の対象となる被侵害利益については疑問があっても,当該行為の合憲性判断は裁判所のなすべき作業であると構成すべきであると考える。

　損害賠償請求訴訟において被侵害利益が存在しないとしながら,違法性や違憲性を論じることは,その訴訟の趣旨を逸脱するものであるという批判がしばしばなされるが,それは本来の損害賠償請求訴訟についていえることであって,参拝に関してなされる損害賠償請求訴訟は,実は本来のそれではないというところから考察は出発すべきであると思われる。実質的にはともあれ,形式的に損害賠償請求という形でなされた以上,判決もそのレールをはずれるべきではないというのは,結局適切な訴訟手段がないことを奇禍として,違憲の行為をバックアップすることにほかならないことをよく認識すべきであろう。とくに最高裁がまことに簡単に,「人が神社に参拝する行為自体は,他人の信仰生活等に対して圧迫,干渉を加えるような性質のものではないから,他人が特定の神社に参拝することによって,自己の心情ないし宗教上の感情が害されたとし,不快の念を抱いたとしても,これを被侵害利益として,直ちに損害賠償を求めることはできないと解するのが相当である。上告人らの主張する権利ないし利益も,上記のような心情ないし宗教上の感情と異なるものではないというべきである。このことは,内閣総理大臣の地位にある者が靖国神社を参拝した場合においても異なるものではないから,本件参拝によって上告人らに損害賠償の対象となり得るような法的利益の侵害があったとはいえない」と先ずいい,かつ,それで終る判断を示し,今後はそれに倣って,被侵害利益の不存在のみをのべて,請求を棄却する判決が益々増大することが予想されるだけに,

このことをとくに強調しておきたい。

こうして筆者は，参拝をめぐる被侵害利益の問題はむしろ判断方法の問題として処理され，克服されていくべきであろうと考えるのである。[4]

註
1) 拙著・基本的人権〔改訂増補版〕190頁。
2) 最判昭和31・11・30民集10巻11号1502頁。
3) 駒村圭吾「総理大臣の靖国参拝による法的利益の侵害の有無」（平成18年度重判解）17頁。
4) 小泉首相靖国神社参拝違憲訴訟に関する代表的文献としては，渡辺康行「『国家の宗教的中立性』の領分」（ジュリストNo.1287号60頁），同「靖国参拝と損害賠償の対象とすべき法的利益侵害の有無」（民商法雑誌136巻6号69頁）があり，そこではまた他の文献も紹介されている。

第2節　その他の信教の自由関係判例

信教の自由に関しては上にみた小泉首相靖国神社参拝違憲訴訟以外にもいくつかの興味を惹く判例がみられる。いずれも小泉首相靖国神社参拝違憲訴訟と同じように，政教分離原則に関わるものであるが，具体的にいうと，国立大学の構内に神社を存置すること，同様に市有地上に神社等の宗教施設を設置することを許し，市有地を神社の敷地として無償で使用させていること，および，市長が市内にある神社の式年大祭の奉賛会発会式に出席して祝辞をのべたことの合憲性が争われた事案である。以下これらの3つの事案を順にみることにしよう。

第1の事案は信州大学の構内にある神社（その歴史は江戸時代にまで遡り，明治末期この神社があった地に旧日本陸軍の歩兵聯隊が設置されたときに，同聯隊に受け継がれて守護神とされ，戦争終結に伴う同聯隊の解散後はその跡地に医学専門学校〔当該信州大学の前身〕が転移し，神社は連合軍の指示で一時構外に移転したが，その後再び大学構内の元の場所に戻された）について，このように国立大学の構内に神社を存置させていることは，憲法20条，89条等に違反するとして（本節でも以後憲法の条項については，「憲法」は省略する），そのことにより受けた精神的苦痛に対する慰謝料と神社の構外への移転が請求されたものである（被告は当初は国で

あったが，国立大学法人法，同施行令等により，その後国立大学法人信州大学が承継人となった）。

2審判決によれば，当該神社の運営に係る経費一切は信州大学医学部の友好団体が負担し（神社を大学構内の元の場所に戻したのも同団体の働き掛けによるところが大きかったようである），公費や国費は全く支出されていないとのことであるが，いうまでもなく，構内に神社を存置させたままにしていること自体が，89条違反の強い疑いを生じさせ，さらに神社において大学により何らかの宗教行事が行われたり，大学関係者がそうした資格で神社の祭祀に参列したりすることがあれば，あるいはそうしたことがなくても，大学が神社を存置させている目的や効果の評価の如何によっては，20条3項に違反する疑いも生じさせるケースであるが，他方では，ことの性質からして小泉首相靖国神社参拝違憲訴訟の場合と同じように，仮に憲法違反ないしその疑いが指摘されても，主文では請求棄却が言い渡されることが予想されたケースでもある。

そして2審東京高裁は原判決を維持して，ほぼ予想されたとおりの判断を示している。すなわち判決は，「以上の認定事実によれば，本件神社を信州大学構内に存置させたままにしている国ないし同大学の姿勢は，憲法89条の精神に明らかに反する不相当な行為であるといわざるを得ないが，そのことによって，控訴人の信教の自由が直ちに侵害されたとみることはできないし，控訴人が国ないし被控訴人から本件神社の宗教行事への参加を強制されたなど，控訴人個人の信教の自由が現実に妨害されたと認めるに足りる証拠はないから，本件神社の存在により控訴人に具体的な精神的苦痛が生じているとまでは認めることはできない。また，控訴人が国ないし被控訴人に対して本件神社を構外に移転させることを直接要求できる実体法上の権利を認めることもできない」とするのである。「憲法89条の精神に明らかに反する」とし，ストレートに憲法89条違反といっていないのは，おそらく当該神社や友好団体に同条のいう「宗教上の組織若しくは団体」という性格がみられないとの理解によるものであろう。また20条3項に何らふれていないのは，おそらく大学の神社の存置への関わりは，元の場所への復帰を認めるという受動的なものにとどまり，それ以上復帰やその後の運営に人的・物的に関わることはしていないという認定によ

るものであろうが，ふつうにみて，こうした判旨に格別強い異が唱えられることはないであろう。

　もっとも，「宗教上の組織若しくは団体」を広義に解して，より積極的に89条違反を認定すべきであったとの立場もあろうが，いずれにせよ，戦後一旦構外に移転させられたものを後に態々構内に戻したという経緯をみると，大学関係者の政教分離原則についての認識の度合い，ひいては憲法感覚に奇異の念を感じさせられる事案である。

　ただこの判決についても小泉首相靖国神社参拝違憲訴訟の場合と同様当然，精神的苦痛の発生や構外移転を要求できる実体法上の権利を認めることができないとして，請求を棄却した1審判決を支持するというのであれば，それで判断を終るべきであって，不必要な憲法判断を行うべきではないという批判はあろうが，これもすでにのべたように，たとえ判決主文の理由とは直接結びつかなくても，訴訟の実質的な対象となり，また争点となった行為についての憲法判断を示し，事案についての訴訟関係人らの理解や認識を促すことはやはり意義のあることであるから，判決が89条に言及していることは妥当というべきであろう。いうまでもなく，慰謝料や構外移転の請求は訴訟技術上のものであって，明らかに実質的に争われ，判断を求められているのは，何よりも大学構内に神社を存置させていることの合憲性なのである。とくに公の施設に戦前の神道の施設が残存していることが時折りみられることはあるものの，それは撤去の怠りや失念という単純な理由によるものであることが例であるのに対し，今回のケースは上にのべたように，一旦撤去されたものを態々元の国立大学の構内に戻したというケースであるだけに，傍論にせよ，そうした復帰を容認し，また存置させ続けていることの憲法上の評価を判決において示すことは意義のあることであったと思われるのである[7]。

　第2の市有地上に神社等の宗教施設の設置を許し，市有地を神社の敷地として無償で使用させているという事案は，北海道砂川市（昭和33年市制施行前は空知郡砂川町―したがって以下では時期により「(砂川)町」ということもある）の住民が，市のそのような行為は政教分離原則に反する行為であり，当該使用貸借契約を解除し，神社建物等の撤去を請求しないことは，違法に財産の管理を怠

るものであるとして，砂川市長である被告について，上記怠る事実が違法であることの確認を求めたものであるが，市有地についてそのような利用状況が発生した経緯を要約すると次のとおりである。

　明治25年頃地域住民の協力により，五穀豊穣を祈願して空知太神社（以下「空知太」については単に「S」とする）の祠が建設されたが，明治30年神社創設発願者の住民6名は北海道庁に対し祠等の施設の敷地に関する土地貸下願を提出して認められ，神社施設が建立された（判決はこのように書いて，「神社施設の建立」が既存の祠を取り壊して新しい祠を設けたとの意か，鳥居等の祠以外の施設をも設けたとの意か，筆者には必ずしも判然としないが，文脈からすると後者のようにみえる）。その後明治36年にこの祠等の神社施設に隣接してS小学校が建設されたが，昭和23年頃同小学校の校舎の増設と体育館新設の計画が立てられ，その敷地として神社施設がある土地が当てられたため，神社施設を移転する必要が生じたところ，地区の住民が自らの土地をその敷地として提供したため，神社施設はそこに移転し，同地に地神宮も建てられた。

　こうして神社施設は一旦私有地上に移ったわけであるが，昭和28年この土地の所有者が町に対し当該土地の寄付願出をし（固定資産税の負担を避けるためであったとされている），町は議会において土地の採納の議決，および土地を祠等の神社施設のために無償で使用させるとの議決を行った。ここに神社施設は再び公有地上に存置することになったのであるが，S部落連合会は昭和45年頃神社施設が存置する土地とその隣接地に，かねて住民から設置の要望があった集会場等となる建物としてS会館を建設することを計画し，同年10月にこの会館を新築した。この会館はS会館運営委員会によって運営されているが，こうした会館の建設に伴い従来の祠等の神社施設は取り壊されるとともに，S会館内に祠が設置され，また鳥居も新たに設置し直された（文脈からすると地神宮はそのまま残ったようである。付言すると，S会館の2か所の入り口のうち，祠側にある入り口―鳥居の正面にある―の外壁上部および鳥居には「神社」と記載されている）。なお上記隣接地の一部は私有地であったが，S会館建設前に所有者から市に寄付され，残りの北海土地改良区が所有する隣接地は無償で借用することとされた。

また市はS会館の建設に際しS部落連合会に対し84万円強の補助金を交付し，その後会館の増築工事および水洗化工事に際してもそれぞれ，S部落連合会の後身であるS連合町内会に対し160万円，S会館運営委員会に対し40万円強の補助金の交付をした。さらに市は平成6年に上記の土地改良区所有の土地を644万円強で購入したうえ，引き続き用地を無償で使用させており，こうして神社施設の整備が進むとともに，神社施設のある土地はすべて市有地となったのである。

付け加えると，S神社は宗教法人ではないが，天照大神の分霊を祀り，当該地方では最古に属する神社であって，初詣，春祭り，秋祭りという年3回の行事が行われ，2回の祭りの際には宗教法人であるD神社から宮司が派遣され，秋祭りの際には神事が行われるなどしている。

1審判決[8]は，先ず，S連合町内会が砂川市所有の土地を砂川市との間の使用貸借契約に基づいて使用し，その上にS会館，鳥居，地神宮（以下「本件施設」という）を所有していること，および津地鎮祭事件と愛媛玉串料訴訟で最高裁が説いた目的効果基準を，政教分離原則違反の有無についての判断基準としてのべ，次いで砂川市の行為について判断している。

判断の最初は本件施設が宗教施設といえるか否かであるが，判決はS神社の上にのべた沿革，鳥居と地神宮があり，前述のように，鳥居とその正面にあるS会館の入り口には「神社」と明記され，またその入り口を入ったS会館の正面奥に祠があり，本件施設では神事が営まれることがあるという本件施設の配置等を含む外形および用途に照らすと，本件施設は明らかに宗教施設である神社であるとの評価を受けるものというほかないとする。

もちろんS会館は上述のように，地域の集会場等としての性格を併せもつ建物として建設され，実際にも地域住民の非宗教的な利用に供されてもいるが，判決はしかし，「宗教施設が合わせて他の用途に用いられることがあることによってその宗教施設性が直ちに否定されるものではない。そして，本件施設については，上記のとおり，その宗教施設性が明確であり，地域住民が本件建物をS会館として非宗教的な行事等に利用することがあり，また，その頻度が神社としての利用よりも多いとしても，そのことによって本件建物（S会

館のこと—筆者）を含む本件施設の宗教施設性が払拭されるものではない」としている。

　このように認定したうえで，判決は，本件施設が存在する土地を町や市が取得した目的を，その経緯に照らして検討する。そして隣接する小学校の校舎の増築および体育館の新設に伴って神社施設が移転した土地の所有者が，後に312番地と311番地2という当該両土地を町に寄付したことについては，それは所有者が祠等の神社施設のために寄付願出をし，これを受けて町は当該土地の採納の議決ならびにそれを無償で使用させることの議決をしたことからすれば，「砂川町は，上記施設のために上記両土地が使用されることを認識して採納の議決をし，その所有権を取得したといえるから，上記両土地の取得の目的は宗教的意義を有する」とする。

　また北海土地改良区が所有していた土地の取得についても，同改良区からの買い受けの要請は確かにあったものの，市が，313番土地および316番3土地という「これらの土地に宗教施設である本件施設が存在することを認識しつつ購入したことは明らかであり，上記両土地の取得の目的は宗教的意義を有する」とする。

　判決はこの主たる理由にさらに，本件施設が上にのべた歴史的沿革，その外形からの評価，そこで営まれている行事からすれば宗教施設の性格が明確であることを加えて，結論として，「砂川市が，本件施設に関して行った行為，すなわち，砂川市の所有する本件土地を，S連合町内会に対し，同連合町内会との間の使用貸借契約に基づいて使用させ，本件土地上に本件施設を所有させている行為は，本件施設が宗教施設である点において，特定の宗教を援助，助長，促進するものであり，宗教との関わり合いの程度が，わが国の社会的，文化的諸条件に照らし，信教の自由の保障の確保という政教分離の制度の根本目的との関係で相当とされる限度を越え，憲法20条3項にいう宗教活動に当たり，また，宗教的施設を維持するために，地方公共団体の財産を供するもので憲法89条に反するものというべきである」とのべるのである。

　2審判決も基本的にはこの1審判決を維持しているが，子細にみると微妙な違いがないわけではない。例えば，神社施設がその上に存在する市有地の寄付

願出について町議会が採納の議決をし，また当該土地を神社施設のために無償で使用させるとの議決をしたという経緯に照らすと，「砂川町が上記両土地を取得等した目的は，祠等の宗教施設の維持存続にあることは否定し難く，宗教的意義を有するものといわざるを得ない」としたり，また北海土地改良区からの313番土地と316番3土地の購入についても，「上記各両土地上には，…宗教施設である本件建物が存在し，しかも，砂川市もこれを認識していたものである。そうすると，砂川市がこのような宗教施設である本件建物が存在する本件…土地を取得し，引き続き上記両土地を無償で使用させていることに照らすと，砂川市が上記両土地を取得等した目的についても，本件…土地（上記の所有者により寄付された土地—筆者）と相まって，祠等の宗教施設の維持存続にあると評価されることもやむを得ないところであり，宗教的意義を有することは否定し難いものである」として，土地取得の目的の宗教的意義の認定のトーンをややダウンさせていることが，それである。

　また結論においても，上記の1審判決の結論の後半の「憲法20条3項にいう宗教活動に当たり…」以下を，「憲法20条3項にいう宗教的活動に当たり，同条項の政教分離規定に違反し，また，宗教的施設を維持するために地方公共団体の財産を供するものであり，憲法20条1項後段，89条に規定される政教分離原則の精神に明らかに反するものというべきである」に改めるとして，20条1項後段を加えるとともに，1審の，「憲法89条に反するものというべきである」との断定的判断を，上にのべた第1の信州大学に関わる事案の場合と同じように，当該条文に「規定される政教分離原則の精神に明らかに反するものというべきである」という風に緩和している（それについては，「S連合町内会の本来の目的としては，特定の宗教の信仰，礼拝または普及等の宗教的活動を行うことを本来の目的とする組織ないし団体には該当しないというべきであって，憲法20条1項後段にいう『宗教団体』，憲法89条にいう『宗教上の組織若しくは団体』には該当しないものと解するのが相当である」との判断が理由になっている—1審判決もS連合町内会を「地域団体」とし，またその他にも「S神社を支える宗教団体ないし教団のような団体」の存在も認められないとしているが，にもかかわらず憲法89条違反としているのは，そこにいう「宗教上の組織若しくは団体」の意義について，広義に解する立場をとっ

ているものと思われる[10]。なおさらに関連していえば，1審判決は本件施設の所有者はS連合町内会であり，本件市有地の使用貸借契約も砂川市とS連合町内会との間に成立しているのであり，S神社あるいはその氏子集団には法人格あるいは権利能力のない社団性を認めることはできないから，砂川市とS神社の間には使用貸借契約は存在しないとし，2審判決もこの点はそのまま維持している）。

　しかしこうした違いはあるものの，いうまでもなく砂川市（町）の行為を政教分離原則に反するものとする両判決の基調は同一であり，またそうした判断は容易に首肯され得よう。すなわち神社施設の存在する土地を，そのことを知りながら，また，その施設の維持保存を願うためという所有者の意図を了解して，その寄付願出を採納し，引き続き無償で使用させるとの議決をし，かつその状態をその後も一貫して維持していること，およびその後本件施設が及んだ土地についてもそのことを認識しつつ買い受け，そのまま無償の使用を続けさせているという市の行為は，単なる地域住民との儀礼的な交際，あるいは地域社会の世俗的行事に対する協力というレベルとは異なる，特定の宗教施設を援助する宗教的活動，ないし公の財産の提供と評価されるのである。

　もちろん経過としては，学校施設のために移転を余儀なくされた神社施設のために土地を提供した住民が，固定資産税の負担を回避するため寄付を願い出，土地改良区が用途廃止に伴い買受けを要請したということはあるが，当然のことながら，市にはそうした願い出や要請に応えるか否かの判断の自由があり，また採納や購入に伴って生じる本件のような問題を回避するためS連合町内会等の関係当事者と協議する余地も十分あったわけであるから，1審判決もいうように，こうした事情は市の行為の目的や意義の宗教性を減殺するものではないであろう。

　また，本件と同じように，市が宗教施設と主張される施設のために市有地の無償貸与等の便宜をはかったことが政教分離規定に違反するとして住民訴訟が提起された先例としては，周知のように，大阪地蔵像訴訟[11]と箕面忠魂碑訴訟[12]があるが，この2例はそもそも地蔵像と忠魂碑の宗教施設性について意見が分かれる事例であったのに対し，本件の祠，鳥居，地神宮という施設についてはその宗教施設性を否定し難いことも，判決の結論を容易に支持させる理由であ

る。「少なくとも本件の場合には、判例（上記のそれぞれ問題の施設の宗教施設性を否定した大阪地蔵像事件と箕面忠魂碑訴訟の最高裁判決を指す—筆者）の立場を前提にしてもなお問題なく違憲と判断されるべき事例と言えよう[13]」といわれる所以である。

　第3の市長の祝辞に関する事案は、石川県白山市の市長が市内にある全国的に名の知られた由緒ある白山比咩神社（以下「H神社」という）の御鎮座2100年式年大祭の奉賛会発会式に出席して祝辞をのべたことが政教分離原則に違反し、違憲であるとして、出席に伴う公金支出相当額（具体的には市長車の運転職員の時間外勤務手当の一部）につき、白山市の執行機関である市長に対し、個人たる市長（以下「A」という）に対する損害賠償を請求することの義務づけを求めた住民訴訟である。

　奉賛会の事業としては、式年大祭斎行、禊場造成および付帯工事、手水舎新築、神社史発行等が計画されていたが、その関係者約120人が出席して行われた発会式はH神社外の一般施設で行われ、とくに神道の儀式や祭事の形式に基づくものではなく、約40分で終了したとされている。

　Aは奉賛会の顧問の地位にあったが、秘書課長を伴ってこの発会式に公用車で赴き、前述のように祝辞をのべたところ、こうした行為の合憲性が争われることになったわけである。

　この事案は判断のポイントの定め方の如何によって見解が分かれるケースで、発会式の開催場所や式次第等のスタイルに着目するか、あるいはそもそもの奉賛会の目的を主な判断対象とするかによって、結論が大きく分かれることになる。すなわち開会の辞、閉会の辞、その間の挨拶、祝辞、役員・来賓紹介、事業計画説明等が、神道の儀式や祭事に基づくことなく比較的短時間で行われ、また会場そのものもH神社外の一般施設であったという発会式の形式に着目すれば、式次第の一環としてAが祝辞をのべた行為にも格別宗教性は認められないとされ得る余地が多分にあるのに対し、奉賛会の目的に即して判断すると、それはS神社の式年大祭の挙行と神社施設の整備を目指すものであるから、そうした事業に関する発会式で祝辞をのべた行為も宗教性をもつものと判断される可能性が生じることになるのである。

結論からいうと1審判決[14]は前者の途をとり，2審判決[15]は逆に後者の途をとった。1審判決は先ず，政教分離原則の理解については目的効果基準によることを示したうえで，奉賛会そのものは式年大祭斎行等の諸事業を奉賛することを目的として設立された団体であって，特定の宗教と関わり合いを有するものであることは否定できないが，発会式自体の宗教的色彩は希薄であったといえるとする。発会式についてこう評価する理由となっているのは，先にのべた発会式の形式である。こうして1審判決も奉賛会の目的に言及していないわけではないが，それは以上にのべた限りであって，以後はもっぱら上にのべたように評価される発会式との関わりで，Ａの祝辞をのべるという行為が20条3項にいう宗教的活動に当たるかどうかを検討するのである。こうした流れからすれば，その結論は初めから容易に見当がつくであろう。

　すなわち1審判決は，「そして，このような本件発会式にＨ神社の所在する白山市の市長としてＡが出席し，祝辞を述べることは，社会的儀礼の範囲内の行為であると評価でき，これは一般人から見てもそのように理解されるものということができるから，Ａの上記行為が，一般人に対して，白山市が特定の宗教団体であるＨ神社を特別に支援しているという印象を与えることはなく，また，他の宗教を抑圧するという印象を与えることもないというべきである」とし，結論として，「したがって，Ａの上記行為は，その目的が宗教的意義をもち，その効果がＨ神社あるいは神社神道を援助，助長又は促進するような行為にあたるとは認められないから，憲法20条3項により禁止される宗教的活動にはあたらない」とのべるのである（念を押して，以上の認定判断は，Ａが大祭奉賛会の役員である顧問に就任していることによっても左右されないと付け加えている）。なお1審判決は続いてＡの行為が20条1項後段および89条によって禁止される行為に該当するか否かにもふれているが，きわめて簡単に，上記の判断に照らせば該当性は認められないとしている。要するに再度いえば，1審判決は，奉賛会の目的に一応ふれつつ，それを本件の主たるポイントとせず，むしろ発会式の開催場所や式次第という形式を主たるポイントとし，そのことからみれば発会式には宗教的色彩は希薄であったのであるから，そこで祝辞をのべた行為も特段の宗教的意義をもつものではなかったとするのである。

それはまたおそらくこの種の事案では一定の支持者があると思われる。市長は地域の名士として様々な会合に招待され，特段その会合の目的推進の積極的意図をもつことなく出席して祝辞をのべることも多々あり，そうした行為は地位に伴う社交として扱われ，許容されるべきであるという立場からは，異議なく了解される，あるいはむしろ積極的に支持される見解であろう。ただ奉賛会そのものとその発会式がこの判決がするほどクリアに分断され得るのか，とくに前述のように主として前者についてはその目的を，後者についてはその形式を論じて分断をはかることが行論として妥当なのか，疑問が残るところである。いい換えると，同じ結論をとるにしても，発会式を全体として宗教的色彩が希薄であったものとし，したがってＡのそこでの祝辞をのべた行為も宗教的活動ではなく，社会的儀礼であるとするのではなく，発会式の一定の宗教性を認めつつ，Ａの行為についてはその宗教的活動性を否定するという途を採るべきではなかったかと思われるのである。1審判決は結論に都合のよい部分のみを，都合のよいように利用しているきらいがないでもないのである。

　他方2審判決は重点を1審判決とは逆に奉賛会の目的に置いて判断し，その判断をそのまま発会式の目的の評価にスライドさせるというやり方をしている。いい換えると上述のように，1審判決は両者を分断するために奉賛会についてはその目的に着目して判断し，発会式については開催場所や式次第という形式に着目して判断するというやり方をしているのに対し，2審判決は両者を連動させるために，ともにその目的に着目して判断しているということである。もちろん2審判決も発会式の開催場所や式次第という形式に一応言及はするが，それは目的に基づく判断の結果を左右するものではないとして，軽くふれられるにとどまっている（それは1審判決が奉賛会の目的に軽くふれるにとどまっているのと対照的である）。そして2審判決は結論も1審判決のそれを逆転させているのである。

　すなわち先ず，20条3項の「宗教的活動」に該当するかどうかを検討するに当たっては，目的効果基準によるべきことを説いたうえで，「Ｈ神社は，宗教団体に当たることが明らかであり，本件大祭は，平成20年にＨ神社の鎮座2100年となることを記念して行われる祭事であって，同神社の宗教上の祭祀

であることが明らかである。また，大祭奉賛会は，会員から志納された奉賛金等をH神社に奉納して，上記の本件大祭の斎行及びこれに伴う諸事業（本件事業）を奉賛することを目的として，H神社が中心的に関与して結成され，同神社内に事務局を置く団体であり，その目的としている本件事業は，上記祭祀（本件大祭）自体を斎行することであるとともに，これに併せて，禊場，齊館，手水舎等，上記神社の信仰，礼拝，修行，普及のための施設を新設・移転し，同神社の神社史を発刊することを内容とするもので，同神社の宗教心の醸成を軸とし，神徳の発場（揚？―筆者）を目的とする事業とされているのであって，かかる本件事業が宗教活動であることは明らかである」（傍点筆者）とのべて，奉賛会の目的は明らかに宗教活動である事業の実施であるとする。

そしてこうした判断を受けてその発会式についても，「本件発会式で，大祭奉賛会会長が『崇敬者の総力を結集して，奉賛事業が遂行されるよう』との挨拶を述べ，宮司も『崇敬者各位の協賛によって諸事業が完遂され，本件大祭が盛大に奉仕できるように協力を賜りたい』旨の言葉を述べ，参会者一同が，事業達成のため尽力することを誓い合い，本件発会式を祝ったことが認められるのであるから，本件発会式は，上に判示した大祭奉賛会の本件事業を遂行するため，すなわち，本件大祭を奉賛する宗教的活動を遂行するために，その意思を確認し合い，団体の発足と活動の開始を宣明する目的で開催されたものであると認めるのが相当である」（傍点筆者）とするのである。筆者が2審判決はともにその目的に着目して奉賛会とその発会式の評価を連動させているとする所以である。

このように奉賛会のみならず，その発会式についても宗教活動性が認定されれば，当然の流れとして，そうした発会式で祝辞をのべたAの行為も宗教的意義をもつものと認定されることになる。「そうすると，白山市長であるAが来賓として本件発会式に出席し，白山市長として祝辞を述べた行為（本件行為）は，白山市長が，大祭奉賛会が行う宗教活動（本件事業）に賛同し，賛助し，祝賀する趣旨を表明したものであり，ひいては，H神社の宗教上の祭祀である本件大祭を奉賛し祝賀する趣旨を表明したものと解するのが相当であるし，本件行為についての一般人の宗教的評価としても，本件行為はそのような趣旨の

行為であると理解し，白山市が，H神社の祭祀である本件大祭を奉賛しているとの印象を抱くのが通常であると解される。また，前記事実関係からすれば，Aは，大祭奉賛会及び本件発会式が前記趣旨・目的のものであることを認識，理解していたものと認められ，したがって，同人は，主観的にも，大祭奉賛会が行う本件事業を賛助する意図があったものと推認され，ひいては，本件行為がH神社の祭祀である本件大祭を奉賛するという宗教的意義・効果を持つことを十分に認識し，了解して行動したものと認めるのが相当である」と2審判決がするのは，当然の帰結というべきであろう。

2審判決はこのように認定判断を固めたうえで，付随的に上に繰り返しのべた発会式の非宗教的形式にふれ，これもすでにのべたように，そのことは上記認定を左右するものではないとし，さらには付け加えて，Aの行為が時代の推移によって宗教的意義が希薄化し，慣習化した社会的儀礼にすぎないものとなっているとは到底認められないし，一般人が社会的儀礼の1つにすぎないと評価しているとも到底考えられないとのべて，上記認定判断は維持されるべきものとしている。

こうして2審判決は1審判決とはいわば対極的立場に立つのであるが，それはそれでまた疑問が残らないわけではない。すなわち奉賛会の目的は判決のいうとおりであるとしても，それをそのまま発会式に参加した者全員の目的と同視することがはたして適切であろうか。参加者のなかには奉賛会会長や事務局をつとめるH神社の宮司のような式年大祭の実施当事者もいれば，Aのように来賓として招かれて出席した者もいるのであって，奉賛会が宗教的目的をもち，したがってその発会式も宗教的目的をもち，したがってまた発会式における参加者の言動もまたすべて宗教的意義・目的をもつ活動であるとすることは，いささか単純にすぎるのではなかろうか。

もっとも2審判決も市長側の主張に応じて，Aの行為が儀礼的交際として政教分離原則に反しないものとみなされる余地があるかどうかを，一応検討はしている。しかし，長またはその他の執行機関のする交際は，それが公的存在である自治体により行われるものであることにかんがみると，相手方との友好，信頼関係の維持増進をはかることを目的とすると客観的にみることができ

ず，また社会通念上儀礼の範囲を逸脱したものである場合には，当該自治体の事務に含まれるとはいえず，その費用を支出することは許されないものというべきであるとする最高裁判例に拠って検討された結果，Aの行為はやはり儀礼的交際の域を超えているとされている。

すなわちAの行為の意図，目的は，宗教的活動である本件事業ひいては本件大祭を奉賛，賛助する意義・目的を有していたものと認められるから，自治体がその役割を果たすために相手方との友好，信頼関係の維持増進をはかるという目的からは逸脱するものであったことが明らかというべきであり，また，市長が特定の宗教団体の宗教上の祭祀を奉賛する事業遂行のための組織の発会式に出席し，祝辞をのべ賛同・賛助を表明する行為は，宗教的意義が希薄化し，慣習化した社会的儀礼にすぎないものとなっていたとは到底いえず，社会通念上儀礼の範囲を逸脱しているというべきであるとするのである。

しかしこうした2審判決の判断には，2つの点で疑問が感じられる。1つは，ここにみられる最高裁判例の引用がはたして妥当かということである。この判例は自治体の長等が当該自治体の事務を遂行し対外的折衝等を行う過程において，各種団体等の主催する会合に出席するとともに祝金を交付するなどの交際をすることは，社会通念上儀礼の範囲にとどまる限り，上記事務に随伴するものとして許容されるとしたうえで，その交際がこのように特定の事務を遂行し対外的折衝等を行う過程において具体的な目的をもってなされるものではなく，一般的な友好，信頼関係の維持増進自体を目的としてなされる場合も，それが自治体が住民の福祉の増進をはかるという役割を果たすため相手方との友好，信頼関係の維持増進をはかることを目的とすると客観的にみることができ，かつ，社会通念上儀礼の範囲にとどまる限り，当該自治体の事務に含まれるものとして許容されると解するのが相当であるとしているのであるが，これは祝金の交付が論じられ，「事務を遂行」，「事務に随伴」，「事務に含まれる」という風に，しきりに「事務」という言葉が用いられていることからも分かるように，基本的には自治体の長等が各種団体の主催する会合に出席して祝金を交付することの適法性が争われたケースで，そうした交際が自治体の事務に随伴するか，あるいは事務に含まれるとみなされるかどうかによって祝金の交付

の適法，違法が決せられるという判断基準を示したものである。つまり祝金の交付は公金の支出であるから，それには法的根拠が必要であるとし，そうした法的根拠があるか否かのメルクマールを，当該交際が自治体の「事務」に随伴するか，あるいは「事務」に含まれるか否かに求めているのである。

このようにこの最高裁判例は祝金の交付の適法性の判断基準を示し，それに基づいて実際になされた支出の一部を違法，一部を適法としたものであって，本件のような祝金の交付を伴わない祝辞が問題とされたケースの適切な先例といえるか疑わしいのである。いい換えるとこうした祝辞は祝金の交付よりもさらに儀礼性の強いものであり，したがって一々自治体の事務との関わりを検討する必要もないとさえ考えられるから，祝金に関する最高裁判例に従って本件を判断することがはたして適切か，疑問が感じられるのである。

もう1つはいうまでもなく，上にものべたように，先ずAの行為は宗教的意義・目的をもつものであり，また時代の推移により宗教的意義が希薄化し，慣習化した社会的儀礼にすぎないものとなっているとは到底認められないとの判断を固めたうえで，それが相手方との友好，信頼関係の維持増進をはかることを目的とすると客観的にみることができ，かつ社会通念上儀礼の範囲にとどまると解される行為＝当該自治体の事務に含まれるとして許容されると解される行為に該当するか否かを検討していることである。こういう検討では何ら実質的な検討にはならないことは明らかで，回答は検討するまでもなくすでに出ているわけである。当該自治体の事務に含まれる行為として許容されるか否かを実際に検討するというのであれば，もっと以前の段階で，つまりAの行為が宗教的意義・目的をもつと認定判断する際に，そこに社会的儀礼性は認められないのか，あるいは認められるとすれば，どちらの要素が優位しているかを判断するという態度をとるべきであったろう。

また2審判決は，本件大祭の実行は一宗教団体の儀式というにとどまらず，白山市の観光の一大イベントとして，同市もその実行に関わりのある立場にあるとの市長側の主張についても，本件大祭はH神社自身の個別的祭事であり，かつそれにとどまるものと認めるのが相当であって，観光イベントとして習俗化されていると認めるべき事情は見当たらないと一蹴しているが，これもいさ

さか単純な割り切り方のように思われる。なぜなら，本件大祭のような行事は稀にしかないわけであるから，「観光イベントとして習俗化され」る可能性は元々ないのであり，むしろ全国的にその名が知られているH神社の習俗化されていない稀なる行事，貴重な機会であるからこそ，同神社の個別的祭事の範囲を超えて広く一般の関心を惹くことが予想され，だとすれば観光の振興や地域の活性化に努める市がそうした関心に応えて活動するのは理由のないことではなく，こうした意味では市もH神社の行事の「実行に関わりのある立場にある」といえなくもないのである。

こうしてみると，確かに発会式は宗教的意義・目的をもち，したがってそこでのAの行為が宗教と関わりをもつものと評価されかねない側面をもつことは認められるとしても，A自身の当該行為の目的は，むしろ地元の首長として，1神社の行事のレベルを超えて広く関心を呼び，地域にとっても観光の振興や活性化に大きく寄与するものと予想・期待される行事についてその成功を祈念することを目的とするものであって，とくに神道や宗教施設としてのH神社の普及や繁栄を願い，援助する意図をもつものではなく，その効果も地域の首長の一般にみられる儀礼的行為以上の評価を受けるものではないとみなされる余地もあると考えるべきではなかろうか。

要するに筆者は1審判決のような，発会式については専らその開催場所や式次第等の形式に着目し，そこに宗教的色彩がみられないからAの行為も社会的儀礼の域を超えるものではないとする見解は採らないが，反面ではまた奉賛会＝発会式の目的の宗教性でAの行為の意義をすべて決するという2審判決にも賛成できないのであり，結局上記のようにとらえるのが適切ではないかと考えるのである。いい換えると，Aの行為には奉賛会＝発会式の宗教的意義や目的によって覆われる部分とそこからはみ出す世俗的部分があるのであって，どちらが優勢であると判断されるかによって結論が決せられるということである。そしてAの行為は何らかの現に行われている宗教行事そのもののなかで，あるいはそれに関わってなされたものではなく，短時間のうちに型通りに進められたセレモニー的行事のなかで行われたものであることを併せ考慮すれば，むしろ世俗的要素の方が強いもの，すなわち地元の首長としての社会的

儀礼ということになるのではないかと考える。

　本件は上告されているようなので，最高裁の判断が注目されるが，最高裁の先例との比較でいうと，おそらく津地鎮祭訴訟と愛媛玉串料訴訟の中間に位置するような事例であると思われる。すなわち最高裁判例の立場に立っても，奉賛会発会式で祝辞をのべるという行為は地鎮祭を挙行するというような，社会の一般的慣習に従った儀礼を行うというもっぱら世俗的目的による行為とまでは断言できないが，他面では神社自体がその境内において挙行する恒例の重要な祭祀に際して玉串料等を奉納するような，明らかに特定の宗教と特別の関わり合いをもつ行為ともいえないから，本件はこの両先例のいずれにも属さない，いわばその中間にあって新たな判断が迫られる事案であるように思われるのである。また即位の礼・大嘗祭に自治体の首長等が参加したことの合憲性が争われた事件も，そこでは儀式自体は首長等とは関わりなく行われ，首長等は単に参列者としてその場に臨んでいるだけであるのに対し，本件では自ら儀式に加わって祝辞をのべるという行為を行っているだけに，ストレートな先例にはならないであろう。

　こうして最高裁は従来の事例とは異なる新しい事例の判断を迫られることになるものと思われ，その結果が注目されるのである。

註
5) 東京高判平成 16・7・14 判タ 1179 号 190 頁。
6) 東京地判平成 16・3・4 判例集未登載。
7) 本件については原告自身による訴訟の記録として，藤原英夫・裁かれたキャンパスの神社がある。
8) 札幌地判平成 18・3・3 判例集未登載。
9) 札幌高判平成 19・6・26 判例集未登載。
10) 林知更「市有地上の神社と政教分離原則」(平成 19 年度重判解) 14 頁。
11) 最判平成 4・11・16 判時 1441 号 57 頁。
12) 最判平成 5・2・16 民集 47 巻 3 号 1687 頁。
13) 林・前掲論文 14 頁。
14) 金沢地判平成 19・6・25 判時 2006 号 61 頁。
15) 名古屋高金沢支判平成 20・4・7 判時 2006 号 53 頁。
16) 最判平成 18・12・1 民集 60 巻 10 号 3847 頁。

【追記】
　第2節の「その他の信教の自由関係判例」のなかでふれている北海道砂川市が空知太神社に無償で市有地を提供していることに係る事件については，周知のように，平成22年1月20日に最高裁大法廷判決（以下単に「判決」という）が言い渡された。
　この判決は，これも周知のように，砂川市が町内会に対し，市有地を無償で本件神社物件（判決は神社（祠），鳥居，地神宮等を総称してこういっている）の敷地としての利用に供していること（判決はこのことを本件利用提供行為といっている）は，政教分離原則に反するとするものであり，その点では1・2審判決と共通するが，しかしその違憲判断の内容は，憲法20条3項および89条に違反するとする1審判決や，憲法20条3項に違反し，また20条1項後段，89条に規定される政教分離原則の精神に明らかに反するものというべきであるとする2審判決と異なり，「憲法89条の禁止する公の財産の利用提供に当たり，ひいては憲法20条1項後段の禁止する宗教団体に対する特権の付与にも該当すると解するのが相当である」というものである。
　つまり1・2審判決は本件利用提供行為の合憲性を憲法20条3項を中心に判断しているのに対し，判決は憲法89条を中心に判断しているのである。したがってその違憲の判旨も1・2審判決とはかなり異なっているのであるが，そのことも含めてとりあえず判決を簡単に紹介すれば，次のとおりである。
　判決の基本になっているのは神社付近に住み，そこで年3回の祭事を行うなどの宗教的活動を行っている住民らで構成される氏子集団の重視である。すなわちこの氏子集団は組織についての規約がなく，権利能力なき社団と認めることができないため，本件神社物件は法的には町内会の所有と認められ，砂川市の本件利用提供行為の直接の相手方も町内会と認められるが，本件神社物件を実際に管理し，そこで宗教的行事である祭事を行っているのは氏子集団であり，してみればこの氏子集団は町内会に包摂される団体ではあるものの，町内会とは別に社会的に実在しているものと認められるとされ，さらにこの氏子集団は宗教的行事等を行うことを主たる目的としている宗教団体であるから，憲法89条にいう「宗教上の組織若しくは団体」に当たるものと解されているのである。
　こうした氏子集団の独立の法的位置づけは1・2審判決にはみられないものであるが，このような理解から判決は本件利用提供行為の直接の効果，便益を享受しているのは「宗教上の組織若しくは団体」である氏子集団であり，したがって本事件で先ず問われるべき憲法問題は憲法89条違反の有無であるとするのである。
　そしてこうした把握をふまえて判決は，国公有地が無償で宗教的施設の敷地としての用に供されるといっても，当該施設の性格や来歴，無償提供にいたる経緯，利用の態様等には様々なものがあり得ることが容易に想定されるとし，したがって，「国公有地が無償で宗教的施設の敷地としての用に供されている状態が，…信教の自由の保障の確保という制度の根本目的との関係で相当とされる限度を超えて憲法89条に違反するか否かを判断するに当たっては，当該宗教的施設の性格，当該土地が無償で当該施設の敷地としての用に供されるに至った経緯，当該無償提供の態様，これらに対する一般人の評価等，諸般の事情を考慮し，社会通念に照らして判断すべきものと解するのが相当である」という「憲法判断の枠組み」を示すのである。
　この枠組みを受け，本件利用提供行為は市の特定の宗教に対する特別の便益提供・援助と評価されてもやむを得ないと判断するものと推認される一般人の評価，明らかな宗教的

施設といわざるを得ない本件神社物件の性格，長期間の便益の供与といった本件利用提供行為の具体的態様等の諸事情を考慮し，社会通念に照らして総合判断した結論が，最初にのべた憲法89条に違反し，ひいては20条1項が禁止する特権の付与に該当するという判断である。

さらにこの判決にはもう1つ特色がみられる。すなわち判決は，原審のように，こうした違憲の結論をそのまま市長が本件神社物件の撤去請求をすることを怠る事実の違法の確認に結びつけず，後者については，違憲状態の解消には神社物件を撤去し土地を明け渡す以外にも適切な手段（例えば，無償提供されている市有地の全部または一部の譲与・譲渡，あるいは適正な時価での貸付け）があり得るというべきであるとし，このように市長において他に選択することのできる合理的で現実的な手段が存在する場合には，市長が本件神社物件の撤去および土地明渡請求という手段を講じていないことは，財産管理上直ちに違法との評価を受けるものではないとするのである。

そしてその結果判決は，「そうすると，原審が上告人において本件神社物件の撤去及び土地明渡請求をすることを怠る事実を違法と判断する以上は，原審において，本件利用提供行為の違憲性を解消するための他の合理的で現実的な手段が存在するか否かについて適切に審理判断するか，当事者に対して釈明権を行使する必要があったというべきである。原審が，この点につき何ら審理判断せず，上記釈明権を行使することもないまま，上記の怠る事実を違法と判断したことは，怠る事実の適否に関する審理を尽くさなかった結果，法令の解釈適用を誤ったか，釈明権の行使を怠った違法があるものというほかない」として，原判決を職権で破棄し，本件利用提供行為の違憲性を解消するための他の手段の存否等についてさらに審理を尽くさせるため，本件を原審に差し戻すこととするとしたのである。

なおこの判決については「砂川政教分離訴訟最高裁大法廷判決」と題する特集がジュリスト No. 1399 で組まれている。

第6章　表現の自由関係判例

第1節　公立学校施設の使用不許可

　いわゆる「公の施設」の使用不許可に関しては，周知のように，泉佐野市民会館事件と上尾市福祉会館事件において最高裁の判断が示されているが，これら2つの事例は元来一般公衆の集会等の用に供することを主たる目的として設置された施設について，まさにそうした本来の設置目的に沿った使用の申請が拒否されたことが争われたものであった。しかし公の施設の使用の申請の不許可をめぐる紛争にはもう1つ，同様に公共の用に供するものとして設置された施設について，そうした本来の設置目的以外の用のためになされた使用の申請の拒否が争われるケースがあり，その代表例が呉市立中学校の学校施設について広島県教職員組合よりなされた広島県教育研究集会のための使用の申請の拒否が争われ，違法と判断された事例である。

　すなわち，前者の施設の本来の設置目的に沿った使用については，住民はそのことを原則的に認められ，施設を設置・管理する地方公共団体は地方自治法244条第2項および3項により（なお地方自治法については以下では単に「地自法」という），正当な理由がない限り，住民の利用を拒んではならず，また不当な差別的取扱いをしてはならない等の統制を受けるのに対し，後者の目的外使用については，地自法238条の4第7項（旧第4項）で，「その用途又は目的を妨げない限度においてその使用を許可することができる」とされていること等からして，許否の判断は原則として管理者である地方公共団体の機関の広範な裁量に委ねられていると解されるのであるが，それでもこの事件では不許可が裁量権の逸脱として違法とされているのである。

　以下この事件を考察し，併せて関連する事件についてもふれることにするが，先ず事件の概要を簡単に紹介しておくことにしよう。

広島県教職員組合（以下単に「本件組合」という）がその主催する第49次広島県教育研究集会（以下教育研究集会については「教研集会」といい，この第49次広島県教育研究集会については同様に，単に「本件教研集会」という）を呉市立二河中学校（以下単に「二河中学校」という）の体育館等の学校施設において開催することとし，同中学校の校長に口頭で使用許可を申し込んだところ，校長も一旦は使用は差し支えないとの回答をした。しかし校長はその後呉市教育委員会（以下単に「呉教委」という）幹部の意見を容れて使用を認めないとの考えに達し，その旨を本件組合に連絡し（呉市教委幹部が使用の許可に消極的であったのは，従前，同様の教研集会の会場として学校施設の使用を認めたところ，右翼団体の街宣車が押し掛けてきて周辺地域が騒然となり，周辺住民から苦情が寄せられたことがあったためであるとされている），さらにこうした経緯等を受けて本件組合が正式に提出した使用許可申請書に対しても，呉教委より学校施設使用不許可決定通知書（以下この不許可の決定を単に「本件不許可処分」という）が本件組合に交付された（なおこの通知書には，不許可理由として，「呉市立二河中学校及びその周辺の学校や地域に混乱を招き，児童生徒に教育上悪影響を与え，学校教育に支障を来すことが予想される」との記載があった－訴訟においては，呉市立学校施設の使用を許可しないケースを定めた条文である呉市立学校施設使用規則5条の1号〔施設管理に支障があるとき〕と3号〔その他教育委員会が，学校教育に支障があると認めるとき〕に該当することが主張されている）。

そこで本件組合が呉教委から不当に学校施設の使用を拒否されたとして，呉市を被告として国家賠償法に基づく損害賠償を求めたのである。

こうした事件について1審広島地裁は，先ず教研集会は，一方で教職員の教育研究活動の場であるとともに，他方では，分科会のテーマとして教職員の人事や労働条件，さらには研修制度等が取り上げられていることからして，教職員組合の労働運動の場という側面ももっているとしたうえで，事件の背景事情について若干のべている。すなわち以前から広島県教育委員会（以下単に「県教委」という）と本件組合は学校行事における国旗掲揚，国歌斉唱問題や研修制度の問題等で緊張関係にあったところ，本事件前には新たな教育長が文部省（当時）より県教委に着任したこともあって，こうした緊張関係がとくに高ま

り，県教委が卒業式，入学式における国旗掲揚，国歌斉唱を職務命令により遵守させようとしたり，教員研修や教職員の時間外勤務に関して，従前本件組合等との間で交わしていた覚書を破棄ないし無視する態度をとったりする一方，本件組合もそれに激しく反発して，新聞でそうした対立の一部が報道されるようなこともあったこと等が指摘されているのである（ただし判決でみる限り，県教委と本件との直接の関係はないようである）。

　1審判決は次いでその概要をすでに紹介した本件不許可処分にいたる経緯や本件教研集会のその後の実施状況（結局本件教研集会は呉市および東広島市に亘る公民館等の7つの公共施設―その使用の申請は直ちに許可された―を会場として開催された）等についてふれているが，その部分の紹介は省略して，「学校施設の目的外使用の法律関係」と題された箇所の紹介に移ると，1審判決はそこで次のようにのべている。

　地方公共団体が設置する公立の学校施設は地自法244条にいう「公の施設」であり，前述のように「公の施設」については，住民は，施設の設置目的に反しない限りその利用を原則的に認められ，管理者は住民がそれを利用するにつき，正当な理由がない限り，これを拒んではならず，また不当な差別的取扱いをしてはならないという制限を受けるが，目的外使用については，行政財産の目的外使用について定めた地自法238条の4第7項により（公立学校施設は，地自法238条3・4項にいう，その設置目的に沿って使用することが原則とされる行政財産でもある），例外的に，「その用途又は目的を妨げない限度において」，管理者の許可があった場合にのみ可能とされる。

　すなわち特段の定めのない限り，他の同種施設と同様，公の施設としての公立学校，あるいはその物的要素としての学校施設もその設置目的に沿った利用については地自法244条第2項・3項が適用され，原則としてその利用が阻まれることはないが，本件のような設置目的以外の用のための利用については，地自法238条の4第7項が適用され，例外的にのみ使用が許可されることになるとされるのである。

　なお判決は，「学校施設は，学校が学校教育の目的に使用する場合を除く外，使用してはならない。但し，左の各号の一に該当する場合は，この限りではな

い」として，目的外使用をきわめて限定的にのみ認めている「学校施設の確保に関する政令」3条1項や（左の各号として掲げられているのは，「1　法律又は法律に基く命令の規定に基いて使用する場合　2　管理者又は学校の長の同意を得て使用する場合」の2つだけである），「学校教育上支障のない限り，…学校の施設を社会教育その他公共のために，利用させることができる」としている学校教育法85条も，地自法238条の4第7項と同じ趣旨をのべたものとしている。

　こうして1審判決はこれらの検討をまとめて，「以上のような法令の趣旨に照らせば，行政財産に属する学校施設のような公共施設は，その設置目的に沿わない場合，原則としてその使用は許されず，例外として目的又は用途を妨げない限度において，管理権限者の許可に基づき使用が認められるにすぎないというべきである。そして，その許否については，管理権限者の裁量に委ねられているというべきであり，特に学校施設は，学校教育の利用に供することを目的として設置された施設であり，その性質上，広く一般に開放されることを想定して設置された施設ではないので，管理権限者の裁量権の幅は，一般の施設のそれと比較して広くなるといわざるを得ない」とするのである。

　こうした行論はそれなりにスムーズに理解できるが，しかし1審判決は続いて，「以上のとおり，学校施設の使用の許否の判断は，管理権限者の広い裁量に委ねられているものであるが，…管理権限者の裁量権の行使にあたって，恣意が許されないのはいうまでもなく，使用目的が学校施設の設置目的に沿っているのに，特に理由なく使用を拒否したとか，使用目的が設置目的に沿うものでなくとも，不当な理由により拒否するなど，管理権限者の判断において，裁量権の逸脱・濫用にあたる事情があれば，違法というべきであり，その判断は，学校施設の使用目的，代替施設の確保の困難性，施設管理上，学校教育上の支障などの諸事情を基礎として総合的に判断されるべきものである」（傍点筆者）という，それまでの行論とは異なるやや理解し難い展開をみせている。つまりそれまでは上述のように本事件を地自法238条の4第7項が適用される学校施設という行政財産の目的外使用の問題と捉え，それは例外的に許容され，許否の判断に当たっては管理者の広範な裁量権が認められるとするかのようにしていたにもかかわらず，判決はここで突如，「使用目的が学校施設の設

置目的に沿っているのに，特に理由もなく使用を拒否したとか…」とのべて，あたかも本事件は，地自法244条第2項の正当な理由がない限り住民が当該施設を利用することを拒んではならないという裁量権に対する厳しい統制が管理者に課せられる，公の施設の設置目的に沿った使用とも捉えられるとしているかのような判断を示している。しかもさらに，使用目的が学校施設の設置目的に沿っている場合でも，沿っていない場合でも，許否に関する管理者の裁量権のレベルは同一であるかのような説明をしているのである。ここにいたって，1審判決はそれまでの行論を無視して，本事件を施設の設置目的に沿った使用の問題とするのか，設置目的外の使用の問題とするのか，裁量権が厳しく制限される事件とするのか，広範な裁量権が認められる事件とするのか等を，曖昧，不分明にしてしまっているとの印象を与えるのである。

　1審判決はしかしそのことを整理することなく進み，遂にはむしろ本事件を設置目的に沿った使用の問題＝地自法244条第2項の問題と捉えているのではないかとすら思わせるような行論を展開している。すなわち教研集会は，教職員の教育研究活動の一環として重要な意義をもち，また教育委員会等の教育行政機関が行う研修とは異なった，現場からの視点で，学校教育の在り方を研究するという独自の意義を有するものといい得るのであり，それ故本件教研集会は，学校教育そのものではないけれども，これに準ずる活動ということができ，学校施設の設置目的に沿うものとして取り扱わねばならず，「したがって，本件教研集会を使用目的とする申請を拒否するには，正当な理由が存在しなければならないというべきである」とするのである。繰り返していえば，このように，地自法238条の4第7項が適用される設置目的外の使用という視点は消え去り，それと明言はされていないものの，1審判決には本事件をむしろ244条第2項が適用されるケースであるとしているかのような文言が随所にみられるのである。先にみたように1審判決は，「学校施設の目的外使用の法律関係」と題して検討し，「…行政財産は，その設置目的に沿って使用することが原則とされ，その目的外に使用する場合には，その用途又は目的を妨げない限度において，管理権限者の許可を必要とする…。むろん地方公共団体が設置する公立の学校施設が，前記行政財産に属することは疑いもなく，目的外使用に関す

る前記一般原則は，特段の定めのない限り，前記学校施設にも当てはまるものというべきである」としているが，こうなると一体こうした説明がいかなる意図でなされたのか，強い疑問をもたざるを得ないのである。

筆者にはこの点が1審判決の大きな問題点であるように思われるのであるが，1審判決はそのまま続いて本件不許可処分に正当な理由があるか否かを検討する。具体的にはそれは被告が本件不許可処分の理由として主張する，(1)右翼団体の学校周辺における街宣活動により，周辺地域に騒擾状態を生じさせるおそれがある，(2)本件組合の教研集会において，学習指導要領を批判したり，文部省の是正指導（平成10年に文部省より県教委等に対してなされた，卒業式，入学式における国歌斉唱の一層の充実に努めること等を内容とする指導のこと─筆者）に反する討議がなされることが予想され，教育上の悪影響を来すおそれがある，との事情が真に認められるかの検討として行われ，結論として2つとも否定される。

右翼団体の活動による周辺地域の混乱という主張については，確かに過去，度々，本件組合の開催してきた教研集会の会場である学校に，教研集会当日右翼団体の街宣車がやって来て，スピーカーから大音量の音を流すなどの街宣活動を行って教研集会の開催を妨害し，周辺住民から学校関係者等に苦情が寄せられた事実が認められ，この事実からすれば本件教研集会当日にも同様の街宣活動を行うおそれはあったものと認めなければならないとしつつ，しかし，「そもそも，原告の教育研究集会は，前記認定のとおり，原告の教育研究活動及び労働運動の一環として，平穏に行われていたものであるが，前記右翼団体は，一方的に，その開催を実力をもって妨害せんとしていたものであるから，それに伴って生じる紛争の責任は，専ら当該右翼団体にあるものというべく，特段の事情がない限り，右翼団体による騒擾状態発生のおそれがあることを理由として，学校施設の利用を拒むことは，憲法21条の趣旨に反し許されず，本件においては，上記特段の事情を認めるに足りる証拠はない」というのがその理由である。この後半部分は，上尾市福祉会館事件最高裁判決の[2]，「主催者が集会を平穏に行おうとしているのに，その集会の目的や主催者の思想，信条等に反対する者らが，これを実力で阻止し，妨害しようとして紛争を起こすおそれ

があることを理由に公の施設の利用を拒むことができるのは，前示のような公の施設の利用関係の性質に照らせば，警察の警備等によってもなお混乱を阻止することができないなど特別な事情がある場合に限られるものというべきである」との判示を想起させるが，繰り返していえば，これは文中にも示唆されているように，福祉会館という住民等の集会の用に供することを目的として設置され，それ故住民等がそうした用のため利用することを原則的に認められた（その意味で管理者の許否の裁量権が厳しく制限されている）施設の，当の目的に沿った使用の申請のケースにおける判断であって，そうした判断をこのようにストレートに事情を同じくするわけではない本事件に当てはめることが妥当か，疑問の残るところであろう。

　児童生徒に対する教育上の悪影響のおそれという主張については，「（本件教研集会における—筆者）討議の内容が学習指導要領や文部省の是正指導に反するという抽象的な事由をもって，直ちに教育上の支障があると認めるのは，いささか早計であり，討議のいかなる点が，学習指導要領や文部省の是正指導のいかなる点に，どのように反するのか，そして，その結果，どのような教育上の支障が予想されるのかが個別具体的に検討されなければならないというべきである。この点，本件では，確かに，原告の教育研究集会の要綱などの刊行物において，前記のように，学習指導要領や文部省の是正指導に対し，批判的な文言が並んではいるものの，そのいずれもが抽象的な表現にとどまり，具体的にどのように反するのかが明らかでなく，その結果，児童生徒にいかなる教育上の支障が生ずるのかも明らかとなっていない。そうすると，二河中学校を本件教研集会のために使用することを拒否するにつき，学習指導要領を批判し，又は文部省の是正指導に反する討議がなされるという抽象的な事由だけでは，正当な理由があると認めることはできず，他にこれを認めるに足りる証拠はない」として，否定されている。

　こうして1審判決は結論として，「以上によれば，本件教研集会は，原告の労働運動という一面も併せ持ってはいるものの，主として，教員などによる教育研究活動の報告，検討会としての性格を有し，学校施設の設置目的に沿うものとして取り扱わなければならないこと，また，代替施設の提供は一応はなさ

れているものの，学校教科項目の研究討議は，器具，設備との関係で，教室等の学校施設で行われることが必要不可欠であって，他の施設では，研究討議に不便を来し，研究討議が十分になされないおそれがあり，他の施設の提供では十分とはいえないこと，そして，さらに，前記認定判断のとおり，施設管理上，学校教育上の支障など，その使用を拒否するにつき，正当な理由が何ら認められないことなどの事情を総合勘案すると，原告の他の主張の当否を検討するまでもなく，本件不許可処分は，呉教委において，その裁量権を逸脱した違法な処分であるといわざるを得ない」とするのである。

　筆者はこの結論には賛成であるが，こうした結論は本事件を学校施設という行政財産の目的外使用の問題とし，本件不許可処分がその場合に管理者に認められる裁量権の範囲内にとどまるか否かを検討するというやり方によっても導かれるであろうし，またそうした手法の方が１審判決の前半の展開に沿い，学校施設と本件教研集会との間に直接的な関わりを見出す（＝本件教研集会のための使用を学校施設の目的内使用であるとする）ことは困難であるという本事件の性質にも適うものであろう。

　１審判決は展開を途中で変え，「本件教研集会は，…学校施設の設置目的に沿うものとして取り扱わなければならない」とか，「本件教研集会を使用目的とする申請を拒否するには，正当な理由が存しなければならないというべきであって，その正当な理由の存在については，使用を拒否する側，本件にあっては，被告がこれを立証しなければならないというべきである」という紛らわしい判断をことさら示すことによって，本事件を行政財産の目的内使用，あるいは目的外使用のいずれとしているのか，また厳格に裁量権が統制されるケースと広範に裁量権が認められるケースのいずれとしているのか，分かり難くしているのである。

　ただ筆者がこのようにいうのは，目的内使用と目的外使用の区別の絶対化を説くものではなく，後にみるように区別を相対化することにはむしろ賛成である。

　しかしながら重ねていえば，この区別そのものを消去していると受け取られかねない１審判決の行論はやはり適切妥当ではないと考えるのである。

2審判決⁴⁾もこのような1審判決を維持しているが，しかし最高裁は結論としては1・2審判決を支持するものの，その理由においては行論を異にしている⁵⁾。すなわち上に筆者が1審判決の問題点として再三指摘したところを中心に判断を整理し直しているのである。

　最高裁は本事件の基本的な捉え方として次のような総論をのべる。少々長くなるが，原文をそのまま引用して紹介すると，先ず，「地方公共団体の設置する公立学校は，地方自治法244条にいう『公の施設』として設けられたものであるが，これを構成する物的要素としての学校施設は同法238条4項にいう行政財産である。したがって，公立学校施設をその設置目的である学校教育の目的に使用する場合には，同法244条の規律に服することになるが，これを設置目的外に使用するためには，同法238条の4第4項(前述のように現在では第7項─筆者)に基づく許可が必要である。教育財産は教育委員会が管理するとされているため…，上記の許可は本来教育委員会が行うこととなる」という。これらのことについては1審判決についてのべた際にすでにふれたが，最高裁判決は次いでこれもすでにみた「学校施設の確保に関する政令」3条や学校教育法85条等の，学校施設を学校教育以外の目的のために使用させる場合の規定を紹介する。そしてこれらのことを受けて，「地方自治法238条の4第4項，学校教育法85条の上記文言に加えて，学校施設は，一般公衆の共同使用に供することを主たる目的とする道路や公民館等の施設とは異なり，本来学校教育の目的に使用すべきものとして設置され，それ以外の目的に使用することを基本的に制限されている…ことからすれば，学校施設の目的外使用を許可するか否かは，原則として，管理者の裁量にゆだねられているものと解するのが相当である。すなわち，学校教育上支障があれば使用を許可することができないことは明らかであるが，そのような支障がないからといって当然に許可しなくてはならないものではなく，行政財産である学校施設の目的及び用途と目的外使用の目的，態様等との関係に配慮した合理的な裁量判断により使用許可をしないこともできるものである」とまとめるのである。

　前述のように1審判決も前半ではほぼ同様のことをのべているから，このような最高裁の判断がとくに目新しいわけではないが，最高裁判決は，こうした

展開を途中で曖昧にしてしまった1審判決と異なり、この学校施設の目的外使用という視点を最後まで貫いている。すなわち、「教職員の職員団体は、教職員を構成員とするとはいえ、その勤務条件の維持改善を図ることを目的とするものであって、学校における教育活動を直接目的とするものではないから、職員団体にとって使用の必要性が大きいからといって、管理者において職員団体の活動のためにする学校施設の使用を受忍し、許容しなければならない義務を負うものではないし、使用を許さないことが学校施設につき管理者が有する裁量権の逸脱又は濫用であると認められるような場合を除いては、その使用不許可が違法となるものでもない。また、従前、同一目的での使用許可申請を物理的支障のない限り許可してきたという運用があったとしても、そのことから直ちに、従前と異なる取扱いをすることが裁量権の濫用となるものではない」と最高裁判決はするのである（ただし、「もっとも、従前の許可の運用は、使用目的の相当性やこれと異なる取扱いの動機の不当性を推認させることがあったり、比例原則ないし平等原則の観点から、裁量権濫用に当たるか否かの判断において考慮すべき要素となったりすることは否定できない」と付け加えてはいる）。

　判決はこのように本事件を一貫して学校施設の目的外使用の問題として扱い、(1) 学校教育上支障がある場合は当然許可することができず、(2) 行政財産である学校施設の目的および用途と目的外使用の目的、態様等との関係に配慮した合理的な裁量判断による場合は、使用許可をしないこともできるとするのである。なお判決はさらにこのことを敷衍して、前者の学校教育上の支障とは、物理的支障に限らず、教育的配慮の観点から、児童、生徒に対し精神的悪影響を与え、学校の教育方針にもとることとなる場合も含まれ、現在の具体的な支障だけでなく、将来における教育上の支障が生ずるおそれが明白に認められる場合も含まれるとする。そしてまた、「管理者の裁量判断は、許可申請に関わる使用の日時、場所、目的及び態様、使用者の範囲、使用の必要性の程度、許可をするに当たっての支障又は許可をした場合の弊害若しくは影響の内容及び程度、代替施設確保の困難性など許可をしないことによる申請者側の不都合又は影響の内容及び程度等の諸般の事情を総合考慮してされるものであり、その裁量権の行使が逸脱濫用に当たるか否かの司法審査においては、その判断が

裁量権の行使としてされたことを前提とした上で，その判断要素の選択や判断過程に合理性を欠くところがないかを検討し，その判断が，重要な事実の基礎を欠くか，又は社会通念に照らし著しく妥当性を欠くものと認められる場合に限って，裁量権の逸脱又は濫用として違法となるとすべきものと解するのが相当である」として，合理的な裁量判断のための考慮要素をくわしくのべ，併せて裁量判断の合理性の有無に関する司法審査の方法について説明するのである。

なお(1)の当然使用許可をすることができないケースとは，いい換えれば使用許可をしてはならないケースということでもあるが，そういうケースに当たるか否か，意見が分かれることもあろうから，(2)との区別は実際には相対的なものであるともいえよう。また合理的な裁量判断により使用許可をしないこともできるとする(2)も，許可してもよいし，許可しなくてもよいとの半々の謂ではなく，管理者が施設の性格からすれば許可しない方が望ましい，あるいは許可しない方が妥当であると考える場合は，その判断は重要な事実の基礎を欠くとか，社会通念上著しく妥当性を欠くとかの事情がない限り，是認されるべきものとするものと理解すべきであろう。このことに関して付言すると，従来裁量権の逸脱濫用の有無の審査に当たっては，重大な事実の誤認および判断の結果の社会通念からの顕著な逸脱といった明白な過誤を要件とする実態的明白性審査（社会通念審査）の方法と，考慮事項等の考慮の有無を要件とする判断過程合理性審査の方法があると説かれてきたとされるが[6]，そのこととの関連でいえば，ここで最高裁が判示している司法審査の方法はいわば両者をミックスしたものともいうべきものとなっている。

ともあれ，このように最高裁判決は先ず判断の枠組み等を示したうえで，本事件の具体的検討に入るのであるが，最初に，教研集会は本件組合の労働運動としての側面も強く有するものの，教員らによる自主的研修としての側面をも有しているところ，その側面に関する限りは，自主的で自律的な研修を奨励する教育公務員特例法19条，20条の趣旨に適うものというべきであり，本件組合がこれまで1回を除いて教研集会の会場として学校施設を使用し，また広島県においては本件集会を除いて学校施設の使用が許可されなかったことがな

かったのも，こうした教研集会の側面に着目した結果とみることができるとする。もっとも最高裁判決はこうしたことを理由に本件教研集会を使用目的とする申請を拒否するには正当な理由の存在を呉市において立証しなければならないとする原審の説示部分は法令の解釈を誤ったものであり，是認することはできないとするが，しかし使用目的が相当なものであることが認められるなど，こうした本件組合の教研集会のための学校施設の使用許可に関する経緯が，前述したような趣旨で裁量権濫用に当たるか否かの判断において大きな考慮要素となることは否定できないとして，結局従前の許可の運用も大きな判断材料となるとするのである。

ただ筆者にはここで最高裁が法令の解釈を誤ったとする原審の説示部分とは，単に，「本件教研集会を使用目的とする申請を拒否するには，正当な理由が存しなければならないというべきであって，その正当な理由の存在については，使用を拒否する側，本件にあっては，被告がこれを立証しなければならないというべきである」とする部分のみを指すのか，それとも，さらにこうした説示の元になっている，「本件教研集会は，学校教育そのものではないけれども，これに準ずる活動ということができ，学校施設の設置目的に沿うものとして取り扱われなければならない」との部分も含めてそういっているのか，定かではない。本事件を上にものべたように一貫して学校施設の目的外使用の問題とし，不許可の判断に裁量権の逸脱濫用が認められるかという観点から判断していることからすれば，立証責任に関する部分のみならず，その前段も含めて否定するのが最高裁判決の意図と理解すべきことになろうか（最高裁は後にみるように結論の部分では，「原審の採る立証責任論等は」是認することができないといっている）。

最高裁判決は次いで，右翼団体による街宣活動のおそれやそのことによる学校施設内外での騒擾状態や混乱の発生の可能性にふれ，過去の例からすれば，抽象的には街宣活動のおそれはあったといわざるを得ないが，「しかしながら，本件不許可処分の時点で，本件集会について具体的な妨害の動きがあったことは認められず…，本件集会の予定された日は，休校日である土曜日と日曜日であり，生徒の登校は予定されていなかったことからすると，仮に妨害活動がな

されても，生徒に対する影響は間接的なものにとどまる可能性が高かったということができる」とする。これは前述の裁量判断をするに当たって考慮すべき要素として挙げられている事項との関連でいうと，おそらく，「許可をした場合の弊害若しくは影響の内容及び程度」といわれている要素についての判断の妥当性や合理性を検討し，それに疑義を呈したものということになろう。この判断は反対する者らが使用目的である合同葬を妨害するなどして混乱が生ずることが懸念され，会館の結婚式場その他の施設の利用にも支障が生じることを理由に，「会館の管理上支障がある」として使用許可の申請を不許可とした上尾市福祉会館事件で，最高裁判決が，結局別会場で行われた当該合同葬は何らの妨害行為を受けることなく終了し，また会館での合同葬予定日に結婚式場等の使用の申込みはなかったことを指摘し，こうした事実関係の下においては，本件不許可処分時において，本件合同葬のための本件会館の使用によって，「会館の管理上支障がある」との事態を生ずることが，客観的な事実に照らして具体的に明らかに予測されたものということはできないとしたことを想起させる。

　すなわちここでは使用許可の申請に対する判断については，管理者の裁量権が認められる場合であっても，右翼団体の街宣活動による騒擾状態や混乱のおそれ，あるいはそのことが生徒にもたらす影響を判断材料に不許可にするには，おそれは抽象的なおそれでは足りず，具体的なおそれが存在しなければならず，また生徒に対する影響も間接的なものではなく，直接的なものでなければならないことが示唆されているのである。

　続いて最高裁判決は本件教研集会の内容にふれ，学習指導要領や文部省の是正指導が集会での討議対象になっているように窺われるものの，具体的にどのような討議がなされるかは不明であり，またそれらが自主的研修の側面を排除し，またはこれを大きくしのぐほどに中心的な討議対象となるものとまでは認められず，したがって本件教研集会をもって人事院規則14－7が禁じる政治的行為に当たるものということはできず，さらにこれまでの教育研究集会の経緯からしても，討議対象として学習指導要領や文部省の是正指導が取り上げられることから，本件教研集会を学校施設で開催することにより，教育上の悪影

響が生ずるとする評価を合理的なものということはできないという。再び前述の裁量判断に当たって考慮すべき要素として挙げられている事項との関連でいうと，これは，「使用の目的及び態様」という要素についての判断の妥当性や合理性の検討ということになろう。ここでも最高裁判決の検討の結果は管理者の実際の裁量権の行使には厳しいものとなっている。

以上の2つの検討の結果は，管理者が重視すべきでない要素を重視することによって，その裁量判断は妥当性や合理性を欠くにいたったとするものであるが，最高裁判決の検討はこれで終わらず，なお，教研集会のうちの学校教科項目の研究討議を行う分科会の場としては，実験台等の教育設備や実験器具，体育用具等，多くの教科に関する教育用具および備品が備わっている学校施設を利用することの必要性が高いことは明らかであり，学校施設を利用する場合と他の公共施設を利用する場合とで，本件教研集会の分科会活動にとっての利便性に大きな差異があることは否定できないとし，また，本件不許可処分は二河中学校の校長が一旦口頭で使用を許可する意思を示したのを，呉教委がそのおそれが具体的ではなかったにもかかわらず，過去の右翼団体の妨害行動を例に挙げて使用させない方向に指導し，遂には自ら不許可処分をするにいたったというものであり，しかもその処分は県教委等の教育委員会と本件組合との緊張関係と対立の激化を背景として行われたものであったことなどをのべる。

これは裁量判断に当たって考慮すべきものとして挙げられている要素に即していうと，「許可をしないことによる申請者側の不都合又は影響の内容及び程度」についての判断の適否を検討し，その結果，それが考慮すべき要素，考慮すれば容易に結論がでる要素を充分考慮に入れなかったきわめて不充分なものであり，また不許可処分にいたるまでに混乱があり，その最終的な不許可処分も具体性のない推測に基づき，考慮要素とは関係ない事情をバックに行われたものであることをのべて，不許可処分が妥当性や合理性を欠くことを示唆するものであろう。

こうして最高裁判決は結局以上にのべた検討結果を総合して，「上記の諸点その他の前記事実関係等を考慮すると，本件中学校及びその周辺の学校や地域に混乱を招き，児童生徒に教育上悪影響を与え，学校教育に支障を来すことが

予想されるとの理由で行われた本件不許可処分は、重視すべきでない考慮要素を重視するなど、考慮した事項に対する評価が明らかに合理性を欠いており、他方、当然考慮すべき事項を十分考慮しておらず、その結果、社会通念に照らし著しく妥当性を欠いたものということができる。そうすると、原審の採る立証責任論等は是認することができないものの、本件不許可処分が裁量権を逸脱したものであるとした原審の判断は、結論において是認することができる」というのである。

こうしてみると裁量判断に当たっての考慮要素として挙げられている事項は、一見管理者が考慮することのできる事項と解され、管理者の裁量判断の余地を幅広いものとするかのようにみえるが、最高裁判決においては実際にはむしろ考慮しなければならない事項、それも具体性をもった場合にのみ、それを裁量判断の要素とすることが許容される事項として位置づけられていることが分かる。すなわち具体性をもたない事項を考慮要素としたり、考慮すべき事項を考慮しなかった場合は、そうした事情が掲げられたすべての事項にみられるわけではないにしても、その裁量判断は妥当性や合理性を疑われることになるのであるから、幅広いようにみえる裁量判断も、その実、それほど広範かつ自由ではないということになろう。「こうしてみると、本件では、最高裁は、公の施設の使用許可を審査するに当たって、裁量権の有無につき目的内と目的外とを峻別する理論枠組みを設定したにもかかわらず、目的内使用にかかる判例の法理に類するものを考慮事項として設定し、これを裁判所の考慮要素とすることで、裁量権に対する審査密度を高め、結論において目的内使用と目的外使用の区別を相対的なものにとどめた」という本件最高裁判決についての評価があるが[7]、結論からすれば確かにこうした評価が妥当するし、目的外使用とはいえ、当該学校施設と全く無関係の団体の使用の申請ではなく、それと直接、間接に関わりをもつ者の団体による、施設設置の目的と異質とはいえない目的の集会のための使用の申請をめぐる紛争を判断する態度としては、こうした最高裁の判断方法は適切なものとして是認され得よう。

この事件（以下では便宜上この事件のことを「第1事件」という）と関連する事件でありながら、結論としては逆に教職員組合の教研集会のための使用許可の

申請に対する不許可処分に裁量権の逸脱，濫用はないとしたものに，上記事件最高裁判決の直前に言い渡された広島高裁判決がある。

　事件（以下ではこの事件のことを便宜上「第2事件」ということがある）は広島県高等学校教職員組合（以下単に「高教組」という）の4地区支部がそれぞれの教育研究集会（以下単に「本件各教研集会」という）のために地区の県立高校施設の使用許可を申請したところ，いずれも，本件各教研集会は，「その内容において広島県における学校教育に支障をもたらすものが認められ，およそ教育の場で行われるものとしてはふさわしくない」などとして，許可申請を拒否されたため（以下単に「本件各不許可処分」という），国家賠償法に基づき県に対し損害賠償を請求したものである（なお県立高等施設の管理権者は県教委であるが，県立学校長に対する事務委任規定により，1月未満の使用期間の場合は，申請の許可に係る事務は学校長に委任されているので，本件各不許可処分も学校長の名によってなされている）。

　なおこの第2事件には，それまで広島県では高教組各地区支部の定期大会，定期総会，あるいは教研集会は県立高校施設で開催されていたところ，第1事件の検討の際にふれた平成10年の文部省の是正指導以降は県教委がこうした県立高校施設使用の許可の方針の見直しを進め，おおむね平成12年以降は県立高校施設の高教組の用のための使用申請は許可されなくなったため，各地区支部ともやむなく学校施設以外の公共施設で各種集会を開催していたのであるが，平成14年3月に前述のように第1事件1審判決で呉教委の不許可処分を違法とする判断が示されたため，高教組4地区支部が同年8月ないし9月に開催予定であった本件各教研集会のための会場として各地区支部内の高校施設の使用許可の申請をしたという経緯がある。

　1審判決は本件各不許可処分には裁量権の逸脱，濫用があるとして各地区支部の請求の一部を認めたが，前述のように2審判決は本件各不許可処分に裁量権の逸脱，濫用があるとはいえないとして，1審判決を取り消し，原告の請求を棄却したのである。

　この第2事件2審判決は第1事件各判決と同様の関係法令を摘示した後，「以上のような法令の趣旨にかんがみると，学校教育を行うことを目的として設置

されている学校施設においては、その設置目的に沿って使用することが原則とされ、目的外に使用する場合の管理権者の裁量は、学校施設がその性質上、広く一般に開放、利用されることを予定して設置された施設でないことから、行政財産一般の場合と比較してより広範にわたると考えるのが相当であり、管理権者である県教委、若しくは教育長の委任を受けた学校長の広範な裁量の下で、その許可処分によって初めて例外的に使用が認められるにすぎないと解すべきである。そして、裁量権の行使としてされた不許可処分については、これが社会通念に照らし著しく妥当性を欠くことが明らかであると認められる場合に限り、その判断が裁量権の範囲を超え又はその濫用があったものとして違法となるというべきである」と、第2事件について判断する場合の基本的態度をのべる。

　こうした態度は、第1事件1審判決も学校施設の管理者の裁量権の幅は一般施設のそれと比較して広くなるといわざるを得ないとし、また最高裁判決も社会通念に照らし著しく妥当性を欠くことを裁量権の逸脱、濫用との判断の要件としているから、文言上は第1事件各判決と似通っているところがないわけではない。しかし第1事件各判決は教研集会が学校施設の設置目的と異質ではないことに着目し、先にみたように裁量権の幅をそれほど広くは認めないような文言を付加したり、表現の工夫をし、結果としても管理者の裁量権を統制している。例えば最高裁判決は裁量権の行使を違法と判断する基準として、前述のように、社会通念という基準の他に、重要な事実の基礎を欠くところがないかも基準とし、1審判決は社会通念という語を基準として使わず、遂には目的内使用と目的外使用の区別すら無視しているかのような表現をしているのである。こうした学校施設の教職員組合の教研集会のための使用は目的外使用であり、その許可申請に対しては管理者は許否の裁量権をもつという建前と現実の判断の差がときには判決に疑問を抱かせることにもなることは前述したが、それはともかく、こうした第1事件各判決と比べると、第2事件2審判決は旧来の自由裁量論をそのままなぞり、審査密度が低い審査方法といわれる社会通念審査法を説くものであって、すでにこの基本的な判断態度において本件各不許可処分の違法性の判断が緩やかであることを予想させる。

そしてその予想のとおり，判決は本件各教研集会が教職員らの自主研修的な側面を有していることは認められるものの，前年度の各地区支部の教研集会の基本方針ないし基調提案は，教育研究を内容とするにとどまらず，君が代・日の丸問題，主任制，研修制度，小規模校の統廃合，高校入試制度に関わる問題について，高教組の掲げてきた運動方針に沿うものであり，本件各教研集会も前年度のこうした内容を踏襲するものであることが認められ，労働運動的側面を強く有しているといわざるを得ず，その目的は教育研究活動にとどまるものとは到底いえないとする。

そして判決は本件各教研集会の開催予定日のほとんどは夏季休暇中あるいは土曜日であって，各高校では授業や特別な行事は行われておらず，その意味では本件各教研集会が開催されたとしても，施設管理上の支障はとくにないといえるが，しかしこのような内容の本件各教研集会の県立高校施設での開催は，確かに被告主張のように，教育上の悪影響を来すおそれがあったというべきであると論を進める。すなわち法規としての性質を有する高等学校学習指導要領が，「入学式や卒業式などにおいては，その意義を踏まえ，国旗を掲揚するとともに，国歌を斉唱するよう指導するものとする」と定めるところ，上に示したように本件各教研集会の基本方針ないし基調提案にはこうした学習指導要領に反する主張が掲げられていることは明らかであり，また同様に主任制の実動化阻止を内容とする基本方針ないし基調提案，および討議項目も，高等学校に教務主任および学年主任を置く旨を定めている学校教育法施行規則に抵触するといわざるを得ないとして，本件各教研集会が現行教育法制に反対することを内容とすることを指摘し，結論として，「そして，前記認定事実によれば，本件に先立つ事情として，広島県における教育をめぐる議論が紛糾し，県教委が，文部省から是正指導を受け，法令等の遵守を通して教育の中立性を確保することを旨として，見直しを進めてきたことが認められるところ，このような経緯のもとで，上記のような高等学校学習指導要領や学校教育法施行規則に違反する内容等を含む本件各教研集会が県立高等学校の施設で開催されることになれば，生徒や保護者に心理的混乱を招いたり，公教育に対する不信を抱かせて，教育上の悪影響を来すおそれがあったというべきであり，学校長らにおいて本

件各申請に係る学校施設を教研集会の開催のために使用させることは学校教育上の支障があると判断したことが明白に合理性を欠くものとは認められない」とのべるのである。

　この判断はしかし，本件各教研集会が労働運動的側面を強く有しているとの把握，さらにいえばニュアンスとしてはむしろそちらの側面が勝っているとの把握や，教職員組合が現行教育法制に反対することをほとんど違法視しているかのようにみえる点においてすでに疑問を抱かされるが，何よりの疑問は，労働運動的側面をもつという本件各教研集会の学校施設での開催をきわめて単純に教育上の悪影響の招来と結びつけていることであろう。なぜなら，そもそもそうした本件各教研集会が開催されたこと自体，生徒や保護者は簡単には知り得ないし，仮に知ったとしても通常はそこでどのような項目が取り上げられ，いかなる討議がなされたかを知ることはほとんどないであろう。さらにまた仮に判決が指摘するような上記の項目が討議されたことを知ったとしても，それは眼前でそれらの事項について反対行動がとられたというわけではないから，生徒や保護者が直ちに「心理的混乱」に陥ったり，「公教育に対する不信」を抱くことは考えられないのではなかろうか。むしろそうした広島高裁の推認は牽強付会の観を免れないのである。

　判決は，「以上認定，説示したところによれば，学校長らのした本件各不許可処分が社会通念上著しく妥当性を欠くことが明らかであると認めることはできず，本件不許可処分に裁量権の逸脱，濫用の違法があるということはできない」とするが，本件各不許可処分の「教育上の支障」という理由や，それを是認した判決の論旨は，こうして筆者にはむしろ社会通念上著しく妥当性を欠き，きわめて大雑把で偏った判決との印象を免れない。そのことはすでに上に紹介した第1事件最高裁判決の同一の論点に関する判旨と対照すれば，自ずと明らかであるから，その理由をこれ以上改めて詳述する必要はないであろう。

　註
　1)　広島地判平成14・3・28民集60巻2号443頁。
　2)　最判平成8・3・15民集50巻3号549頁。
　3)　近時同旨をのべた地裁判決として，東京地判平成21・3・24判時2046号90頁がある。

4) 広島高判平成15・9・18民集60巻2号471頁。
5) 最判平成18・2・7民集60巻2号401頁。
6) 本多滝夫「公立学校施設の目的外使用不許可処分と司法審査」(平成18年度重判解) 40頁。
7) 本多・上掲論文40頁。
8) 広島高判平成18・1・25判時1937号95頁。
9) 広島地判平成17・1・20判例集未登載。

第2節　集合住宅へのビラ投函のための立入りと表現の自由

　近年の最高裁の人権判例をみると、これまでにも指摘したように、かつての、公共の福祉論により比較的簡単に人権の制限を合憲と結論した判決と比べて、かなり具体的に事実関係を検討し、また比較衡量論等を用いて慎重に判断し、その結果結論も首肯できる判決が目につくようになってきている。表現の自由の分野においても、上尾市福祉会館事件判決や上にみた公立学校施設の使用不許可事件判決はことさら目新しい理論をのべているわけではないものの、公の施設の使用許可がもたらす支障の発生を理由とする不許可処分相当との主張を、支障は客観的な事実に照らして、具体的に明らかに予測されたものということはできないなどとして退け、不許可処分を違法としている。

　ところが表現行為のなかの政治的な意見の表明（以下「政治的表現行為」ということもある）の規制については、かつての公共の福祉論に基づくかなり大雑把な合憲判断がその後も改められる気配はなかった。そして今日においてもその点においては最高裁の態度に何ら変化のないことを如実に示したのが、表題の集合住宅の敷地や階段へのビラ投函のための立入りを邸宅侵入罪に当たるとした判決である。

　すなわち公職選挙法、道路交通取締法（現道路交通法）、鉄道営業法、軽犯罪法、屋外広告物法（屋外広告物条例）等による戸別訪問・文書図画の頒布・掲示、街頭演説、ビラ配布、ビラ貼り等の表現行為の規制は、形式的には表現内容に関わりなく、政治的たると非政治的たるとを問わず、該当するすべての場合に及ぶことになっているが（そのため周知のようにこれらの規制は表現内容の規制ではなく、表現の時・所・方法の規制＝表現内容中立規制といわれる）、実際には政治的表

現行為について適用されることが多かったところ，最高裁はこうした規制の合憲性につき，憲法21条は絶対無制限の言論の自由を保障しているのではなく，公共の福祉のためにその時，所，方法等につき合理的制限のおのずから存することは，これを容認するものと考えるべきであるとして，きわめて簡単に容認してきたのであるが，本件でも最高裁は刑法130条前段という，それ自体は表現内容中立規制とみなされる法条を用いて，結果として政治的表現行為を規制することをやはり合憲として容認したのである。

　要するに表現の自由の行使が他人の財産権や管理権を不当に侵害するものであるかどうかを判断するに当たって，「形式的に刑罰法規に該当する行為は直ちに不当な侵害になると解するのは適当ではなく，そこでは，憲法の保障する表現の自由の価値を十分に考慮したうえで，それにもかかわらず表現の自由の行使が不当とされる場合に限って，これを当該刑罰法規によって処罰しても憲法に違反することにはならないと解される」との見解があるところ，[10]この見解からすれば，まさに，「形式的に刑罰法規に該当する行為は直ちに不当な侵害になる」と解しているのではないかと疑われる判決，換言すれば，政治的表現行為を目的・動機とそのための手段の2つに分けて捉え，手段が形式的に刑罰法規に該当すれば，それを処罰しても表現そのものを制限するわけではないから，とくに表現の自由を侵害するものではないとするかのような判決がこれまでしばしばみられたのであるが，本件の最高裁判決もまたそうした疑問を強く抱かせるのである。

　先ず事件の内容を簡単に紹介すると，昭和47年の当時の米軍立川基地への自衛隊移転に際して結成され，「自衛隊解体」を掲げ，立川基地（自衛隊が移転した部分）反対，反戦平和を主要な課題として示威運動，立川駅頭での情報宣伝活動，立川基地の動静の監視，立川基地に対する申入れ活動等を行っている「立川自衛隊監視テント村」（以下この団体のことを単に「テント村」という）は，平成15年に関連法が成立して自衛隊のイラク派遣が迫ってきた頃から，情宣活動やデモ等の反対活動を積極的に行うようになった。そしてそうした反対運動の一環として，平成15年の10月から12月まで月1回の割合で，防衛庁（当時）立川宿舎（以下では「立川宿舎」ないし「宿舎」という）に入居している自衛

官およびその家族に向け，自衛隊のイラク派遣に反対し，かつ，自衛官に対しイラク派兵に反対するよう促し，自衛官のためのホットラインの存在を知らせる内容のA4判大のビラを配布した。

　この立川宿舎は全部で10棟あり，それぞれ，1号棟ないし4号棟は航空自衛隊第1補給処立川支処長の，5号棟ないし8号棟は陸上自衛隊東立川駐屯地業務隊長の，9号棟および10号棟は防衛庁契約本部ないし同庁技術研究本部第3研究所の管理下にあったが（1～8号棟は4階建て，9～10号棟は5階建て），ビラの配布は各号棟の1階出入口の集合郵便受けまたは各室玄関ドアの新聞受けに投函するという方法によって行われた。なお平成15年12月のビラ投函後，前記の宿舎の管理者の意を受けて，管理業務に携わっていた者らにより，宿舎を囲んでいる鉄製フェンスないし金網フェンスの各号棟の出入口となる各開口部のすぐわきのフェンス部分に，「関係者以外，地域内に立ち入ること」や，「ビラ貼り・配り等の宣伝活動」等を宿舎地域内の禁止事項とする旨の禁止事項表示板が設置され，また各号棟1階出入口の掲示板または集合郵便受けの上部の壁等にも，上記の禁止事項表示板と同じ文言が印刷された禁止事項表示物が掲示されるとともに，警察に住居侵入の被害届が提出された。

　しかしテント村のメンバー3名は翌平成16年1月にも立川宿舎の敷地に立ち入り，3号棟，5号棟，6号棟，7号棟の各室玄関ドアの新聞受けに，「自衛官・ご家族の皆さんへ　自衛隊のイラク派兵反対！いっしょに考え，反対の声をあげよう！」との表題の下，上記ビラと同内容，同型のビラを投函し，さらにそのうちの2名は2月にも同様に3号棟，5号棟，7号棟の各室玄関ドアの新聞受けに，「ブッシュも小泉も戦場には行かない」との表題の下，前同様の内容・型のビラを投函した（残りの1名もビラの投函を行ったが，この2回目の行為については起訴されていない―なおこの1月と2月のビラの投函についても警察に住居侵入の被害届が提出された）。1月のビラ投函行動の際には3号棟と5号棟に居住する自衛官から注意や抗議がなされ，またビラの回収が求められたこともあったが，こうしたテント村のメンバーのビラ投函活動のための宿舎敷地や階段の通路部分への立入りが刑法130条前段の住居侵入罪に問われたのである。

　1審判決は先ず被告人らがビラ投函のため立ち入った立川宿舎の敷地と前記

各号棟の各階段の1階出入口から4階の各室玄関前にいたる通路部分はいずれも宿舎居室と一体をなして「住居」に該当すると評価され，また被告人らの立入り行為は宿舎の居住者および管理者の意思に反する「侵入」に該当すると認められるとし，したがって被告人らの立入り行為は住居侵入罪の構成要件に該当するといえるとする。

　しかし1審判決は次いで，「構成要件に該当する行為であっても，その行為に至る動機の正当性，行為態様の相当性，結果として生じた被害の程度等諸般の事情を考慮し，法秩序全体の見地からして，刑事罰に処するに値する程度の違法性を備えるに至っておらず，犯罪が成立しないものもあり得るというべきである」とし，本件がこのようなケースに該当するか否かを検討する。このような，被告人らの行為を動機との関連で評価し，また行為が形式的に刑罰法規に該当することのみならず，それが実質的な害悪を惹起したかをも考慮するという態度に基づく検討が，従来の判例とは異なる1審判決の最大の特色であることはいうまでもない。

　そして1審判決は，ビラの内容には，個々の自衛官や家族に対する誹謗・中傷や，イラク派遣を止めなければ危害を加える，暴動を起こすなどといった脅迫的言辞は一切みられず，また受領者の応答を強いるものでもなく，立川基地反対，反戦平和を主要な課題とするテント村の立場から，自衛隊のイラク派遣を激しく糾弾しつつ，自衛官やその家族に向けて，自らも派遣反対の意思を表明するよう呼び掛けるものであって，こうした自衛隊のイラク派遣に反対するというテント村の見解を自衛官に直接伝えるという動機自体はテント村の政治的意見の表明という正当なものであるとする。こうして1審判決は，「その行為に至る動機の正当性」を認めるのである。

　続いて1審判決は立入り行為の態様について検討するが，それについても，その頻度は月1回ずつと高くはないこと，投函に当たっては多数の威力を背景にすることなく，いつも3，4人程度で担当し，本件の場合も被告人ら3名のみで赴いていること，立入りは白昼に行われ，早朝や夜間に人目を盗んで立ち入ったことはなく，その際も凶器や暴力を用いたり，フェンスを乗り越えるなど手荒な手段を用いたりしたことはないこと，被告人らは居住者その他宿舎関

係者に面会を求めることも，チャイムを鳴らしたり，声を出すなどしてコミュニケーションをはかることもせず，外から玄関ドア新聞受けにビラを投函するのみで立ち去り，投函されたビラも1戸当たり1枚ずつにすぎないこと，被告人らが宿舎敷地内に滞在するのは精々ビラ投函に要する30分程度にすぎず，しかもその間ことさら目立つ言動をみせるなどして周囲の静謐を害したことは皆無であること，等を指摘して，「被告人らの立ち入り行為の態様自体は，立川宿舎の正常な管理及びその居住者の日常生活にほとんど実害をもたらさない，穏当なものといえる」と結論する。

さらに1審判決は加えて，被告人らが立ち入った部分は全て居住者・管理者だけでなく，郵便や宅配便の配達員といった外部の者も立ち入ることを許されている共用部分であり，被告人らの本件立入り行為が居住者のプライバシーを侵害する程度は相当に低いものとみるべきであること，平成15年10月から3回配布したビラにはテント村の連絡先が記してあるにもかかわらず，自衛隊ないし防衛庁関係者や警察からの連絡，接触は一切なかったこと，禁止事項の貼り札はそれほど目につきやすいものとはいい難く，外見上，立入り禁止につきさほど強い警告を与えるものとはいえなかったこと，被告人らが平成16年1月17日のビラ投函の際居住者より受けた注意や抗議も個人的なものであって，居住者の総意に基づくものとはいえないこと，等をのべて，被告人らがことさら居住者・管理者からの反対を無視して本件立入り行為に及んだとはいえないとし，重ねて，本件立入り行為の態様は，相当性の範囲を逸脱したものとはいえないとする。

ここでは立入り行為とビラ投函行為が分断されることなく，一連の流れとして捉えられ，トータルにそれらの行為の態様が居住者に不安をもたらし，あるいはその日常生活の平穏を害するようなものであったか否かが検討されているのである。こうした態度はやはり立入り行為を政治的意見の表明のためのビラの投函という動機との関連で評価しようという姿勢の自然な反映と思われる。

1審判決は次いで被告人らが立川宿舎に立ち入ったことによって生じた影響について検討するが，この点についても重大視せず，生じた居住者および管理者の法益の侵害はきわめて軽微なものというべきであるとする。

すなわち，被告人らは定型的に他人の住居への立入りが許容されている者に当たらず，また，立川宿舎の関係者ではなく，立川宿舎内に立ち入ることにつき，居住者および管理者いずれの承認も得ていないという意味で，居住者および管理者の意思に反して立川宿舎に立ち入ったものであり，その結果確かに居住者や管理者ら立川宿舎関係者のうち，少なからぬ者が，ビラの内容が自衛官らに不安を与えるなどして，ビラの投函に不快感を抱くにいたったと思料され，またそのような感情をもつことも必ずしも理解できないではないが，被告人らが投函したビラの見解自体は，当時のメディア等で日々目にした種々の反対意見に比して，内容面でも表現面でもさして過激なものではなく，したがって本件ビラがこれら反対意見とさほど異なるような不安感を与えるとも考え難いこと，ビラの記載内容は自衛隊そのものに対する批判ではなく，直接には自衛隊のイラク派遣という政府の政策を批判するものであるから，当該ビラが自衛官に対する嫌がらせ等，不当な意図を有していると解することは根拠に乏しいこと，前述のように被告人らの立入り行為が居住者のプライバシーを侵害する程度は相当に低く，また過去にテント村が暴力行為や破壊活動等周辺を害する違法行為に及んだことはなく，今回投函されたビラの内容も今後テント村がそのような行動に出ることを窺わせるものではないことからすれば，ビラの意図が自衛官に対する嫌がらせや精神的ダメージを与えることにあるのではないかとの一部宿舎関係者の危惧についても根拠に乏しいといわざるを得ないことなどを指摘して，前述のように被告人らが立川宿舎に立ち入ったことにより生じた居住者および管理者の法益の侵害を重大視しない。いわば立入りやビラの投函といった行為の態様とビラの内容という2つの視点から，法益の侵害の軽微さを説くのである。
　こうして1審判決は，「以上のとおり，被告人らが立川宿舎に立ち入った動機は正当なものといえ，その態様も相当性を逸脱したものとはいえない。結果として生じた居住者および管理者の法益の侵害も極めて軽微なものに過ぎない」と結論するのである。
　しかし1審判決はそれで終らず，以上のことに加えて，憲法21条を援用してこうした判断を確定的にする。つまり，「さらに，被告人らによるビラの投

函自体は，憲法21条1項の保障する政治的表現活動の一態様であり，民主主義社会の根幹を成すものとして，同法22条1項により保障されると解される営業活動の一類型である商業的宣伝ビラの投函に比して，いわゆる優越的地位が認められている。そして，立川宿舎への商業的宣伝ビラの投函に伴う立ち入り行為が何ら刑事責任を問われずに放置されていることに照らすと，被告人らの立ち入り行為につき，従前長きにわたり同種の行為を不問に付してきた経緯がありながら，防衛庁ないし自衛隊または警察からテント村に対する正式な抗議や警告といった事前連絡なしに，いきなり検挙して刑事責任を問うことは，憲法21条の趣旨に照らして疑問の余地なしとしない」とするのである。ビラの投函行為が重要な政治的表現行為として憲法21条の保障を受けるとの視点はすでに指摘したように，上の立入り行為の動機，態様，および法益侵害の程度の判断の根底にもあるが，そのことが最後にいわば正式に前面に押し出されているのである。

こうした検討や判断を経て1審判決は，「以上，諸般の事情に照らせば，被告人らが立川宿舎に立ち入った行為は，法秩序全体の見地からして，刑事罰に処するに値する程度の違法性があるものとは認められないというべきである」と最終的にまとめる。

おそらく同様に無罪の結論にいたる方法としては，その他に，政治的意見を記載したビラの投函という政治的表現行為とそのための立入り行為の人権としての重要性と，そうした表現行為によってもたらされる被害の程度をストレートに比較衡量するというやり方もあると思われるが，第1審判決のような，憲法21条を背景にしつつ，立入り行為とビラの投函行為が刑事罰に処するに値する程度の違法性はもたないことを導き，そのことを21条を改めて前面に押し出すことによって確定的にするという，いわば2段構えの方法の方が，政治的内容のビラの投函行為やそのための立入り行為の法的保護方法としてはより確かであろう。

ともあれ1審判決は本件立入り行為の実態からすればスムーズに理解できるし，被告人らのビラ投函行為の実状（例えば，その回数，内容，受領の強要や直接的な呼掛けを伴っていないという投函の態様等）や，個人，集合のいずれを問わず，

住宅への同様のビラ投函行為が特異なことではないという今日の状況に照らしてみると、なおさらごく自然で、スムーズに納得のいくものである。

ただ一点本件が通常の立入りやビラ投函行為とやや異なるのは、もっぱら自衛官やその家族に向けて、自衛隊のイラク派遣に反対するテント村の意見を伝え、同調を求めるという形の政治的意見の表明であり、それに応じて立入りや投函先も立川宿舎というごく狭い限定された範囲にとどまっていることである。つまり通常の政治的意見を記載したビラの投函行為の場合は、内容もより一般的な呼掛けの内容となり、立入りや投函先もより広範な地域やひとに及ぶのがふつうであるから、その意味では本件の立入りやビラ投函行為は特定・限定的なねらい打ちともいうべきものであるといえなくもない。

しかし1審判決は本件の立入りやビラ投函行為を基本的には一般的な立入り行為やビラ投函行為のうちの一態様として扱い、上にのべたような差異をとくに問題とはしていない。筆者もそのことに賛成するが、それと明言はしていないものの、2審判決と最高裁判決は上述の一般的な立入り行為やビラ投函と本件のそれとのいささかの差異も意識しつつ判断しているようにみえる。そして2審判決[12]は1審判決を破棄し、最高裁判決[13]はこの2審判決に対する被告人らの上告を棄却するのである。

2審判決は1審判決が被告人らの立ち入った場所を「住居」としたのに対し、1号棟ないし8号棟の敷地および建物共用部分は、集合住宅建物である1号棟ないし8号棟の囲にょう地あるいは集合住宅建物の各居室に付属する共用の通路部分として、刑法130条にいう「人の看守する邸宅」に該当するとするが、そのことを除けば、事実認定そのものは1審判決ととくに異なるところはない。

違うのは被告人らの行為の動機や態様、あるいは被告人らの行為によって生じた法益の侵害の程度についての評価であり、その評価の基本をなす政治的表現の自由の捉え方である。

2審判決は政治的意見の表明のためのビラ投函行為とそのための宿舎の敷地や階段部分への立入り行為を完全に分断し、前者が憲法21条の保障を受けるとしても、そのことと後者の評価は別問題であるとして判断を進めるのである。それは表現の自由の保障の範囲を結果としてごく限られたものとするもの

であり，後者の行為が形式的に刑罰法規に該当することを理由に処罰することによって，実質的には前者の行為を制限することになっても，他人の財産権や管理権の保護のためにはそのことは許容されるとする立場であるが，そうした態度が一貫しているのが２審判決の特色である。

　すなわち２審判決は，立入りの動機の正当性については，「ビラによる意見の表明が言論の自由により保障されるとしても，これを投函するために，管理権者の意思に反して邸宅，建物等に立ち入ってよいということにはならないのである」とするのである。いい換えると，「何人も，他人が管理する場所に無断で侵入して勝手に自己の政治的意見等を発表する権利はないというべきである」とし，したがって被告人らの行為について刑法130条を適用してこれを処罰しても憲法21条に違反することにもならないと解されるとするのである。しかしこれは動機の正当性を論じるかのように装ってはいるものの，その実，表現の自由も他人の権利を侵害してはならないこと，および他人の権利を侵害する行為があった場合は，動機とは関わりなく処罰しても違憲ではないことを一般的にのべているだけであって，本件の立入り行為の動機であるビラの投函による政治的意見の表明の意義を内容に即して丁寧に吟味し，その正当性を判断するという態度はみじんもみられない。要するに旧来の判例の，政治的意見の表明のためであること，あるいはその保障の重要性はとくに考慮に入れることなく，問題を政治的意見の表明という動機と切離された行為そのもの＝動作の刑罰法規該当性の有無として捉える態度がそのまま維持されているのである。動機を正当なものとし，そのことを被告人らの立入り行為が処罰に値するほどの違法性をもたないことの根拠の１つとした１審判決を否定するといいながら，実際には動機についての判断は全くなされていないのである。繰り返していえば，政治的意見の表明という動機には何らふれず，ただそのための立川宿舎への立入りという行為のみを切離して判断し，それを動機の正当性についての判断と称しているにすぎないのである。ただ，「本件のビラの投函行為は，自衛官に対しイラク派遣命令を拒否するよう促す，いわゆる自衛官工作の意味を持つものであることは，ビラの文面からも明らかである」とのべていることからすると，先にも簡単にふれたように，自衛官やその家族のみが，そして立

川宿舎のみが対象であったという本件の特色が，動機はとくにその正当性を考慮せねばならないほどの重要なものではなく，したがって立入り行為のみを取出して処罰しても差し支えないという判断に裁判官を導いた可能性は考えられる．

　次いで2審判決は，被告人らの立入り行為の態様は相当性の範囲を逸脱するものではないとした1審判決の判断も否定するが，この場合もその理由はきわめて形式的なものである．すなわちテント村による立川宿舎へのビラ投函を受けて，前述のようにこれを防止するために宿舎の管理に携わる者が禁止事項表示板・表示物を設置し，また遭遇した宿舎の居住者が抗議したにもかかわらず，ビラの投函を続行したことなどを挙げて，1審判決の判断は是認できないとするのである．要するに宿舎側でビラ投函やそのための宿舎敷地への立入りを禁止する旨を明らかにしていたにもかかわらず，被告人らはそれを無視して行動したのであるから，こうした行為は相当性の範囲を逸脱したものというべきであるとするのであるが，1審判決は，本件立入り行為によって立川宿舎の正常な管理および居住者の日常生活に実害がもたらされたことはほとんどなく，また居住者のプライバシーを侵害する程度も相当に低いものとみるべきであるとして，行為の態様は相当性の範囲を逸脱しないとしているのであるから，実は両判決はこの点でもほとんどかみ合っていない．

　立入りやビラ投函の態様が相当でないというのは，ふつうは1審判決が示唆するように，立入りを阻止する者が居たり，そのための閉門等の措置がとられている場合に，それを威かくや実力の行使によって突破したり，受取りを拒否しているのに無理やりビラを押し付ける等の行為があったことを意味するから，こうした事実は何もないにもかかわらず，ただ立入りとビラ投函の禁止が表示されているのに，それを無視して立ち入り，ビラを投函したことのみをもって，立入り行為の態様の相当性を否定する2審判決の判断はここでも相当に特異に思える．

　さらにまた1審判決が被告人らの立入りやビラの投函によってもたらされた法益の侵害はきわめて軽微であったとしたことについても，管理に携わる者が禁止事項表示板の設置や禁止事項表示物の掲示，警察への被害届の提出，ビラ

配布目撃の場合の110番通報と管理者への連絡を各居室者に依頼する文書の配布，宿舎の安全対策についての協力を呼び掛ける宿舎便りの居住者への配布等の作業を余儀なくされたことや，前述のように2名の居住者が被告人らのビラ投函行為について抗議したこと等を挙げて，「被告人らの本件各立入り行為によって生じた管理権者らの法益侵害の程度が極めて軽微なものであったということはできない」と結論し，1審判決の判断を否定する。管理者が被告人らによる立入りやビラの投函の防止対策にエネルギーを割かれたことをもって法益の侵害とするわけであるが，本件のようなケースにおいて法益の侵害があったといえるためには，居住者が生活の平穏を害されたとか，精神的・肉体的にプレッシャーを受けたという事実が存在する必要があると考えるのがふつうであろうから，ここでも2審判決の判断はポイントがずれているといわざるを得ない。

2審判決の実質的意義は，被告人らの立川宿舎への立入りは刑法130条で処罰の対象とされた行為に該当するから，その動機や影響に関わりなく，処罰すべきとするものであって，それはまさに，「形式的に刑罰法規に該当する行為は直ちに不当な侵害になる」という判断である。

なおビラ投函のための立入り行為の処罰と憲法21条の関係については1審判決のように独立して論じず，すでにのべたように，立入り行為の動機の正当性を論じた箇所で（もっともその際指摘したように，実は動機の正当性を論じているとは到底いえないのであるが），従来の合憲論を簡単に繰り返すのみである。その結果本件はごく単純な住居侵入事件と選ぶところのないものとなっている。

こうして2審判決は被告人らの行為がいわゆる可罰的違法性を欠くとして各被告人に対し無罪を言い渡した1審判決は全部破棄を免れないとするのである。最高裁判決も同じ趣旨をより簡潔に，しかし，より明確にのべる。

すなわち最高裁判決は先ず刑法130条前段にいう「侵入し」とは，他人の看守する邸宅等に管理権者の意思に反して立ち入ることをいうものであるところ，被告人らの立入りが管理権者の意思に反するものであったことは明らかであるから，被告人らの行為は刑法130条前段に該当するものと解すべきであり，また被告人らの立入りの態様，程度は，管理業務に携わる者からその都度

被害届が提出されていることなどに照らすと，法益侵害の程度がきわめて軽微なものであったということもできないとする。2審判決同様，被告人らの行為が形式的に刑罰法規に該当することを確認するのみで，そうした行為の動機である政治的意見の表明との関連で立入り行為を捉えようという意識は全くみられない。また法益の侵害についても，これも2審判決同様，立入り行為が管理者等に対応を余儀なくさせたという事実をもって，軽微ではなかったとするのみで，それ以上具体的に被害にふれるところはない。問題をきわめて外形的に処理することによって，被告人らの行為の構成要件該当性，違法性を認定するのである。

そしてこういう認定を受けて，最後に被告人らの行為を刑法130条前段の罪に問うことと憲法21条の関係についてのべるが，これも2審判決同様，従来の判例の趣旨を繰り返すだけである。少々長くなるが，この部分を全文引用すると，「確かに，表現の自由は，民主主義社会において特に重要な権利として尊重されなければならず，被告人らによるその政治的意見を記載したビラの配布は，表現の自由の行使ということができる。しかしながら，憲法21条1項も，表現の自由を絶対無制限に保障したものではなく，公共の福祉のため必要かつ合理的な制限を是認するものであって，たとえ思想を外部に発表するための手段であっても，その手段が他人の権利を不当に害するようなものは許されないというべきである（最高裁昭和59年(あ)第206号同年12月18日第三小法廷判決・刑集38巻12号3026頁参照〔この判例は，いわゆる吉祥寺駅事件判決で，先に伊藤裁判官の補足意見を紹介した，私鉄の吉祥寺駅1階階段付近におけるビラ配布や演説に関するものである—筆者〕）。本件では，表現そのものを処罰することの憲法適合性が問われているのではなく，表現の手段すなわちビラの配布のために『人の看守する邸宅』に管理権者の承諾なく立ち入ったことを処罰することの憲法適合性が問われているところ，本件で被告人らが立ち入った場所は，防衛庁の職員及びその家族が私的生活を営む場所である集合住宅の共用部分及びその敷地であり，自衛隊・防衛庁当局がそのような場所として管理していたもので，一般に人が自由に出入りすることのできる場所ではない。たとえ表現の自由の行使のためとはいっても，このような場所に管理権者の意思に反して立ち入ること

は，管理権者の管理権を侵害するのみならず，そこで私的生活を営む者の私生活の平穏を侵害するものといわざるを得ない。したがって，本件被告人らの行為をもって刑法130条の前段の罪に問うことは，憲法21条1項に違反するものではない。このように解することができることは，当裁判所の判例（昭和41年（あ）第536号同43年12月18日大法廷判決・刑集22巻13号1549頁，昭和42年（あ）第1626号同45年6月17日大法廷判決・刑集24巻6号280頁）の趣旨に徴して明らかである〔前者は大阪市屋外広告物条例事件判決で，当該条例で禁止されていた橋梁や電柱等へのビラの貼付の事件についての判例，後者は軽犯罪法違反事件で，当該法律で禁止されていた同様の行為に関する判例である―筆者〕」とするのである。

「本件で被告人らが立ち入った場所は，防衛庁の職員及びその家族が私的生活を営む場所である集合住宅の共用部分及びその敷地であり，自衛隊・防衛庁当局がそのような場所として管理していたもので，一般に人が自由に出入りすることのできる場所ではない」という記述に，先に繰り返しふれた一般のビラ配布行為とはやや異なるかにみえる本件の特色に着目している気配が窺われるが，最高裁判決は2審判決と全く同様に，ビラの投函という政治的表現行為と，そのための立川宿舎への立入りという手段を切離して捉え，前者は憲法21条によって保障されるとしても，後者にまでその保障が及ぶわけではないとするのである。一応表現内容規制と表現内容中立規制の区別を意識しているかのような口振りを示してはいるが，表現内容中立規制であれば，その刑罰法規への形式的該当性を確認するだけで充分であるとされ，学説のいう中間審査基準はおろか，最高裁自身がかつて戸別訪問規制判決等でのべたとされる合理性の基準すらふれられていない。いい換えると，政治的表現のための手段の価値は何らの説明もなく管理権に劣位するとされ，両者を衡量しようという姿勢すらないのである。

こうした判断方法によると，演説，ビラの配布，ビラの貼付，戸別訪問といった，そのためのスペース，工作物，住居等を必要とする政治的表現行為は実際には大きく制約され，政治的表現行為はこうした物的要素を必要としない出版や放送という方法に依存せざるを得ないことになるであろう。しかしいうまでもなく，そうした手段を用いることのできる者の範囲はごく限られているわけ

であるから，結局こうした最高裁の立場からすれば，表現の自由の民主主義社会における重要性をいかに説こうと，それは単なる空論にとどまり，実体のあるものとはいえないということになる。

なおそもそもということでいえば，ビラの配布（投函）＝表現の自由の行使＝表現そのものとし，そのための立入りをその手段とする最高裁の二分法は現実離れしているといわざるを得ないであろう。ビラの投函のためには，その投函先に赴くことは必然的なことであるから，両者は分断されるものではなく，一連の動作であり，むしろ立入り行為は投函行為に包摂される行為と捉え，表現の自由の保障は立入り行為にも及ぶと解すべきである。1審判決が立入り行為を論じつつ，しばしば投函行為にも言及しているのはそのためである（1審判決はまた，「ビラ投函に伴う立ち入り行為」という表現をしていて，両者が連動していることを意識している）。最高裁は，にもかかわらず，それを目的と手段との関係にあるかのように捉え，後者の規制はとくに前者を損なうものではないとするのであるが，両者の実際の関係からすれば，後者の規制はそのまま前者を制限するのである。そのことは自明のことであるにもかかわらず，敢えてフィクション的な二分法に固執する最高裁の態度は，かつての集団示威運動と公安条例に関する判決と同様，政治的表現行為をもっぱら秩序の観点から評価し，その人権としての意義を考慮に入れない，きわめて偏ったものといえよう。

そのことを角度を変えていえば，被告人ら以外にもビラの投函のため立川宿舎に立ち入った者は居たにもかかわらず，被告人らの行為についてのみ被害届が出され，起訴にいたったのは，いうまでもなく，ビラの内容のためであり，したがって本件は実質的には表現内容規制であるにもかかわらず，それを表現内容中立規制にすり換える最高裁の判断は，事件の問題点を意図的にずらし，隠そうとするものとしかいいようがないということである。

なお周知のように本件と類似する事件として，民間の分譲マンションの各住戸のドアポストに政治ビラを投函する目的で立ち入ったことが，住居侵入罪に問われた葛飾ビラ配布事件がある。

この事件の1審判決は，一般的に，事案のマンションのようなマンション内へのビラの配布を目的とする立入り行為が当然に刑罰をもって禁じられている

との社会通念は未だ確立しているとはいえないし，マンション玄関ホールの掲示板に掲示された，「チラシ・パンフレット等広告の投函は固く禁じます」とか，「当マンションの敷地内に立ち入り，パンフレットの投函，物品販売などを行うことは厳禁です。…」等と記したはり紙は商業ビラの投函を禁止する趣旨にも読むことができ，政治ビラも含めた一切のビラの投函を禁止する趣旨であることは明らかではなく，またその掲示場所も必ずしも目につき易い場所ではないこと，マンションにはいわゆるオートロックシステムが設置されておらず，管理員が滞在していない時間帯も多く，2階以上へは外階段で上り下りができる構造になっているから，外観上，部外者の立入りが禁止されていることが明らかな外部と隔絶した構造とはいえないこと，加えて，被告人が事前に管理者等から立入りについて注意や警告を受けた事実もないことなどを指摘して，被告人の立入り行為は，「正当な理由がないのに，人の住居…に侵入し」という住居侵入罪の規定中の「正当な理由」のないものと認めることはできない旨説示して，無罪を言い渡した。

　こうして葛飾ビラ配布事件1審判決は被告人の行為の構成要件該当性を否定して無罪を言い渡したのであり，その点では構成要件該当性を認めつつ，刑事罰に処するに値する程度の違法性があるものとは認められないとして無罪を言い渡した本件1審判決とは表面的には異なるが，いうまでもなく，形式的に刑罰法規に該当することをもって，直ちに処罰の対象にし，そのことによって政治的表現行為を制限することを避けようとする志向においては同様である。

　しかし葛飾ビラ配布事件2審判決は[15]，はり紙は商業用ビラのみならず，政治ビラの投函を目的とする敷地内への立入りも禁止する趣旨のものと認められること，その貼付されている位置も目立つ位置であると認められること，被告人は工事の施工や集金等のため立入りが予定されている部外者には含まれないこと，事案のマンションがオートロック方式を採用しておらず，管理員が常駐していないことや，外階段による2階以上への出入りが可能であることは，当該集合住宅の建設時期，構造変更の容易性，必要となる管理費の金額等とも関連するものであるから，それらの方式によらない限り部外者の立入りを禁止できないというのは，居住者である区分所有者の権限を不当に制約するものである

こと，はり紙等からすれば，立入りが禁止されていることを来訪者に伝えるための実効的措置がとられていなかったとはいえないこと等を指摘して，1審判決の判断は是認することができず，被告人の立入り行為は住居侵入罪を構成すると認めるのが相当であるとする。

　また違法性阻却事由および可罰的違法性についても，政治ビラの配布等による表現の自由は尊重されなければならないとしつつ，「他方，住民らは住居の平穏を守るため，政治ビラの配布目的を含め，マンション内に部外者が立ち入ることを禁止することができるのであり，上記のとおり，本件マンションにおいては，管理組合によりそのような決定が行われ，これが住民の総意に沿うものであったと認められるのであるから，この住民の意思に反してまで，本件マンション内への立入りが正当化されるものではない。しかも，このように部外者の立入りが禁止された本件マンションに立ち入ることなくビラを配布したり，ビラに記載された情報や意見をビラの配布以外の方法で伝達することもできるのであり，被告人が行った各住戸のドアポストへの配布が必要不可欠な伝達方法とはいえない。前記のような本件マンションの構造，管理及び利用の状況等に照らせば，ビラの配布を目的として，住民らの許諾を得ることなく本件マンション内に立ち入り，7階から3階までの多くの住戸のドアポストにビラを投函しながら滞留した行為が相当性を欠くことは明らかであり，被告人のこの立入り行為につき違法性が阻却されるとか可罰的違法性を欠くと解することはできない」として，本件1審判決がとった，刑事罰に処する程度の違法性があるものとは認められないとするような主張・判断も退ける。

　さらに被告人の行為を住居侵入罪として処罰することと憲法21条の関わりについても，「憲法21条1項は，表現の自由を絶対無制限に保障したものではなく，公共の福祉のために必要かつ合理的な制限を是認するものであって，たとえ思想を外部に発表するための手段であっても，その手段が他人の財産権，管理権等を不当に害することは許されないといわなければならない」として，簡単に憲法違反の主張を退ける。

　つまり葛飾ビラ配布事件2審判決は本件2審判決や最高裁判決とほとんど軌を一にしているのであり，すでにのべたそれらの判決への批判がそのまま当て

はまるのである。

註
10) 後にも簡単にふれるいわゆる吉祥寺駅事件最高裁判決（最判昭和59・12・18刑集38巻12号3026頁）における伊藤正巳裁判官の補足意見。
11) 東京地八王子支判平成16・12・16判時1892号150頁。
12) 東京高判平成17・12・9判時1949号169頁。
13) 最判平成20・4・11刑集62巻5号1217頁。
14) 東京地判平成18・8・28・判例集未登載。
15) 東京高判平成19・12・11判タ1271号331頁。
16) 文献としては，阪口正二郎「防衛庁宿舎へのポスティング目的での立入り行為と表現の自由（法学教室336号8頁）、田中祥貴「ビラ配布目的で集合住宅共有部分へ立ち入った行為に住居侵入罪を適用しても憲法21条1項に違反しないとした事例」（速報判例解説3号23頁）、橋本基弘「集合住宅へのビラ配布と憲法21条」（平成20年度重判解）等がある。

【追記】
なお本文の最後でふれている葛飾ビラ配布事件について最高裁は平成21年11月30日被告人側の上告を棄却し、こうして住居侵入罪で有罪とした2審判決が確定した。

第3節　記者の取材源証言拒絶事件

　周知のように報道機関等の記者の取材源に関する証言拒絶権については、刑事訴訟においては古いながら一応大法廷の判断があったが、民事訴訟におけるそれについてはこれまで最高裁の判断が示されたことはなかった。そのため従来この問題についての先例に言及する際にはもっぱら北海道新聞社の記者の取材先の氏名、住所、担当職務についての証言拒絶に関する札幌高裁の決定が挙げられてきたのであるが、平成18年10月3日の最高裁第三小法廷のNHK記者の取材源証言拒絶に関する抗告事件決定により、ようやくこの民事訴訟における記者の証言拒絶権という問題に関する最高裁の態度が明らかにされるにいたった。
　本節はこの決定について考察しようとするものであるが、先ず主として最高裁決定に依拠しながら事件の概要を簡単に紹介することにしよう。
　エフエルピー・ジャパン有限会社（以下単に「FLPJ」という）は、健康・美容

アロエ製品を製造、販売する企業グループの日本における販売会社であり、抗告人アロエ・ベラ・オブ・アメリカ・インクは上記の企業グループのアメリカにおける関連会社、およびその他の5名の抗告人らはFLPJの社員持分の保有会社とその役員達である。

　これら抗告人らがアメリカ合衆国を被告としてアリゾナ州地区連邦地方裁判所に提起した損害賠償事件（以下「基本事件」という）における開示（ディスカバリー）の手続として、日本に居住する相手方（NHK記者）の証人尋問を申請し、それを受けて同裁判所が、この証人尋問を日本の裁判所に嘱託し、同証人尋問が国際司法共助事件として新潟地方裁判所に係属したのが（相手方であるNHK記者は、この証人尋問時には新潟で勤務していた）、本抗告事件の発端である。

　この間の事情をややくわしくいうと、基本事件は、NHKが平成9年10月9日午後7時のニュースにおいて、FLPJが原材料費を水増しして77億円余の所得隠しを行い、日本の国税当局（国税庁）から35億円の追徴課税を受け、また、この所得隠しに係る利益が抗告人であるアメリカの関連会社に送金され、同会社の役員により個人的に流用されたとして、アメリカの国税当局（米国歳入庁—以下「IRS」という）も追徴課税をしたなどと報道し、翌日、主要各新聞紙も同様の報道をし（そのため証人尋問の嘱託は本件のNHK記者についてのみならず、国税庁の職員の外我が国の報道機関関係者等合計53人についてなされている）、アメリカ国内でも同様の報道がなされたことにつき、抗告人らが、これらの報道は、アメリカの国税当局の職員が平成8年における日米同時税務調査の過程で、日本の国税庁の税務官に対し、国税庁が日本の報道機関に違法に情報を漏えいすると知りながら、無権限でしかも虚偽の内容の情報を含むFLPJおよび抗告人らの徴税に関する情報を開示したことにより、国税庁の税務官が情報源となってなされたものであり、その結果、抗告人らは、株価の下落、配当の減少等による損害を被ったなどと主張して、上記のように、アメリカ合衆国を被告として、アリゾナ州地区連邦地方裁判所に提起したものであったが、同裁判所はこの基本事件の今後の事実審理のために必要であるとして、二国間共助取決めに基づく国際司法共助により、我が国の裁判所に対し、同裁判所の指定する質問事項について、前述のNHK報道当時、記者としてNHK報道局社会部

に在籍し，同報道に関する取材活動をした相手方の証人尋問を実施することを嘱託したのである。

　すなわち基本事件の主要な争点は，①IRS は国税庁に対し，日米租税条約および合衆国法規の機密保持義務に違反する情報開示をしたか，②IRS は，国税庁が日米租税条約に定める機密保持義務に反して，日本のマスコミに対し，情報を漏えいすることを知り，または知り得べきであったか，③国税庁は日本のマスコミに対して，本件報道に係る情報を漏えいしたか，の 3 点であったが，いうまでもなく，我が国の司法当局に対する本件相手方の証人尋問の嘱託は，主として報道の取材源について証言を求めることによって，直接，間接に，これらの争点の解明に資することをねらいとするものであった。具体的にいえば，アリゾナ州地区連邦地方裁判所によって指定された質問事項は，ニュースの元になった「情報源」や「関係者」とは誰のことか，FLPJ の過去または現在のいずれかの従業員，役員，代理人，弁護人，会計士が情報源であったか，また，そうであった場合はそれは誰かなど，情報源を尋ねるものが中心であったのである。

　それに対し本件相手方の NHK 記者はそれらの事項は，「次に掲げる場合には，証人は，証言を拒むことができる」と定める民訴法 197 条の 1 項 3 号にいう，「職業の秘密に関する事項」に当たるとして，同条により証言を拒絶した。そこで基本事件原告ら代理人が新潟地裁に，この証言拒絶の当否についての裁判を求め，以下にのべるような経過を経て，冒頭にのべた平成 18 年 10 月 3 日の最高裁決定にいたったのである。

　新潟地裁決定[20]の結論は，NHK 記者の「本件証言拒絶は理由がある」とするものであるが，同決定は先ず記者の取材源が民訴法 197 条 1 項 3 号にいう「職業の秘密」に該当するか否かの検討から始め，比較的簡単にそれを肯定している。その理由は，「正確な情報は，記者と情報提供者との間において，取材源を絶対に公表しないという信頼関係があってはじめて取材源から提供されるものであり，取材源の秘匿は正確な報道の必要条件であるというべきところ，自由な言論が維持されるべき放送において，もし記者が取材源を公表しなければならないとすると，情報提供者を信頼させ，安んじて正確な情報を提供させる

ことが不可能ないし著しく困難になる」ということである。

　正確な報道のためには先ず正確な情報の提供を得ることが必要であり，そのことは記者と情報提供者との間に，取材源を絶対に公表しないという信頼関係があってはじめて可能になるとするものであって，この理由は当然のこととして容易に理解できよう。また新潟地裁決定では上述のように，「自由な言論が維持されるべき放送において」とものべられていて，取材源の秘匿が自由な言論と関連するものとされているが，それはおそらく，取材源の秘匿が保持されなければ，折角得た重要なニュースも発表の断念のやむなきにいたり，結局自由な言論が阻害されること，あるいは決定自身がすぐ次にのべるように，取材源の秘匿が認められなければ，取材の相手方の協力が得られなくなり，そのことによって取材の自由が妨げられ，ひいては報道の自由が妨げられるという，博多駅事件最高裁大法廷決定のような趣旨を含意するものであろう。ただここでは取材源の秘匿が保障されることによって可能となる，正確な情報の自由な報道が国民にもたらす利益については直接言及されていない。高裁決定や最高裁決定では，後にみるように，この点が強調されているが，新潟地裁決定でもそのことを基軸とすべきではなかったろうか。

　ともあれ新潟地裁決定はこのように記者の取材源が「職業の秘密」に該当することをいわば当然視するが，しかしそのことから直ちに NHK 記者の証言拒絶は理由があるとするわけではない。

　すなわち，先にのべた札幌高裁決定を引用して，「しかし，他方，職業の秘密は，民事訴訟における公正な裁判の実現の要請との関連において制約を受けるところ，その制約の程度は，公正な裁判の実現という利益と取材源秘匿による利益との比較衡量によるべきである。前者の点からは，審理対象たる事件の性質，態様及び軽重（事件の重要性），要証事実と取材源との関連性及び取材源を明らかにすることの必要性（証拠の必要性）が，後者の点からは，取材源の公表が将来の取材に及ぼす影響の程度，これに関連する報道の自由との相関関係などが考慮されるべく，これらを比較衡量して，証言拒否の当否を決すべきである。そして，証拠の必要性は，当該要証事実について，他の証拠調べがなされたにもかかわらず，なお，取材源に関する証言が，公正な裁判の実現のた

めにほとんど必須のものであると裁判所が判断する場合に初めて肯定されるべきである」とのべるのである。

　筆者はしかし決定のこの部分，すなわち「職業の秘密」を理由とする証言拒絶権も公正な裁判の実現という要請によって当然制約を受けるとし，実際に制約されるケースであるかどうかは，取材源秘匿による利益と公正な裁判の実現という利益の比較衡量によって決せられるとする理解に強い疑問を抱いている。つまり決定では職業の秘密（を理由とする証言拒絶）は，民事訴訟における公正な裁判の実現の要請との関連において制約を受けると当然のようにいわれているが，証言を拒絶することのできるケースの1つとして職業の秘密を挙げている民訴法197条の意義からすれば，そうした解釈やそれに連動して説かれる比較衡量論には賛成できないのである。なぜなら職業の秘密を理由に証言を拒絶することを認めることは，当然そうした立法の段階で証言拒絶権を認めることによる利益と，公正な裁判の実現という要請がそのことによって被る不利益とのバランシングを経ていること，および，立法者はそのバランシングの結果職業の秘密の保護をより重要だと判断したことを含意しているのであって（もちろん「職業の秘密」をどのように定義し，その範囲をどう画すかという問題は別にある），そうした職業の秘密について改めて公正な裁判の実現の要請とのバランシングが必要だというのは，いわば問題を振り出しに戻すようなもので，こうした立法の経緯や趣旨を無視するものではなかろうか。このようなバランシングを経て権利として認められた利益を改めて相対化する議論は我が国の法律学では珍しくなく，例えば筆者の専攻に関係するケースでは，憲法51条が保障する国会議員の免責特権について，個人の名誉権等とのバランシングを経たうえで明らかに国会議員の自由な発言の利益を優先しているにもかかわらず，それは発言で取り上げられた個人の名誉権等によって相対化されると考えるべきであるといった類のことがいわれたりするが，こういう議論は免責や拒絶の権利が認められ，設定された趣旨を損ない，そうした権利を弱体化させることになるであろう。伊藤真教授は，「裁判所としては，…職業の秘密に該当するかどうかを判断すれば十分であり，それ以上に利益考量によって保護すべき秘密かどうかを判断する必要は認められない。利益考量を判断枠組とするこ

とは，秘密の主体の側にとっても，証言拒絶権が認められるのかどうかについての予測可能性が失われ，好ましいとは考えられない」とし，比較考量によって職業の秘密が証言拒絶権の対象になるかどうかが決せられるという考え方は，「証言拒絶権の本質と調和しない」とするが，筆者にはむしろこうした説の方が説得的であるように思われる。また重ねて引用すれば，後にもふれる読売新聞記者の同様の取材源の証言拒絶に関する東京高裁決定も以上の見解と軌を一にして，「確かに，公正な裁判の実現は，極めて重要な社会的価値であり，憲法上も裁判を受ける基本的権利を持つことが定められている（憲法32条）けれども，他方で報道の自由，取材の自由も憲法的な保護を受ける権利として認められている（憲法21条）ところであって，前者が絶対的な価値を持つものではない。両者の調和をどのようにとるかは，すぐれて立法政策上の問題というべきものである。そして民訴法197条1項3号が，職業の秘密について証言拒絶権を認めていること自体が示しているように，民事裁判手続においては職業の秘密の保護を重視し，その限りでは真実発見が犠牲にされ，証言を求める側の裁判を受ける権利が制限されているというべきである」としているが，民訴法197条1項3号の意義はこのようなものとして理解すべきであろう。

　新潟地裁決定はしかし，上述のように公正な裁判の実現という要請による職業の秘密の制約を当然のこととし，その制約の程度の具体的決定に当たっては，一方に事件の重要性と証拠の必要性を置き，他方に取材源の公表が将来の取材に及ぼす影響の程度，およびこれに関連する報道の自由を置いて，両者を比較衡量すべきであると説くのである。ただ前者のうちの証拠の必要性をとくに取り上げ，他の証拠調べがなされたにもかかわらず，なお，取材源に関する証言が公正な裁判の実現のためにほとんど必須のものであると裁判所が判断する場合に初めて証言の必要性＝証言拒絶権の否認は肯定されるべきであるとしているところからみると，比較衡量は表面上の文言にもかかわらず，実際には，2つの要素をイーブンとして行うのではなく，取材源の秘匿による利益を基本として行うべきことを示唆しているようにもみえ，事実，決定の結論はそうした方向に進んでいるのである。

　すなわち新潟地裁決定は改めて，NHK記者が証言を拒絶した取材源は民訴

法197条1項3号の「職業の秘密」に該当することを認定したうえで，NHK記者の証人尋問によって，取材源，情報源が国税庁の税務官であることを特定することが，他の証拠との関係で，原告らの主張事実の立証のためにほとんど必須のものであるのかは不明確であることなどをのべて，原告らの主張事実立証のためにNHK記者に証言を求めている事項が，ほとんど必須のものであると判断できるものではないと結論する。要するにすぐ上にのべたように，もっぱら，比較衡量要素の1つである証拠の必要性は，きわめて限られた場合にのみ認められるとの理解を前面に押し出し，NHK記者の取材源の証言がこのきわめて限られた場合＝他の証拠調べがなされたにもかかわらず，なお，取材源に関する証言が公正な裁判の実現のためにほとんど必須のものであると裁判所が判断する場合に該当するかどうか不明確であることを主たる理由として，本件証言拒絶は理由があるとするのである。比較衡量を説く割には諸要素の丹念な比較は行われず，もっぱら1要素のみに力点が置かれている観があり，実質的には職業の秘密については証言拒絶を認めるのが原則であり，それを否認するのは例外であるとする立場に近いのではないかとも思われるが，こうした新潟地裁の決定に対して抗告がなされ，平成18年3月17日，この原則と例外の関係を明確にのべた東京高等裁判所の判断が示された。[24]

　結論からいうと，筆者はNHK記者証言拒絶事件3決定のうちではこの高裁決定を最も評価するが，それは，「職業の秘密」について，先例を引用して，「その事項が公開されると，当該職業に深刻な影響を与え以後その遂行が困難になるものをいうと解すべきである」とした後，先ず，「報道機関の取材活動は，民主主義社会の存立に不可欠な国民の『知る権利』に奉仕する報道の自由を実質的に保障するための前提となる活動であり，取材した相手方（取材源）が秘匿されなければ，報道機関と取材源との信頼関係が失われる結果，報道機関のその後の取材活動が不可能ないし著しく困難になる性質を有するという意味で，取材源は，民訴法197条1項3号の『職業の秘密』に該当し，原則として，これを秘匿するための証言拒絶は理由があると解するのが相当である」という。[25]

　ここでは取材源の秘匿が報道の自由の実質的保障に通じ，そのことによってつまるところ国民の利益につながる（「知る権利」に奉仕する）ことになるという，

新潟地裁決定でははっきりとはのべられなかった視点が明確に打ち出されている。報道の自由や「知る権利」の具体的意義については意見が分かれるところがあるにせよ，取材源の秘匿の意義の理解としては，現在ではこうした理解が妥当であるし，また必要でもあろう。
　東京高裁決定はこのように取材源の秘匿の価値の重要性を指摘したうえで，それを受けて，こうした取材源の秘匿の意義にかんがみると，それに匹敵する以上の社会的公共的な利益が害されるような「特段の事情」が認められない限り，取材源秘匿のための証言拒絶は許されるというべきであるとする。ここのところで新潟地裁決定は前述のように，取材源の秘匿も公正な裁判の実現の要請との関連において制約を受けると当然のようにいうのであるが，東京高裁決定はこうした取材源の秘匿の利益と公正な裁判の実現の利益をイーブンなものとして対置するかのような態度をとらず，社会的公共的な利益が害される例外的な「特段の事情」が認められない限り，制約は認められないとして，基本的には取材源の秘匿の利益の重視が原則とされるべきことを明言するのである。「特段の事情」がいかなるものか，高裁決定は言及していないが，それは字義どおりにとれば，単なる訴訟当事者の個別利益を超えた利益，すなわちその訴訟の帰趨に社会的公共的な意義が認められたり，今後の国民・住民の福祉に大きく関わるものがあるとみなされるような場合ということになるであろう。しかし通常個別当事者の利益を争う民事訴訟が，しかもその際ある情報源を特定することが，こうした社会的公共的な利益につながることはまず想定されないから，結局東京高裁決定のいう「特段の事情」が存在するケースは，あったとしても，稀なケースということになり，実質的には取材源の秘匿の保障はほぼ絶対的ということになるであろう。
　ただこうした判断からすれば，当然次の作業は例外的な「特段の事情」が存在するか否かの検討になるものと思われるのであるが，東京高裁はそうはせず，「当該取材源の公表を強制することにより報道機関の被る不利益と，当該証言によって実現される裁判を受ける権利とを比較考量して，報道機関の取材源秘匿のための証言拒絶が許されるか否かを決するのが相当である」とする。すなわち通常の比較衡量論に戻っているのであるが，筆者はこの点にはいささ

か疑問を感じざるを得ない。なぜならこうした比較衡量論は，新潟地裁決定の場合のように，取材源の秘匿の利益も公正な裁判の実現という利益によって制約されることがあるという立場からスタートする場合によくマッチするのであって（ただし筆者がこうしたスタートに賛成しないことについては上にのべた），東京高裁決定のように，「特段の事情」がない限り，取材源の秘匿の利益が重要視されるという異なる立場からスタートしながら，簡単に新潟地裁と同様の比較衡量論を採ることは，原則として取材源の秘匿の利益が重視されるというスタート時の立場をむしろ自ら否定することになりかねないのである。

　もちろん表現の自由も公共の福祉を損なう危険がある場合には，必要かつ合理的な範囲で制限を受けるとし，こうした必要かつ合理的な制限として当該制限が肯認されるかどうかは表現の自由の重要性とその行使によって侵害されることのある他の基本的人権の内容や侵害の発生の危険性等を比較衡量して決せられるべきであるとする判例もあるが（泉佐野市民会館事件[26]），本件のように元々一方の利益を重視し，他の利益はきわめて限られた場合にのみ考慮されるとして，原則と例外という位置づけをしながら，こうしたあたかも両者をイーブンとするかのような比較衡量論を説くことは適当ではないであろう。ここはもっぱら端的に例外的な「特段の事情」が存在するか否かを探ることに徹すべきではなかったろうか。前述のように筆者は東京高裁決定を3決定のうちでは最も評価するものの，このような意味でそれにもやはり疑問が残る部分があることをのべておきたい。

　具体的判断としては，東京高裁は，「本件基本事件は，米国アリゾナ州地区連邦地方裁判所に提起されたアメリカ合衆国を被告とする抗告人らの企業及びその役員としての損害賠償請求を目的とする訴訟であって，本件共助事件である相手方に対する証拠調手続が基本事件の事実審理（trial）の前段階のディスカバリー手続の一手段として原審裁判所が受託証人尋問機関の役割において実施する手続にとどまるものであることに徴すると，基本事件に係る抗告人らの裁判を受ける権利…が当該証言が得られないことによって受ける影響としては（抗告人らは本件証言が基本事件の要証事実に強い関連性を有し，事実解明に必須であって，本件証言拒絶による抗告人らの裁判を受ける権利に対する具体的侵害が明らか

であると主張している——筆者），当該証言拒絶に係る取材源の秘匿によって保障される報道機関の取材活動の持つ民主主義社会における価値に勝るとも劣らないような社会的公共的な利益の侵害が生じるものであるとまで認めることは困難といわざるを得ず」として，本件がNHK記者において証言拒絶をすることが許されない「特段の事情」がある場合に該当するということはできないというが，その趣旨は要するに基本事件は損害賠償請求というふつうの民事訴訟であり，問題になっているのはその訴訟の事実審理の前段階の一手続にすぎないものであって，そうした事情の下での取材源の証言には社会的公共的な利益に関わるものは何も存在しないというに等しく，だとすれば，ことごとしく比較衡量を説く必要もないであろう。要するに社会的公共的な利益の達成をはかるため記者の証言拒絶権を否認すべき「特段の事情」は見出せないとすればそれで充分であり，そこに比較衡量論を持ち込む必要はないし，余地もないのである。

　以上の2つの決定と比較してみると，最高裁決定は形式的にはどちらかといえば新潟地裁決定に近いが，実質的には東京高裁決定とも共通するところをもっていると評価されよう。

　最高裁決定は冒頭東京高裁決定と同様に，「『職業の秘密』とは，その事項が公開されると，当該職業に深刻な影響を与え以後その遂行が困難になるものをいうと解される」とするが，直ちに語を継いで，「もっとも，ある秘密が上記の意味での職業の秘密に当たる場合においても，そのことから直ちに証言拒絶が認められるものではなく，そのうち保護に値する秘密についてのみ証言拒絶が認められると解すべきである」という。こう書くと，「保護に値する秘密」とは単に当事者が主観的に秘密と主張するだけでは足りず，客観的にも秘密として保護されるべきことが認められるものを指しているように受け取られるが，最高裁決定のいう，「保護に値する秘密」とは決してそのような意味ではない。それは，「保護に値する秘密であるかどうかは，秘密の公表によって生ずる不利益と証言の拒絶によって犠牲になる真実発見及び裁判の公正との比較衡量により決せられるというべきである」といわれるように，これまでのべてきた2つの対置される利益のうち，取材源の秘匿のそれが大である場合にのみ，そうした秘密の保護（取材源の秘匿）が認められるとの謂なのである。

こうして最高裁は2つの利益を等価値的なものとして比較衡量し，証言拒絶権が認められるケースかどうか決すべきであるとしているようにみえる。そして実際にも，「当該取材源の秘密が保護に値する秘密であるかどうかは，当該報道の内容，性質，その持つ社会的意義・価値，当該取材の態様，将来における同種の取材活動が妨げられることによって生じる不利益の内容，程度等と，当該民事事件の内容，性質，その持つ社会的な意義・価値，当該民事事件において当該証言を必要とする程度，代替証拠の有無等の諸事情を比較衡量して決すべきことになる」として，比較されるべき利益の具体的内容を等価値的に並列する。それぞれの利益の具体的内容がはるかに詳しくなっているとはいえ，ここまでの流れは原々審新潟地裁決定と同じといってよいであろう。

　ところが最高裁はこのように等価値的な比較を説くようにみせかけながら，次に，東京高裁同様，博多駅事件最高裁大法廷決定を引用して，報道機関の報道の自由が思想の表明の自由と並んで表現の自由を規定した憲法21条の保護の下にあることはいうまでもなく，また報道機関の報道が正しい内容をもつためには，報道の自由とともに，報道のための取材の自由も十分に尊重に値するものといわなければならないとしたうえで，「取材の自由の持つ上記のような意義に照らして考えれば，取材源の秘密は，取材の自由を確保するために必要なものとして，重要な社会的価値を有するものというべきである。そうすると，当該報道が公共の利益に関するものであって，その取材の手段，方法が一般の刑罰法令に触れるとか，取材源となった者が取材源の秘密の開示を承諾しているなどの事情がなく，しかも，当該民事事件が社会的意義や影響のある重大な民事事件であるため，当該取材源の秘密の社会的価値を考慮してもなお公正な裁判を実現すべき必要性が高く，そのために当該証言を得ることが必要不可欠であるといった事情が認められない場合には，当該取材源の秘密は保護に値すると解すべきであり，証人は，原則として，当該取材源に係る証言を拒絶することができると解するのが相当である」というのである。

　すなわちいろいろな条件が付されてはいるが，取材源の秘密は国民の知る権利に奉仕する取材の自由の確保のため重要な社会的価値を有するものであるから，格別の事情がない限り（「格別」という言葉が直接用いられているわけではない

が，文章のニュアンスとしてはそのように読める），取材源に係る証言の拒絶は認められるとしているのである。ここにおいて最高裁決定は取材源については職業の秘密として原則的には証言を拒絶することができ，ただ例外的にのみ否定し得るとしているようにみえ，東京高裁決定と実質的にはかなり近い立場であるように窺われるのである。換言すれば，両者とも一応比較衡量論を展開しているが，それは敢えていえば，かなり形式的にそうされているのであって，実際には職業の秘密については原則証言拒絶権が認められ，例外的な事情がある場合にのみ，それは否認されるとする点では共通しているようにみえるのである。

　ただ例外的な事情について東京高裁が「特段の事情」という文言を明示するのに対し，最高裁決定は上記のように，「当該民事事件が社会的意義や影響のある重大な事件であるため，当該取材源の秘密の社会的価値を考慮してもなお公正な裁判を実現すべき必要性が高く，そのために当該証言を得ることが必要であるといった事情」といって，「事情」にことさらな形容詞をつけていないことと，東京高裁決定は先ず原則と例外という把握を打ち出し，その後比較衡量論をのべるのに対し，最高裁決定は最初に比較衡量論をのべ，その後原則と例外とするかのような判断をのべるという行論において，両者は異なっている。

　先にのべたように2つの決定とも，等価値的な比較衡量論を説いている部分と，原則と例外の関係を説いている部分がよくマッチしていない印象を受けるが，そもそも職業の秘密についての証言拒絶権を認める利益とその他の利益のバランシングを経て民訴法197条1項3号が設けられたのであり，「職業の秘密」に該当するかどうかを判断すれば充分であるという筆者の立場からすれば，最初に職業の秘密を理由とする証言拒絶権の保障が原則であって，例外的にそれを否認するには「特段の事情」の存在が必要であるとしている東京高裁決定の方がまだしも妥当であるように思われ，先にのべたように，NHK記者証言拒絶事件3決定のなかではこうした東京高裁決定を最も評価するのである。

　再び最高裁決定に戻ると，結局同決定は，本件NHK報道は公共の利害に関する報道であることは明らかであり，その取材の手段，方法が一般の刑罰法令に触れるようなものであるとか，取材源となった者が取材源の秘密の開示を承

諾しているなどの事情は窺われず，他方基本事件が社会的意義や影響のある重大な民事事件であるかどうかは明らかではなく，また，公正な裁判を実現するために当該取材源に係る証言を得ることが必要不可欠であるといった事情も認めることはできないとして，NHK記者の本件証言拒絶には正当な理由があるとする。結論自体は妥当と考えるが，繰り返していえば，等価値的な比較衡量論からスタートしている点において，筆者はこの最高裁決定の趣旨にはそれほど賛成できないのである。

なお次にみる読売新聞記者証言拒絶事件東京地裁決定の無名判批[27]は，民訴法197条1項3号の「職業の秘密」についての筆者のような理解を「定型的判断説」（利益衡量否定説）といい，「職業の秘密」として証言拒絶権が認められるかどうかは，秘密保護の必要性と事件の公益性や公正な裁判の実現という利益との相関関係によって判断されるという対立する理解を「利益衡量説」といいつつ，後者において取材源秘匿によって得られる利益を重視すれば，前者との差異はほとんどないであろうとしている。事実，上にみたように，結果はまさにそうなっているのであるが，それはつまるところ，記者の取材源証言拒絶事件において比較衡量論に拠ることに余り実質的意義はないことを示すものであろう。

最初にのべたように本件NHK報道と同趣旨の報道は同時期多くの他の報道機関によってもなされたため，それらの他の報道機関の記者についても，本件と同じ証人尋問の嘱託がかなりの数なされ，これまた本件同様の証言拒絶がなされた結果，そのことに正当な理由があるか否かについて判断した決定は本件3決定の他にもいくつかある。最後にそのうちのすぐ上にふれた読売新聞記者証言拒絶事件に関する平成18年3月14日の東京地裁決定と，すでに若干ふれた平成18年6月14日の同事件の東京高裁決定を簡単に紹介して，以上のNHK記者証言拒絶事件の3決定の検討に付け加えることにしよう。

東京地裁決定は相当に詳細であり，かつ，いくつかの興味ある判断を示している。同決定は取材源の秘匿，ひいては取材の自由の報道の自由の保障のための重要性を強調しつつ，他方では取材の自由も，もとより何らの制約を受けないものではなく，公正な裁判の実現という憲法上の要請があるときは，ある程度の制約を受けることのあることも否定することができないという。ここまで

だとNHK記者証言拒絶事件新潟地裁決定と同様の等価値的な比較衡量論を展開するものと予想されるが，東京地裁決定は，こうした公正な裁判の実現の要請による取材の自由の制約と，その制約が必要か否かの比較衡量による決定は，とくに，実体的真実の発見が強く要請される刑事裁判において生じ得るとし，民事訴訟においてはそれとは別途考えるべきであるとする。

　その理由と，民事訴訟における取材源の秘匿についての同決定の結論を少々長くなるが，原文をそのまま引用して説明すると，「民事訴訟は私法上の権利の行使，確定等を目的として行われるものであり，その手続も，処分権主義及び弁論主義のもとで手続が進められる。すなわち，申立ての範囲の確認及びそれを根拠付ける事実の提出は当事者の責任とされており，申立てを根拠付ける事実も当事者の弁論及び両当事者が提出した証拠に基づいてその存在が確定される。このような民事裁判の目的及び手続に照らすと，民事訴訟においては，刑事訴訟における程実体的真実の発見が強く要請されているとはいいがたいと考えられる。他方，報道の自由が憲法21条の保障を受け，そのための取材の自由も十分に尊重に値することは既に説示したとおりであり，また，新聞記者がその記事の取材源を開示すべきものとされた場合には，その活動に顕著な悪影響を被り，十分な情報を収集をすることができなくなる結果，報道機関による自由な報道も阻害されると予想されることも既に説示したとおりである。これに加えて，取材源についての質問に対する証言拒絶の可否に関する判断基準は，直接的には，新聞記者により証言拒絶権が行使された場合に，その当否についての裁判をするに際しての裁判規範として機能するものであるが，間接的には，取材を行う際の新聞記者及び取材を受ける者それぞれの行為規範としての機能をも持ち得るものと考えられるから，可能な限り事前に予測可能な明確な基準であることが望ましいというべきである。以上に説示した民事訴訟の目的及び手続，並びに，新聞記者に取材源の開示を強制した場合に憲法で保障された報道の自由に生じるであろう悪影響等の諸点を考慮すると，民事訴訟においては，新聞記者に対してその取材源を尋ねる質問は，原則としてすべて民事訴訟法197条1項3号に規定する『職業の秘密に関する事項』に当たり，そのような悪影響を考慮してもなお取材源の開示を求めるのもやむえない特別の事

情のある場合にのみ，これに対する証言を求めることができるものと解するのが相当である」(傍点筆者)ということである。

　ここではNHK記者証言拒絶事件東京高裁決定と同様に，原則として，新聞記者に対する取材源の尋問は認められず，例外的に，「特別の事情」がある場合にのみ証言を求めることができるとされているが，それとともに注目すべきは，その根拠の1つとして，取材源についての質問に対する証言拒絶の可否に関する判断基準は，直接的には，裁判規範として機能するものであるとしても，間接的には，取材を行う際の新聞記者および取材を受ける者それぞれの行為規範としての機能をもち得るものと考えられるとされていることである。これはNHK記者証言拒絶事件3決定にはみられない指摘であるが，確かに取材源の秘匿がどの程度認められるのか，その判断基準が明確でなければ，取材する側の取材活動にも，取材相手の取材者への情報の開示にも萎縮効果をもたらし，取材の自由，報道の自由が損なわれるおそれがあるから，これは正当で重要な指摘である(学説としては，伊藤真教授の同旨の指摘があることについては前述した)。

　ただ「特別の事情」という場合，ふつうに考えれば，基本事件を適切に処理するため，より一般的にいえば，公正な裁判の実現のため，とくに取材源を明らかにする必要がある場合の意と解しがちであるが，東京地裁決定がいっているのはそうした基本事件や公正な裁判の実現にまつわる「特別の事情」ではなく，むしろ取材源そのものに関わる「特別の事情」である。

　具体的にいうと，日本の政府職員や弁護士，あるいは公認会計士が情報源である場合は，それらの者が職務上取得した情報を記者に開示した行為は国家公務員法，法人税法，弁護士法，公認会計士法等の規定に違反する可能性が高く，このような刑罰法令違反行為を犯したことが強く疑われる取材源についての証言拒絶を適法と認めることは，間接的に犯罪行為の隠蔽に加担し，これを奨励するに等しい行為であるから，このようなケースでは取材源についての証言拒絶権を否認すべき「特別の事情」が存在するとされているのである。要するに取材源が法令により守秘義務を課されている者である場合は，例外的に取材源についての証言拒絶権を否認すべき「特別の事情」があるものとみなされるというわけである。しかしこれは記者に秘密漏えい罪についての告発義務，捜査

当局への協力義務を課すに等しく，こうした義務を課されては記者の取材活動は当然大きく制限されることになるであろう。取材活動の自由，ひいては報道の自由を確保するには，適法な取材活動に応じた公務員，弁護士，公認会計士等の記者への情報開示という行為の摘発やその違法性は別途当局が遂行，主張すべき事柄と考えるべきであろう。

　東京地裁決定が証言拒絶権が否認される「特別の事情」があるとする第2のケースは，取材源自身が開示に同意している場合である。確かにこうした同意が明示的に記者本人に伝達されたとすれば，取材源について証言しても今後の取材活動についてダメージを受けることはないと通常は考えられるが，その場合でも同意した取材源自身がどの程度開示の自らへの影響を認識しているのか，同意が真に自発的，具体的になされたものであるのか，あるいは将来の取材活動の妨げになるような事情は本当に存在しないか等を考慮して，記者自身が最終的に判断できる余地を残しておくべきではなかろうか。東京地裁決定が取材源自身が開示に同意しているため，その開示を求めるのもやむを得ない「特別の事情」がある場合に当たるとする質問は，基本事件原告が取材源であるかを問う質問である。つまりこのうち個人である原告（基本事件の原告は個人と法人計6名からなっている）が取材源であるか否かを尋ねる部分に関しては，これらの者達は証人にこれらの質問への証言を求めることにより，自己が本件記事の情報源である場合には，証人がその旨を開示することに，少なくとも黙示的に，同意していると解することができるとし，したがってこの質問に対する証言拒絶は理由がないとするのである。しかし明示的に記者本人に伝達されたわけでもない原告らの同意（それも推定による同意）をもって，証言拒絶権を否認することには無理があるし，またこうした理由で証言拒絶権の否認を重ねれば，結局取材源の特定にもつながりかねないことになるから，こうした東京地裁の判断にも賛成することはできない。

　その他に東京地裁は取材源の数や，証人がその情報源を信頼できると考えた理由等を問う質問等は，いずれもそれ自体では取材源について尋ねるものとはいえず，それに答えることが直ちに取材源の公表につながるものといえないとして，証言拒絶には理由がないとするが，これらの質問に答えることも取材源

を探り，絞り込むのに役立つことは当然あり得るから，やはりこのような東京地裁の判断にも賛成することはできない。

　繰り返していえば，「特別の事情」の存否を，基本事件の適切な処理や公正な裁判の実現の必要との関連ではなく，むしろ取材源自体に関わる事情との関連で検討していることが，そもそも妥当性を欠き，そのことがまた賛成できない証言拒絶権の否認につながっているのである。

　一方この事件の記者側による抗告に対する東京高裁の決定は，こうした東京地裁の判断を全面的に覆している。

　この東京高裁決定は，報道の自由が意思表明の自由と並んで表現の自由を規定した憲法21条の下にあることと，取材の自由もこうした報道の自由の不可欠の前提として憲法21条の下で十分保護すべきものといわなければならないことを先ずのべ，したがって取材活動が公権力の介入から自由でなければならず，報道機関と情報提供者との信頼関係が十分に確保されなければならないとして，取材源の秘匿が必要である所以を説くが，さらに取材源の秘匿が要請されるもう1つの理由として，国家機関による公権力行使に対する監視も報道機関の重要な役割の1つであり，取材源の秘匿が認められなければ，この機能もまた十分に果たすことができなくなるおそれがあることを挙げている。

　前者の指摘はこれまでみたように，各決定にほぼ共通してみられるものであるが，後者の指摘はこれまでの各決定にはみられないものであり，それなりに意義のある指摘というべきであろう。

　しかしこの読売新聞記者証言拒絶事件東京高裁決定の最大の特色は前にものべたように，いわゆる「定型的判断説」（利益衡量否定説）を採っていて，他の決定のように，比較衡量論を展開していないことである。その内容については先に紹介したので，ここでは省略するが，要するに民訴法197条1項3号からすれば，民事裁判手続においては職業の秘密の保護が重視され，その限りでは真実発見が犠牲にされ，証言を求める側の裁判を受ける権利が制限されていると捉えるべきであるとするのである。

　こうした東京高裁の理解が筆者のそれでもあることもすでにのべたが，東京高裁は以上のような立場に基づき，情報漏えいが刑罰法令に触れる場合の質問

については,「取材源秘匿によって守られるべきは前記のとおり,公衆に対する自由な情報流通を確保するという公共的な利益なのであるから,取材源が刑罰法令に触れることがあったとしても,そのことから直ちに取材源を秘匿する必要がないということはできない。たとえ取材源に刑罰法令違反行為を犯した者がいたとしても,取材源秘匿はその者の利益のためになされるわけではないから,その取材源秘匿が許されないというべきではないのである」として,東京地裁の判断を取り消す。

また基本事件原告のうち個人については,少なくとも黙示的には取材源自体が開示に同意しているとして,東京地裁が証言拒絶には正当な理由がないとした判断部分についても,取材された者自身が抗告人の黙否の義務を免除しているわけではなく,さらに,自らが取材源であると認めているわけでもないから,取材源について証言することは結果として取材源の特定に資することになるとして,それも取り消す。

取材源の数や取材源を信頼できると考えた理由を問う質問についても,「取材源の秘匿のための証言拒絶には原則として理由があると解する以上,その実効を期するためには,取材源を直接尋ねる質問のみならず,間接的にその特定に資する質問一般に対しても証言を拒絶することができると解するのが相当である」として,これらの質問等も,様々な角度からの質問を重ね,その証言を得ることによって取材源が特定されることは十分に考えられるところであるとして,東京地裁の判断を取り消す。

その理由についてはこれまでにのべたところでふれ,あるいは示唆しているので繰り返さないが,結局筆者はNHK記者証言拒絶事件では東京高裁の決定を最も評価するものの,全体のなかではこの読売新聞記者証言拒絶事件東京高裁決定が最も妥当と考えている。

なおこの決定についても特別抗告等がなされたが,すでにそれを棄却する旨の最高裁の決定がなされている[28]。

註
17) 最大判昭和27・8・6刑集6巻8号974頁。
18) 札幌高決昭和54・8・31判時937号16頁。

19) 最決平成 18・10・3 民集 60 巻 8 号 2647 頁。
20) 新潟地決平成 17・10・11 判タ 1205 号 118 頁。
21) 最大決昭和 44・11・26 刑集 23 巻 11 号 1490 頁。
22) 伊藤真・民事訴訟法（第 3 版 3 訂版）349 ～ 350 頁。
23) 東京高決平成 18・6・14 判時 1939 号 28 頁。
24) 東京高決平成 18・3・17 判時 1939 号 23 頁。
25) 最決平成 12・3・10 民集 54 巻 3 号 1073 頁。
26) 最判平成 7・3・7 民集 49 巻 3 号 687 頁。
27) 東京地決平成 18・3・14 判時 1926 号 42 頁。
28) その他の関連判例として筆者は月刊テーミス編集長に係る東京地決平成 18・5・22 判タ 1220 号 246 頁（註26）と同じ裁判官による決定）と共同通信記者に係る東京高決平成 18・10・19 判例集未登載をみたが，本文でのべたことに付け加えるようなことはとくにのべられていない。なお文献としては曽我部真裕「取材源に係る証言拒絶と取材の自由」（平成 18 年度重判解）がある。

あとがき

　1969年4月佐賀大学経済学部に講師として赴任してから今日までのほぼ40年に亘る研究生活の間，私は専攻する憲法学の学説や判例の研究といった一般的な作業に従事しながら，並行して，17世紀イギリス憲法思想史，イギリス地方オンブズマン，情報公開，個人情報保護，センサス法等の研究も行ってきた。むしろ前半期は後者の方に力を注いでいたが，いずれにしろこの間の大部分の時期は，その時々に取り組んでいるテーマや目の前に現れたトピックスを研究し，フォローするのに精一杯で，到底計画的に仕事を進める余裕などなかった。

　50歳代の半ばを過ぎ，大学教員として過ごせる期間がもう余りない頃になって，ようやく残りの時間の有効活用と，そのための一応の研究計画の設定の必要を感じるにいたった。そしていささか漠然とながら，それまでどちらかといえば憲法学の周辺的なテーマについてのモノグラフィーが主たる仕事であったことも考えて，先ず人権に関する体系的な教科書兼ささやかな研究書をまとめ，還暦の自祝として公刊すること，次いでその頃勤めていた九州大学の定年年齢であった63歳頃に，これも自分なりの退職記念としてその改訂増補版を出すこと，および，その後どこかの大学で研究生活が続けられた場合でもおそらくその終期と思われる70歳頃に，何らかの研究書をまとめて研究生活を終えることという3つの計画を立てた。

　幸い大した身体の支障もなく過ごせたこともあって，前の2つの計画は，2002年に『基本的人権』を出し，次いで2005年にその改訂増補版を出すことによって，実現することができた。

　そこで3番目の計画に取り掛かったわけであるが，テーマは改訂増補版の続編と決めたものの，なかなか思うようには進まなかった。かつては研究者が年齢を重ねるにしたがって仕事の量を落とすのは，体力の衰えによるものであって，脳力の衰えによるものではなかろうと勝手に考えていたが，実際に自分が

303

その身になってみると，少なくとも私の場合は逆であった。体力はそれほど変わったとも思えないのに，以前には割と楽に出てきた名詞や形容詞や表現がどうしても思い出せずに，難儀することがしばしばであった。やむなく研究室の見易い場所に紀要の原稿締切日を掲げて我が身を励ます体たらくであったのである。

そういう次第で，本書には，例えば広島市暴走族追放条例に関する最高裁判決のような，重要な判例に考察が及んでいないといった欠落があるし，取り上げた判例の読み方でも，あるいは思わぬ見落としや誤読があるかもしれない。それらの点についてはご指摘をいただいて，再考したいと考えているが，ともかく現時点での私の脳力のすべてを動員してまとめたのが本書である。

幸運にも2007年には九州国際大学の学術研究書出版助成金を与えられて，番外的に『現代の行政活動と市民』という，情報法，オンブズマン法，センサス法等を扱った論文集を刊行することができたが，それと本書で合わせて一本と勘定すれば，内容はともかく，形としては，最後の出版計画も何とか実現できたかと，虫のよい自己評価をしている。

おわりに恩師の手島孝先生（九州大学名誉教授・熊本県立大学名誉教授）をはじめ，40年の私の研究生活を指導し，支えてくださった方々と家族に心からお礼をいいたい。1965年に九州大学大学院法学研究科に進学したときは，自分の将来に自信はおろか，見通しさえ全くもっていなかった。それが今日まで研究の世界の片隅でささやかながら生きてこられたのは，ひとえに恵んでいただいたご好意や支援のおかげである。

なお本書の出版については，いつもながら法律文化社の秋山泰社長にひとかたならぬお世話になった。また原稿の整理についてはこれまたいつものように，かつて私のゼミ生であった宮内望さん（宮若市職員）のお世話になり，加えて今回は九州国際大学大学院法学研究科の赤司南さんにも手伝っていただいた。それらのご好意や支援にも心から感謝したい。

2010年4月15日

安藤　高行

◆著者紹介
安藤 高行（あんどう・たかゆき）
1941年　生まれ
1965年　九州大学法学部卒業
1967年　九州大学大学院法学研究科修士課程修了
1971年　佐賀大学経済学部助教授
1983年　佐賀大学経済学部教授
1996年　九州大学法学部教授
現　在　九州国際大学法学部教授（法学博士，九州大学名誉教授，佐賀大学名誉教授）

《著　書》
『近代イギリス憲法思想史研究』（1983年，御茶の水書房）
『一七世紀イギリス憲法思想史』（1993年，法律文化社）
『情報公開・地方オンブズマンの研究』（1994年，法律文化社）
『憲法の現代的諸問題』（1997年，法律文化社）
『基本的人権』（2002年，法律文化社）
『基本的人権〔改訂増補版〕』（2005年，法律文化社）
『現代の行政活動と市民』（2007年，法律文化社）

《編　著》
『基本憲法学』（1992年，法律文化社）
『憲法Ⅱ―基本的人権』（2001年，法律文化社）
『新基本憲法学』（2002年，法律文化社）
『憲法新教科書』（2007年，法律文化社）

Horitsu Bunka Sha

2010年6月10日　初版第1刷発行

人権判例の新展開

著　者　安藤　高行
発行者　秋山　泰

発行所　株式会社　法律文化社
〒603-8053　京都市北区上賀茂岩ヶ垣内町71
電話 075（791）7131　FAX 075（721）8400
URL:http://www.hou-bun.co.jp/

©2010 Takayuki Ando Printed in Japan
印刷：共同印刷工業㈱／製本：㈱藤沢製本
装丁：奥野　章
ISBN 978-4-589-03262-1

手島 孝監修・安藤高行編
憲法新教科書
A5判・272頁・2520円

憲法の重要テーマ・基本的事項などのエッセンスをわかりやすく解説。従来の重要判例に加え「東京都管理職選考試験受験拒否事件」など最近の判例や事件をバランスよくカバー。初学者に格好の入門書。

安藤高行著
基本的人権〔改訂増補版〕
——総論・精神的自由権・経済的自由権——
A5判・308頁・2940円

基本的人権総論，精神的自由権に加えて経済的自由権（居住・移転の自由，職業選択の自由，財産権の3章分）を追加・増補。全体的に新しい判例にも応接して，さらに内容を充実させた改訂増補判。

安藤高行編
憲法Ⅱ 基本的人権
A5判・400頁・3465円

たんなる概論テキストではなく，本格的に憲法を学ぼうとする読者にも応えうるような研究書的性格をあわせもった，憲法＝人権論の体系的教科書。最新の学説や判例を丹念にとりあげ解説する。

安藤高行著
現代の行政活動と市民
——情報公開・地方オンブズマン・センサス法の研究——
A5判・230頁・4725円

現代の行政活動の展開と規制のありさまを，日本とイギリスの違いに着目して論究。著者の長年の実務と研究で培った問題意識に基づき，情報公開・地方オンブズマン・センサスに関する判例や制度の問題点を具体的に指摘する。

安藤高行著
憲法の現代的諸問題
——情報公開・地方オンブズマン・議員免責特権・良心の自由——
A5判・356頁・4515円

「情報公開」「地方オンブズマン」「議員免責特権」「良心の自由」の4つのテーマに分け，とりわけ行政権をめぐる現代的諸課題の研究・考察を軸にまとめた論文集。

安藤高行著
情報公開・地方オンブズマンの研究
——イギリスと日本の現状——
A5判・306頁・3675円

「市民に開かれた行政」という課題に応えるべく，近年，理論・実践ともに関心が高まってきている「情報公開制度」と「地方オンブズマン制度」につき，イギリスと日本の比較研究の視点から問題点・課題を提示する。

―― 法律文化社 ――

表示価格は定価（税込価格）です